RESEARCH ON THE OPERATION MECHANISM OF NEWS SELF-DISCIPLINE ORGANIZATION

- 中央高校基本科研业务费资助华中科技大学人文社会科学自主创新重大及交叉培育项目"新闻传播业人工智能的应用与规范研究"（编号：2021WKZDJC011）成果

新闻自律组织运行机制研究

华中科技大学出版社
http://press.hust.edu.cn
中国·武汉

内容提要

本书分上下两篇,上篇为"各国新闻自律组织运行机制",探讨新媒体环境下全球范围内不同国家的不同类型新闻自律组织及其运行机制;下篇为"媒体伦理问题的实践反思",探讨新闻公评人制度、新闻透明性准则、新媒体信息失范以及数字时代新闻记者的伦理困境等问题。本书关注七个国家的新闻评议会组织,是国内第一次全面呈现不同国家的新闻自律组织运行机制的研究,具有较强的国际视野,且基于实践层面,有针对性地分析新闻自律组织的自律规范、新闻自律组织发挥作用的运行机制,从而使媒体伦理的研究更具有实用价值。本书围绕各国新闻自律组织的运行机制对媒体伦理问题进行了理论探讨,有助于读者了解媒体伦理的规范与界限,为新闻媒体进行良性的传播实践提供借鉴。

本书可作为新闻传播学、新媒体等专业学生的教材或参考书,也可供各类媒体从业者参考。

图书在版编目(CIP)数据

新闻自律组织运行机制研究 / 牛静著. -- 武汉:华中科技大学出版社,2024.6.
ISBN 978-7-5772-0452-9
Ⅰ.G210
中国国家版本馆CIP数据核字第2024S9Z561号

新闻自律组织运行机制研究   牛静 著
Xinwen Zilü ZuZhi Yunxing Jizhi Yanjiu

策划编辑:	周晓方 杨 玲
责任编辑:	周 天
封面设计:	原色设计
责任校对:	张汇娟
责任监印:	周治超
出版发行:	华中科技大学出版社(中国·武汉) 电话:(027)81321913
	武汉市东湖新技术开发区华工科技园 邮编:430223
录 排:	华中科技大学惠友文印中心
印 刷:	湖北新华印务有限公司
开 本:	710mm×1000mm 1/16
印 张:	15.5 插页:2
字 数:	246千字
版 次:	2024年6月第1版第1次印刷
定 价:	98.00元

本书若有印装质量问题,请向出版社营销中心调换
全国免费服务热线:400-6679-118 竭诚为您服务
版权所有 侵权必究

前言

信息技术的发展为公众提供了自我表达的平台,公众的信息获取欲与意见表达欲得到满足,但与此同时,传播虚假新闻、侵犯他人权益等伦理失范现象时有发生。在这种情况下,高质量的新闻信息的获取就显得尤其重要。如何规制新闻媒体的传播内容与传播行为,使其和谐有序发展,并为公众提供大量真实有价值的新闻成为值得考虑的问题。规制新闻媒体的途径主要有法律他律与道德自律。管理新闻媒体除了依靠行政和司法,也需要依靠社会管理与行业自律。本研究所探讨的是在新媒体环境下全球范围内不同国家不同类型的新闻自律组织及其运行机制,这是我国媒介规制与伦理研究领域鲜有涉及的一个重要问题。

新闻自律组织的产生与发展已有近百年,其在运行过程中,对新闻内容质量、新闻媒体机构运行进行了多方位的监督。在全球范围内,不同国家建立了不同层次的新闻自律组织,其背后的理念是新闻行业应当建立"一个自由而负责"的道德自律(self-regulation)制度,因为新闻界倾向于尽可能地将其绝大部分新闻产品与其设想的消费者群体最大化的欲求相协调,结果造成了新闻作品具有煽情主义(sensationalism)和精神空虚的趋势。因此新闻界应该建立有理论指导、有明确的职业道德规范作为约束依据、有组织机构负责监督的新闻自律制度。这一设想在现实中得以落地,很多国家正是通过这种独立的行业自律性机构以及严格的新闻从业规范和职业道德准则,对新闻机构实现了卓有成效的治理,使新闻工作者可以自觉地规范自己的行为,在伦理准则范围内行事。

当前的研究者在研究媒体伦理规范时,主要有以下两种视角。其一,基于国别的视角研究新闻自律组织,如研究美国的编辑协会、澳大利亚的新闻评议会。这些研究多是对某一个国家的媒体伦理规范进行分析,探讨这些协会的架构、作用等。其二,基于媒体规范的角度研究媒体自律组织,如研究美国的《报人守则》、日本的《新闻伦理纲领》、澳大利亚的《新闻一般准则的声明》等媒体规范中涉及的新闻自律组织。

目前,国内外对新闻自律组织的研究比较零散,缺乏对系列新闻自律组织的研究。

本书对全球七个国家的新闻自律组织进行研究,梳理、分析不同国家的新闻自律组织在工作宗旨、组织结构、运行流程、投诉处理、规范发布等方面的特点,总结其在运行过程中所面临的挑战及解决方法,并基于现实问题对一些主要的媒体伦理实践进行理论反思,从而为我国新闻自律组织的发展提供借鉴。

一、基本研究思路与主要观点

(一) 基本研究思路

1. 新闻自律组织的理论渊源与发展研究

本书将每个新闻自律组织都置于对应国家的政治传统、媒体发展情况、经济发展水平等背景下进行考量,梳理新闻自律组织建立的现实背景与理论基础,从而为探讨不同国家新闻自律组织的特点与作用奠定基础。

2. 新闻自律组织的特点与作用研究

新闻自律组织是一种相对独立的行业自律组织,较之于外部的他律组织,其作用的发挥主要依赖其在行业内的威信以及社会公信力。新闻自律组织的主要职责是:为新闻工作者正常行使权利提供一定的保护;监督新闻工作,防止新闻工作者滥用媒体权利;审理涉及自律范围的纠纷,进行调解或仲裁,并予以相应的非法律性制裁。本书主要研究分析不同国家的不同媒体自律组织的特点与作用。

3. 新闻自律组织的组织结构与运行机制研究

新闻自律组织对媒体行为进行监督评议,使其符合公共利益,一般采用以下两种方式:一种是主动介入新闻纠纷事件和审议媒体内容;另一种是接受并处理公众、政府与媒体之间的纠纷。本研究着重分析不同国家处理投诉时的流程、特点,并总结每个国家近年来伦理失范存在的主要领域、公众投诉的重点内容,以及新闻自律组织处理投诉的利益衡量准则等。

4. 新闻伦理规范文本的应用研究

新闻伦理规范文本是新闻自律组织进行投诉处理时的重要依据,也是各国规范新闻组织的重要标准。本书关注各国新闻自律组织颁布的各类新闻伦理规范,并将其以附录的形式置于本书文后。

5. 新媒体环境下新闻伦理实践的反思

在新媒体环境下,新闻概念的界定、新闻媒体机构角色的转变、新闻媒体平台的扩大等都给新闻自律组织带来了一定的冲击,如何解决新媒体环境下的伦理失范问题也是本书要探讨的内容之一。本书在下篇部分,从新闻公评人、新闻透明度与新闻伦理问题与治理几个角度对新闻业的实践进行了反思。

(二) 主要观点

本书上篇以个案形式为纲、以自律组织机制为目,每一章都是一个具体国家的新闻自律组织的相对完整的研究,其主要观点亦呈现在每一章节中,内容较多,其中部分观点如下。

1. 新闻自律组织的产生与媒体权利、社会责任等理念有着密切联系

通常认为,新闻报道的目的在于保障社会公益,同时新闻报道不得侵犯个人权益。如何才能使新闻报道、社会公益、个人权益三者保持适当的平衡,这是一个极为复杂的问题。要维护新闻报道的权利,同时不危害个人与社会的权益,新闻媒体必须在新闻报道与意见批评方面建立严格的专业标准与运行机制。而这种严格的专业标准,就是新闻自律(press self-regulation)。

2. 不断完善新闻伦理规范

对于新闻自律组织来说,如果没有一套明确的规则来作为投诉处理的依据,就很难做出有说服力的裁决。因此,不断完善新闻伦理规范就显得十分必要,比如更清晰地界定公共利益的范畴、更明确地规范儿童保护的界限、更具体地规定隐私的范围等,都是新闻自律组织在处理投诉实践中需要慎重考虑的问题。

3. 新闻自律组织的主要缺陷在于其执行力不够

因为新闻自律不同于法律规范和行政规范,它是由媒体行业内部制定实施的一种行为规范,不具有强制性的特点。新闻自律最大的不足是因缺乏强制力而难以达到预期的效果。如在澳大利亚,公众怀疑新闻业界和自律组织是否有能力对违规行为施行足够的制裁、产生足够强的约束力。当然,新闻行业自律效果欠佳的问题,是可以通过媒体道德规约、自律组织设置等制度上的完善而得到改善的。印度的新闻评议会在这方面进行了有益的尝试,树立了新闻自律组织的权威性。

4. 通过行业自律和社会监督结合,形成行业自律的长效机制

新闻自律组织可以通过将行业自律和社会监督结合的方式,对新闻伦理失范行为进行查处,对典型案例进行评议,推动新闻业行风建设,形成行业自律的长效机制。目前,新闻自律组织的作用被越来越多的人认可,但它还存在一定的问题,新闻自律组织解决自身困境和消除民众担忧的最好办法就是改进新闻自律机制,完善自身行使自律权利的独立性,提升自身的公信力。

二、研究方法与研究价值

(一) 研究方法

1. 案例分析法

本书将每个国家的新闻自律组织作为独立的案例,对该组织的背景、历

史、功能等进行全面的梳理与分析,从而发现新闻自律组织的特点与不足等,所用资料力求全面,分析概括力求准确。

2. 文本分析法

各国新闻自律组织发布的年度报告涵盖该新闻自律组织在该年度处理的各类公众投诉。本书以这些年度报告为分析样本,探讨新闻失范的频发领域、新闻自律组织的关注重点等。

(二)研究价值

1. 将媒体伦理置于实践环节进行考察研究

媒体伦理是一个有着丰富研究对象的领域。目前,研究者关注较多的是具体的伦理失范案例、伦理理论的建构、伦理认知的调查等,而对实践环节新闻自律机制如何发挥作用的相关探讨很少。本书对多个新闻自律组织进行研究,基于实践层面有针对性地分析自律规范、自律组织发挥作用的运行机制,使媒体伦理的相关研究更具现实价值。

2. 呈现不同国家的新闻自律组织运行流程

在关注全球媒体伦理问题时,研究者往往把注意力放在欧美等发达国家的新闻自律组织的运行上,而忽视了对发展中国家的关注。实际上,处于不同发展阶段的不同国家的新闻自律组织都有可供借鉴的优点。本书对全球五大洲的七个国家不同类型不同特点的新闻自律组织进行研究,具有一定的代表性。

总的来说,现有媒体伦理研究多聚焦于国内案例与媒体伦理理论层面,较少将目光转向全球的媒体伦理实践层面。本书是国内第一次全面呈现不同国家的新闻自律组织运行流程的研究,具有较强的国际视野。因涉及的媒体自律组织比较多,且存在语言上的差异,笔者在翻译、梳理与评析时,难免会有所纰漏,敬请各位读者指正(niujing2005@qq.com)。

牛静

2023年8月

目录

上篇　各国新闻自律组织运行机制

第一章　加拿大国家新闻媒体评议会运行机制及评析
一、加拿大国家新闻媒体评议会概述……(3)
二、评议会的组织架构与投诉机制……(4)
三、评议会接受的投诉类型及相关案例……(12)
四、评议会提供的指南与资源……(17)
五、评议会运作过程中面临的问题……(23)
六、评议会关注的媒体伦理问题……(25)

第二章　印度新闻评议会运行机制及评析
一、印度新闻评议会概述……(30)
二、印度新闻评议会成立情况及其职权……(32)
三、印度新闻评议会的投诉与处理机制……(38)
四、伦理规范要求与投诉情况……(41)
五、印度新闻评议会的特点及局限性……(51)
六、对印度新闻评议会的评价……(53)

第三章　南非新闻评议会运行机制及评析
一、南非新闻评议会概述……(55)
二、南非新闻评议会组织机构……(56)
三、南非新闻评议会的工作流程……(59)
四、南非新闻评议会伦理规范要求及案例分析……(61)
五、南非新闻评议会的特点与存在的问题……(68)
六、南非新闻评议会的发展方向……(70)

第四章　爱尔兰新闻自律机构运行机制及其评析

一、爱尔兰新闻自律机构概述……(72)
二、公众对于道德准则问题的投诉与上诉程序……(74)
三、爱尔兰新闻自律机构处理问题的规范及焦点……(76)
四、爱尔兰新闻自律机构的特点评析……(80)
五、对爱尔兰新闻自律组织的评价……(82)

第五章　英国独立新闻标准组织运行机制及评析

一、英国独立新闻标准组织概述……(83)
二、英国独立新闻标准组织的结构和工作流程……(87)
三、英国独立新闻标准组织实际裁决案例分析……(90)
四、英国独立新闻标准组织的特点……(97)
五、英国独立新闻标准组织的评价……(100)

第六章　新西兰媒体评议会运行机制及评析

一、新西兰媒体评议会概述……(103)
二、新西兰媒体评议会的构成与投诉处理程序……(104)
三、新西兰媒体评议会处理的伦理问题焦点……(106)
四、新西兰媒体评议会的特点与局限性……(112)
五、对新西兰媒体评议会的评价……(116)

第七章　澳大利亚新闻评议会运行机制及评析

一、澳大利亚新闻评议会概述……(117)
二、澳大利亚新闻评议会的组织结构和工作流程……(119)
三、澳大利亚新闻评议会实际裁决案例分析……(126)
四、澳大利亚新闻评议会面临的问题……(132)

下篇　媒体伦理问题的实践反思

第八章　新闻公评人的变革争议与实践价值研究

一、从以媒体为中心到以读者为中心：新闻公评人的设立与运作……(139)
二、媒体变革时代新闻公评人的争议与困境……(141)
三、新闻公评人是新闻媒体重塑信任与新闻专业正当性的利器……(145)

四、社交媒体环境下新闻公评人的发展路径与启示……(147)
　　五、总结……(151)

第九章　技术变革下新闻透明性伦理准则与实践的探讨
　　一、作为新闻伦理准则的透明性……(153)
　　二、作为新闻操作实践的透明性策略……(155)
　　三、新闻透明性伦理准则的价值……(158)
　　四、停留于仪式的透明性的新闻实践……(161)

第十章　数字时代新闻记者的伦理实践困境研究
　　一、研究背景与问题提出……(164)
　　二、研究方法……(165)
　　三、数字时代下新闻生产流程中伦理实践困境的呈现……(167)
　　四、纾困之道:伦理实践困境下的多主体能动实践……(172)

附录　新闻自律组织的伦理规范
　　加拿大记者协会新闻道德原则……(177)
　　印度新闻评议会伦理准则……(178)
　　南非纸媒和网络媒体的道德与行为准则……(205)
　　爱尔兰报纸杂志业务准则……(213)
　　英国《编辑业务准则》……(216)
　　新西兰媒体评议会伦理原则声明……(222)
　　澳大利亚新闻《一般准则声明》及其他声明……(225)

参考文献……(233)

后记……(237)

上篇

各国新闻自律组织运行机制

第一章
加拿大国家新闻媒体评议会运行机制及评析

一、加拿大国家新闻媒体评议会概述

2020年11月18日,《多伦多太阳报》(Toronto Sun)发表了一篇题为"80多万不符合资格的人获得了加拿大应急响应福利,这一情况需要进行审查"(Audit demanded after more than 800000 ineligible people get CERB)的文章。该文章称,根据加拿大议会的一名议员的声明,数十万领取了加拿大应急响应福利支票的人没有提交2019年纳税申报表,因此他们是不具备领取资格的。经济学和公共政策学者林赛·泰德斯(Lindsay Tedds)针对该文章向加拿大国家新闻媒体评议会提出了投诉,表示该文的标题和文中提及的声明是不准确的,因为提交纳税申报表并不是获得这一福利资格的要求之一,她同时引用了加拿大政府网站上有关信息来支持自己的观点。

加拿大国家新闻媒体评议会经过仔细审议后发现,从文章发表时可获得的所有资料来看,《多伦多太阳报》没有核实"80多万不符合资格的人获得了加拿大应急响应福利"这一说法的准确性,也没有资料佐证提交纳税申报表是获得福利资格的要求之一,因此其支持了泰斯德的投诉。加拿大国家新闻媒体评议会认为,新闻报道的严谨性要求新闻媒体机构采取适当的步骤核实信息来源和信息准确性,如果文章内容含有不准确的信息,新闻媒体机构应以公开的方式及时纠正错误。新闻报道可以引用专家或政府官员的发言作为报道背景的补充,同时,新闻媒体机构有责任核实专家或政府官员的发言内容是否准确。评议会还警示媒体机构不要发表不准确的声明,如果发表错误声明且不及时纠正,就会产生严重的后果。

加拿大作为发达资本主义国家之一,社会贫富差距较小,社会保障体系完善。同时，作为一个移民国家，加拿大注重保留各个民族的文化传统，促使多元的社会文化能够平等共存、独立发展。这些社会文化特点影响着加拿大的媒体生态。

加拿大的传媒业较为发达，既有以政府为主导的媒体也有少数实力强大的私营媒体，有服务于大众的媒体也有服务于特定人群的媒体。加拿大的媒体深受自由主义思潮的影响，强调媒介权利与媒体自由。加拿大是英联邦成员国，其有些媒体受到英国新闻传统的影响。同时，由于加拿大的魁北克省曾是法属殖民地，加拿大的新闻传媒也一度受到法国殖民统治的影响。长久以来，处于文化纠葛中的加拿大迫切需要以某种方式保障媒体自由。

1972年，加拿大在安大略省温莎市成立了第一个新闻媒体评议会，旨在帮助公众了解媒体的运作方式，并且推广一些能够被新闻工作者接受的伦理界限和准则。后来，在加拿大报业协会几位资深编辑和出版商的推动下，安大略省、不列颠哥伦比亚省和大西洋省的新闻媒体评议会进行了为期两年的讨论，最终决定于2015年9月1日合并，成立加拿大国家新闻媒体评议会（National News Media Council）。[1]

加拿大国家新闻媒体评议会（在这一章的以下内容中简称评议会）作为加拿大新闻媒体行业的一个自律组织，主要处理公众针对新闻的公正性，新闻和评论的相关性、平衡性和准确性等方面的投诉，同时在有关言论自由等问题上，评议会还会酌情代表公众和媒体发表言论。

二、评议会的组织架构与投诉机制

（一）评议会委员的组成

根据《加拿大国家新闻媒体评议会治理政策手册》（*National NewsMedia Council of Canada Governance Policy Manual*），评议会最多有21名董事，其中一半从公众董事（Public Directors）中选出，另一半从专业董事（Professional Directors）中选出。公众董事代表广大公众的利益且

---

[1] National NewsMedia Council of Canada. Policies and Governance[EB/OL]. (2020-11-09)[2021-08-10]. https://www.mediacouncil.ca/about-us-ethics-journalism/constitution.

不直接参与新闻媒体运作。专业董事是隶属于评议会成员的一些新闻媒体机构代表。这些新闻媒体机构主要是加拿大各地的大多数日报、社区报纸、新闻杂志、在线新闻媒体机构,但魁北克省除外,因为它由单独的省级新闻评议会提供服务。[1]

2021年,评议会由15名董事组成,其中8名为公众董事,7名为专业董事。评议会的主席通常从公众董事中选出。评议会的董事不代表任何新闻媒体组织或利益集团进行投票或参与审议。

(二)评议会的任务

新闻媒体提供有见地的、准确的新闻,对于民主社会的发展至关重要。自1972年以来,加拿大各省的新闻评议会及国家新闻媒体评议会始终关注各省新闻工作者在道德伦理方面存在的问题。

评议会的成立主要是为了推动在全国范围内使用一种统一的、固定的、公平的方法处理公众对新闻媒体成员的投诉。评议会的目标主要有以下两个:一是作为公众投诉新闻媒体成员的平台,为加拿大的新闻媒体和新闻读者服务;二是促进加拿大新闻媒体行业的道德实践。新闻媒体评议会作为新闻自律组织,具有一定的独立性和中立性,它不是国家的归属物,也不由媒介集团控制。因此,评议会在运行过程中不使用强制监管、不接受联邦监督,主要通过调解服务、外联活动等方式促进新闻媒体的道德实践。

评议会的任务主要包括以下几点:一是作为新闻媒体与公众之间增进沟通与理解的渠道,向编辑部和新闻用户进行教育和宣传;二是通过教育和外联活动,鼓励加拿大新闻界树立较高的道德和专业标准;三是在必要时审议和裁决公众的投诉,这些投诉主要是针对新闻媒体成员收集新闻信息和发布新闻过程而提出的,内容涉及新闻准确性、公正性;四是在新闻媒体需要获取有关公共利益的信息或投诉问题涉及言论自由等民主权利时,

---

[1] National NewsMedia Council of Canada. Governance Policy Manual(2020)[EB/OL].(2020-12-03)[2021-08-10]. https://www.mediacouncil.ca/wp-content/uploads/2021/04/Board-Governance-Policy-Manual-December-3-2020.pdf.

代表新闻媒体或公众向加拿大政府和其他机构发表声明,以践行评议会的目标和宗旨。[1]

(三) 评议会处理公众投诉的过程

评议会的任务之一就是审议和裁决公众关于新闻媒体机构在收集新闻信息和报道新闻过程中违反新闻标准和伦理道德的投诉。在处理相关投诉的过程中,评议会主要遵循以下流程。

1. 投诉人联系新闻媒体机构

评议会认为,投诉人需要给新闻媒体机构提供回应投诉的机会,否则评议会将不会审查投诉人提出的投诉,因此,投诉人应该提前与新闻媒体机构取得联系,并反映相关问题。

2. 投诉人提出投诉

如果投诉人的投诉在新闻媒体机构没有得到解决,投诉人可以填写在线表格向评议会提交投诉。关于投诉,评议会有两个要求:一是评议会只接受针对新闻媒体成员发表的新闻和评论中违反新闻标准和伦理道德的投诉;二是评议会不接受匿名投诉,也不接受即将进行法律诉讼或正在进行法律诉讼程序的投诉。

3. 评议会审查投诉

评议会收到相关投诉后,会对投诉人提交的材料进行审查。一方面确定新闻媒体机构能否自行处理投诉;另一方面核实投诉是否在评议会审议范围之内。如果新闻媒体机构不能自行处理投诉,并且该投诉属于评议会的职权范围,那么投诉将进入调解阶段。

4. 评议会调解投诉

在这一阶段,投诉人和新闻媒体机构都必须提供与投诉相关的所有信息,评议会将依据双方提供的信息、参考新闻媒体机构的业务守则或行业内普遍接受的新闻标准进行调解。如果新闻媒体机构做出回应后,一些信息仍然没有得到合理解释,那么投诉人和新闻媒体机构都可以通过电子邮件、邮寄书信等形式向对方和评议会进一步说明。如果新闻媒体机构接受

---

[1] National NewsMedia Council of Canada. Governance Policy Manual(2020)[EB/OL]. (2020-12-03)[2021-08-10]. https://www.mediacouncil.ca/wp-content/uploads/2021/04/Board-Governance-Policy-Manual-December-3-2020.pdf.

第一章 加拿大国家新闻媒体评议会运行机制及评析

调解并承认错误,评议会将通过对新闻媒体机构进行纠正、教育或其他适当方式解决投诉。

5. 投诉提交至评议会审议

如果确定该投诉在调解阶段未得到解决,那么投诉将会提交给评议会进行审议。评议会同时考虑投诉人和新闻媒体机构的意见,依据适当的新闻标准和社会标准来审议投诉。在某些情况下,如投诉内容涉及公共教育、公共利益或重要的新闻问题、复杂事件时,评议会可以举行听证会。

6. 发布决定

经过评议会审议,可以决定投诉结果是驳回(dismissed)、维持(upheld)、保留驳回(dismissed with reservations)、由于成员采取的纠正措施而得到解决(resovled due to corrective action taken by member)或是需要举行听证会(referred to hearing)。[1]

如果投诉被驳回,评议会将告知投诉人和新闻媒体机构原因,同时在评议会网站上发布投诉的处理决定。如果投诉没有违反守则,但是需要提醒成员注意这类问题,那么投诉将被保留驳回,评议会将通知投诉人和新闻媒体机构并向双方提供一份处理决定的副本,并将决定公布在评议会网站上。如果投诉人获得评议会的支持,评议会将以书面形式说明原因并通知投诉人和新闻媒体机构。在决定发布后一个星期内,新闻媒体机构至少需要发布评议会所做决定的摘要部分,并附上评议会网站上发布的完整决定的链接。如果新闻媒体机构选择在线发表文章澄清,则需要将评议会所做决定作为文章的附录。新闻媒体成员应向评议会提供其发表评议会所做决定的文章副本或链接。如果投诉因新闻媒体成员采取了纠正措施而得到解决,评议会将以书面形式告知双方,并将决定公布在评议会网站上。如果需要举行听证会,评议会将依据听证会要求及程序,组建听证小组。听证会所做的决定是最终决定,该决定不再接受评议会的审查。

评议会列举了评议会投诉流程和听证会上的十九种常见问题,并进行了解答(见表1-1)。

---

[1] National NewsMedia Council of Canada. Complaints Process[EB/OL]. [2021-08-10]. https://www.mediacouncil.ca/complaints-process/.

表 1-1 评议会投诉流程和听证会的十九种常见问题及解答

序号	问题类别	问题内容	解答
1	投诉程序	评议会接受哪种类型的投诉？	评议会接受与搜集和发表新闻信息、评论文章、照片或社论漫画相关的新闻伦理准则方面的投诉，不接受有关出版物配送、订阅、广告或填字游戏的投诉。任何组织和个人均可对新闻媒体成员和网络新闻出版机构提出投诉，但评议会不接受匿名投诉
2		投诉有时间限制吗？	投诉通常需要在相关文章发表后的一个月内提出
3		评议会是否会受理所有投诉？	评议会会对所有投诉进行审查，但不会全部受理。投诉必须聚焦于指控某一涉嫌违反新闻伦理准则的特定行为上，其中所涉的新闻伦理准则主要包括报道准确性、报道语境和更正等；评议会对是否受理投诉有绝对的自由裁量权，如果其决定不受理该投诉，投诉人则无法上诉；评议会还会使用自由裁量权来处理与已经做出裁决的投诉大体相似的投诉；同时，评议会不接受任何涉及法律诉讼的投诉
4		投诉会被保密吗？	评议会的裁决，包括投诉人的姓名和新闻媒体机构的名称，都将进行公布。一旦投诉得到解决或投诉的裁决已做出，投诉的相关细节也可能由新闻媒体机构以教育为目的、以裁决或时事通讯的形式进行公布。新闻媒体机构也可以发布评议会裁决的相关报道。在公布时，评议会会尽量避免公开投诉人姓名之外的其他个人信息。 在投诉过程中，各方应对来往通信进行保密，以确保正当程序以公平公正的方式进行。为了解决某起投诉而与新闻编辑部工作人员或投诉方人员的通信内容也应被保密。在投诉过程中公开发布相关信息将被视为恶意违规行为。另外，评议会不接受匿名提交的投诉

第一章 加拿大国家新闻媒体评议会运行机制及评析

续表

序号	问题类别	问题内容	解答
5	投诉程序	投诉人需要联系被投诉的新闻媒体机构吗?	需要。只有在投诉人给予被诉新闻媒体机构一个解决该投诉的机会后,评议会才会接受该起投诉
6		如果新闻媒体机构修改或拒绝刊登投诉人写给编辑的信件该怎么处理?	新闻媒体机构无义务公布每一封收到的信件。信件可能因篇幅、清晰度、行文基调或法律有关原因而被编辑修改。评议会可能会接受经过有关媒体编辑修改了原义的投诉信件,但不会命令新闻媒体机构发布该信件或该评论。另外,在线评论必须遵守相关网站的条款或相关条件的约束
7		是否可以提交关于新闻专栏、社论或漫画的投诉?	评议会对社论作者发表强烈或不受欢迎的观点给予较为广泛的支持。虽然评议会通常不会裁决针对某一观点的投诉,但可能会考虑处理针对新闻专栏和社论中存在的未经修正的事实错误或发表仇恨言论的投诉
8		如果投诉人只想要道歉呢?	评议会不能强迫新闻媒体机构做出道歉,但如果投诉成立,评议会必然要求有关新闻媒体机构公开发布评议会认定投诉成立的裁决
9		在提交投诉后会发生什么?	1.评议会工作人员将对投诉内容和新闻媒体机构的回复内容进行调查; 2.工作人员将会协助双方完成投诉的全部程序,同时会依照新闻媒体机构的业务守则或业内普遍接受的新闻伦理准则,通过教育、要求整改或其他适当措施来调解该投诉; 3.如果工作人员的调解未能解决该投诉,工作人员将根据对投诉人和新闻媒体机构提交的相关材料的调查结果向评议会提出建议供其审议

续表

序号	问题类别	问题内容	解答
9	投诉程序	在提交投诉后会发生什么？	4.评议会将对投诉、相关回复和其他材料进行审查，并决定是否判定成立、驳回投诉等； 5.因为新闻媒体机构可以选择在投诉过程中的任何时刻进行整改，针对投诉已经立案、在评议会介入后新闻媒体机构已经采取了适当的整改措施的情况，评议会也可以根据新闻媒体机构采取的整改措施做出裁决； 6.评议会也可以对投诉进行听证； 7.听证会对投诉的裁决为最终裁决，不得上诉
10		投诉人是否需要律师？	不需要。评议会不是法院，评议会会要求投诉人签署弃权书，同意放弃采取法律行动，也不接受任何一方的法律意见书
11		投诉费用是多少？	不收费。评议会是一个非营利性自律组织。投诉、调解或听证均不收取任何费用
12		如果投诉成立，被投诉的新闻媒体机构需要做什么？	如果投诉成立，新闻媒体机构将至少要发布裁决的内容摘要并附上评议会网站相关裁决的链接。如果被投诉的内容为在线内容，新闻媒体机构需要加上适当的编辑说明，并附上关于裁决的相关链接； 如果投诉被驳回或因新闻媒体机构做出整改而调解成功，新闻媒体机构无须公布该裁决或附上裁决的相关链接
13	新闻媒体机构如何回应投诉	当收到投诉时，评议会会员新闻媒体机构该如何处理？	被投诉人应尽快与投诉人沟通投诉问题是否可以解决。如果被投诉人拒绝回应投诉人或评议会，评议会可根据投诉人提交的投诉材料和手头其他相关材料，继续处理该投诉

第一章　加拿大国家新闻媒体评议会运行机制及评析

续表

序号	问题类别	问题内容	解答
14	新闻媒体机构如何回应投诉	被投诉人能在投诉已提交至评议会后更正错误吗？	能。评议会处理投诉流程旨在对投诉的问题进行补救，鼓励被投诉的新闻媒体机构对投诉问题进行公开讨论和采取整改措施。在这种情况下，评议会可能会发现投诉的问题已通过相关整改措施得到解决
15		当评议会做出裁决时会发生什么？	当投诉成立时，被投诉的新闻媒体机构必须发布一份客观公正的报告，内容至少包括评议会裁决摘要并附上评议会网站上相关裁决的链接。通常情况下，这份报告应发布于需要进行更正的地方。同时，须在已发布的在线版本中附上相关裁决链接并加上适当的编辑说明；当投诉被驳回，或因被投诉人已采取整改措施调解成功时，被投诉的新闻媒体机构也可以发布评议会裁决报告或附上相关链接。评议会鼓励媒体成员发布评议会的完整裁决内容
16	评议会听证程序	听证会包括什么程序？	评议会鼓励并邀请投诉人和被诉新闻媒体机构参与听证会，双方都有机会发表意见。评议会将规定回应提交的时限，如没有做出回应，评议会或听证小组即可着手处理该投诉；投诉人和被诉新闻媒体机构将分别做简短陈述，听证小组成员将对双方代表提出相关询问，之后双方均可做最后陈述。所有陈述将由听证小组主席进行裁决
17		听证小组的成员是谁？	听证小组主席将由评议会的一名公众董事担任。其余2~4名小组成员由代表公众和新闻媒体组织的评议会董事组成，其中公众董事占多数。被投诉的新闻媒体机构不得出现在听证小组中

续表

序号	问题类别	问题内容	解答
18	评议会听证程序	投诉人是否能在听证会上见到被投诉的记者？	不一定。评议会认为，投诉针对的是新闻媒体机构，而非记者个人。参加听证会的新闻媒体机构通常由该机构一名责任编辑代表。专栏作家或记者可以出席听证会，但没有义务必须出席
19		何时可以得知裁决结果？	听证小组的裁决一经评议会批准，相关结果即会尽快通知到双方。评议会将在向公众发布裁决结果之前，同时通知到投诉人和被诉新闻媒体机构；如果投诉成立，该裁决结果必须在被诉新闻媒体上公布，并发布在评议会网站上；评议会在举行听证会后做出的裁决为最终裁决，双方不得上诉

三、评议会接受的投诉类型及相关案例

（一）涉及准确性的伦理原则与相关案例

评议会认为，新闻报道中出现的个人身份和引用的资料等都要真实准确。同时，图片说明应准确地标出场景、人物或地点，新闻标题也应该从新闻信息中提炼出来。如果新闻媒体机构在报道中出现以下违反准确性伦理原则的错误，公众可以进行投诉：第一，新闻报道存在错误的信息；第二，涉及公众的相关资料出现在报道中，但这部分内容未被正确地标注，或是被错误地引用；第三，照片说明未能准确描述场景、人物或地点；第四，新闻标题没有准确地反映新闻内容。[1]

2021年3月1日，《北方观点》（*The Northern View*）发表了一篇主标

---

[1] National NewsMedia Council of Canada. How to file a complaint with us[EB/OL].[2021-08-10]. https://www.mediacouncil.ca/complaint/.

题为"大火摧毁了位于鲁珀特王子港的加拿大国家铁路公司的圆屋"（Massive fire destroys CN roundhouse in Prince Rupert）、副标题为"不知道这是否与封锁抗议有关"（No word whether its associated with blockade protests）的报道。投诉人马文·比蒂（Marvin Beatty）认为，在没有任何佐证的情况下，这篇报道将火灾与Wet'suwet'en原住民部族世袭酋长争端和相关封锁抗议联系在一起，是不恰当的，相当于一种毫无根据的猜测。比蒂还说，这篇文章只出现了一个未透露姓名的消息来源。

《北方观点》在首次发表该文后不久，就将这篇在线文章的副标题更改为"原因未知"（Cause unknown）。随后，该文的主标题变更为"更新：加拿大皇家骑警已逮捕了涉嫌在加拿大国家铁路公司圆屋中纵火的青年"（UPDATE: RCMP arrest youth for suspected arson in CN Rail roundhouse blaze），副标题变更为"皇家骑警：与Wet'suwet'en支持抗议活动没有联系"（No link to Wet'suwet'en support protests: RCMP）。同时，更新后的文章还包含更多关于该事件的信息，包括加拿大皇家骑警的评论，指出该事件"绝对与Wet'suwet'en无关"，虽然他们收到了大量关于这些事件是否有关的询问，但这种猜测是没有根据的。

在审查该文章的更新版本时，评议会认为该投诉已通过新闻媒体机构的纠正措施得到解决。文章更新的副标题有新信息作为依据。同时，更新后的报道也解决了最初由副标题引发的猜测，明确地陈述事实并消除暗示。评议会还指出，该新闻媒体机构采用了最佳做法，在主标题中指出该报道已经更新，同时，该新闻媒体机构采取了措施，即真相仍在浮现，且在该报道容易引发煽动性猜测的情况下，关闭了对这篇报道的评论。评议会意识到了新闻编辑部及时向社会报道重要信息时所面临的挑战，在投诉发生的时候，这一事件的有关细节仍在不断被挖掘。即便如此，有道德的新闻报道也要注意避免让一些群体受到歧视，特别是当这些群体在高度分化的政治和社会环境中可能成为攻击对象时。[1]

（二）涉及评论的伦理原则与相关案例

评议会认为，评论作家和社论作家可以在文章中使用语气强烈的语

---

[1] National NewsMedia Council of Canada. Beatty vs Northern View[EB/OL]. (2020-03-04)[2021-08-10]. https://www.mediacouncil.ca/decisions/2020-18-beatty-vs-northern-view/.

言,也可以表达不受欢迎的观点。只有当评论中出现错误的事实或作者表述的语言过于激烈时,公众才可以向评议会提出投诉。对于公众的来信,报社有权出于篇幅、清晰度、法律或其他原因对其进行编辑,也可以选择不发表。如果报社的编辑改变了公众来信的原本意思,公众可以进行投诉。[1]

2019年5月11日,《环球邮报》(Globe and Mail)刊登了一篇题为"自由党如何在没有中东政策支持的情况下陷入困境"(How the Liberals got trapped without a policy in the Middle East)的专栏文章,一位名叫查尔斯·库克(Charles Cooke)的读者对该文以下说法提出了异议:"……随着本雅明·内塔尼亚胡总理(Prime Minister Benjamin Netanyahu)进入执政的第二个十年任期,他自称要破坏长期建立的和平共处基础,并刺激特朗普与伊朗开战。"库克认为,这种说法是没有事实依据的断言。而《环球邮报》回应称,这一说法是基于专栏专家对当时国际不和的看法而做出的公平合理的评论。评议会收到投诉后,对该报道进行了彻底审查,驳回了库克对该文的投诉。[2]

首先,评议会认为,专栏作家并没有具体提及政治领导人之间的任何特定事件或谈话,而是依据他对两国关系的观察而发表的评论。其次,该文章来自评论专栏,因此,作者可以根据他目前的知识、观察和相关报道来陈述其认为合理的相关细节。再次,虽然内塔尼亚胡总理没有公然游说特朗普对伊朗发动袭击,但是网络搜索的案例中有一些来自美国和国际知名组织的新闻报道,它们为该观点提供了依据。最后,从总体上看,该文章主要体现的是专栏作家对当前国家问题进行的深入思考,存在争议的言论只是文章的次要部分。

区分事实和观点是一项基本的新闻原则,评议会认为,评论作家有权利选择消息的来源,读者与作者的意见或观点不同的情况并不违反新闻标准。同时,《环球邮报》为投诉人提供了向编辑写信的机会,这被看作投诉处理过程中的一种补救方法。

---

[1] National NewsMedia Council of Canada. How to file a complaint with us[EB/OL]. [2021-08-10]. https://www.mediacouncil.ca/complaint/.

[2] National NewsMedia Council of Canada. Cooke vs Globe and Mail[EB/OL]. (2019-07-16) [2021-08-10]. https://www.mediacouncil.ca/decisions/2019-58-cooke-vs-globe-and-mail/.

第一章　加拿大国家新闻媒体评议会运行机制及评析

2019年7月16日,《汉密尔顿观察家报》(Hamilton Spectator)发表了一篇题为"因省政府的官僚作风,受伤女孩被拒绝保险索赔"(Injured girl denied insurance claim due to province's bureaucratic glitch)的专栏文章,探讨了当地一位母亲莎朗·希尔(Sharon Hill)在女儿受伤后,为女儿寻求医疗康复赔偿时所面临的复杂官僚主义的阻碍和法律挑战。作者在该文提到了过往对希尔的刑事指控。读者佐伊·索普(Zoe Soper)表示,提及希尔过往的刑事指控是"不道德的",这与该文讨论的医疗保险和赔偿问题无关,因此该读者提出了投诉。新闻媒体机构回应称,该专栏标注了"观点"的标签,专栏作家应享有广泛的自由来表达自己的观点和看法。同时,新闻媒体机构还认为,对希尔的指控属于公共记录的一部分,如果忽略过去对希尔的指控,那么这篇报道既不负责也不透明。最后,评议会驳回了索普的投诉。[1]

评议会认为,新闻报道和评论专栏应该追求公平、准确,并为读者提供相关背景,这是新闻标准之一。同时,关注希尔及其家庭的问题,有利于将医疗保健系统这一复杂问题带到现实生活环境中去讨论。评议会还指出,在2017—2018年,希尔四次出现在《汉密尔顿观察家报》发表的报道中,其他新闻媒体机构也曾报道过对希尔的刑事指控。另外,索普还对《汉密尔顿观察家报》向读者介绍希尔和指控的方式提出异议,但是评议会认为这是编辑表述的问题,超出了评议会的评议范围。最后,评议会还是向《汉密尔顿观察家报》提出建议,即在数字时代,新闻媒体报道公众关注的个人信息时需要谨慎,最大限度地减少对个人声誉造成的不当伤害和长期损害的可能性,严格地行使编辑自由裁量权。

(三) 涉及敏感问题的伦理原则与相关案例

评议会认为,公众可以对报道中出现的不当语言、种族主义、性别歧视以及社会、宗教或政治团体偏见等敏感问题进行投诉,评议会也会考虑受理这类投诉。

当遇到性侵、未成年等敏感问题时,在法院公平审判和保护受害者的同时,也需要媒体适当进行公开报道。公众可能会认为公开上面的信息侵

---

[1] National NewsMedia Council of Canada. Soper vs Hamilton Spectator. [EB/OL]. (2019-08-07)[2021-08-10]. https://www.mediacouncil.ca/decisions/2019-61-soper-vs-hamilton-spectator/.

犯了个人隐私,但是尊重个人隐私不应该成为妨碍报道有关公共利益事件的理由,特别是报道对象为政治家和名人等公众人物时,他们应该受到更多的公众监督。[1]

2021年4月21日,《温哥华太阳报》(*Vancouver Sun*)发表了一篇名为"患有创伤后应激障碍(PTSD)的医护人员在危险驾驶后被免去了违法记录"(Off-duty paramedic with PTSD avoids criminal record for dangerous driving)的文章,文章报道了两起有关危险驾驶的案例,案例一为一名休班的医护人员承认自己犯了危险驾驶罪,但是法院考虑到这名医护人员患有创伤后应激障碍,决定将医护人员释放并除去其违法记录。案例二为一名被告在行驶车辆的过程中与伴侣发生争执,无意中将车辆驶入弗雷泽河,但法院最终判定其犯了危险驾驶罪,且不予以释放。投诉人尼古拉斯·史密斯(Nicholas Smith)认为,这篇新闻报道可能会对患有创伤后应激障碍的人群造成负面影响,认为他们是受到歧视的。但《温哥华太阳报》回应称,这篇新闻报道没有侮辱任何患有创伤后应激障碍的人,只是强调了精神疾病会给个人造成的不幸影响,让人们深入了解法院可能会对犯有同样罪行的人进行不同判决的原因。最终评议会认为本案没有违反新闻准则,并驳回了史密斯的投诉。[2]

评议会认为,该报道强调了创伤问题对个人造成的影响,并为读者提供关于法庭案件判决的信息和见解。同时,评议会提醒新闻媒体机构,报道要准确,要符合公众广泛接受的新闻标准。记者要对经历过悲痛的受访者给予关心和尊重,但是不意味着要禁止报道创伤主题的新闻。

(四)涉及资料来源的伦理原则与相关案例

记者在报道时需要标明所引用的他人作品的出处,除特殊情况外都要指出消息的来源。同时,记者可以报道公共领域的人员和信息,其中包括来自社交媒体的公共信息。记者应遵守版权法,并且在必要时尊重个人隐私。若是公众的照片、一些言论或想法、一项研究被引用于报道中,但没有

---

[1] National NewsMedia Council of Canada. How to file a complaint with us[EB/OL]. [2021-08-10]. https://www.mediacouncil.ca/complaint/.

[2] National NewsMedia Council of Canada. Smith vs Vancouver Sun[EB/OL]. (2021-05-25) [2021-08-10]. https://www.mediacouncil.ca/decisions/2021-48-smith-vs-vancouver-sun/.

标明出处,或是某篇报道未经个人同意而使用了其在社交媒体上发表的照片和材料,那么,公众就可以对这些报道提出投诉。[1]

2019年4月18日,《圣凯瑟琳标准报》(St. Catharines Standard)发表了一篇题为"在边境被抓的携带芬太尼的男子被判缓刑"(Probation for man who was caught with fentanyl at border)的文章,该文章写道,加拿大边境服务局(Border Service Agency)的四名官员"2017年6月2日,在伊利堡边境检查站检查一辆汽车时,接触到一种未知物质并患病"。文章指出,在被检查人身上发现的非法物质中含有芬太尼,并且将该药物描述为"一种强大的、可能致命的阿片类药物,可通过皮肤吸收"。读者帕特里克·克洛赫西(Patrick Clohessy)认为,文中关于芬太尼"可通过皮肤吸收"的说法具有误导性,这与当前的科学、医学知识以及其他执法标准矛盾,克洛赫西引用了一些消息来源来佐证其论点,即通过短暂、偶然的皮肤接触不可能导致过度接触药物的后果。此外,这样的表述还会误导读者认为执法人员是因为被动接触了芬太尼而患病。

《圣凯瑟琳标准报》表示,该篇报道以2017年6月发生的、已被定罪的事件为基础,且文章中也没有明确写四名执法人员生病的原因,因此不存在误导读者的问题。同时,《圣凯瑟琳标准报》采取了一些调整措施,如引用边境服务局作为信息来源,增加了一项声明"有关芬太尼吸收的信息和接触芬太尼造成的危害程度可能会发生变化"等。由于《圣凯瑟琳标准报》对文章内容进行了纠正,该投诉得到了解决。

评议会认为,添加声明的信息来源和相关声明,都是新闻媒体机构适当的纠正措施,这既能对误会进行澄清,又能为读者提供一个评估信息准确性的机会。[2]

四、评议会提供的指南与资源

评议会汇编了来自其他组织的一些资源,以帮助记者在新闻工作中了

---

[1] National NewsMedia Council of Canada. How to file a complaint with us[EB/OL].[2021-08-10]. https://www.mediacouncil.ca/complaint/.

[2] National NewsMedia Council of Canada. Clohessy vs St. Catharines Standard[EB/OL].(2019-07-22)[2021-08-10]. https://www.mediacouncil.ca/decisions/2019-51-clohessy-vs-st-catharines-standard/.

解新闻媒体道德和实践标准。在评议会网站上,我们统计后发现,评议会提供了 19 种指南,内容涉及新闻实践标准、伦理道德、敏感问题等多个方面。

(一)《民族媒体与多元化风格指南》(*Ethnic Media & Diversity Style Guide*)

本指南的作者为阿米拉·艾尔加瓦比(Amira Elghawaby)和玛丽娜·詹尼索斯(Marina Giannitsos)。指南主要关注那些具有社会、文化内涵的语言,旨在为媒体机构提供清晰和标准化的拼写与定义,帮助撰稿人在报道不同人群时选择正确的词语并避免使用错误或冒犯性的语言。

(二)《记者社交媒体资源使用指南》(*A Journalist's Guide to Working with Social Sources*)

本指南是由目击者媒体中心(Eyewitness Media Hub)联合创始人、哥伦比亚大学 Tow 数字新闻中心研究主任克莱尔·瓦尔德(Claire Wardle)创作的。本指南旨在指导记者如何处理上传到 Twitter、Instagram、Youtube、Vine 和 Whatsapp 等社交媒体上的材料,或处理 Periscope 或 Facebook live 上出现的流媒体内容。

(三)《伦理准则》(*Ethics Guidelines*)

本准则于 2011 年 6 月由加拿大记者协会(CAJ)提出。这份文件以及附带的"新闻伦理准则",旨在帮助经验丰富的专业工作者和新记者更好地对自己的专业工作负责。本准则试图提供一般道德原则应用的实例,当记者面对不熟悉的情况时,可以应用这些原则做出最佳判断。

(四)《心理健康报道》(*Reporting on Mental Health*)

本指南由加拿大暴力与创伤新闻论坛创作。在指南的前言中《环球邮报》健康专栏的作家安德烈·皮卡德(André Picard)写道:记者和编辑在应对某些疾病所带来的污名化问题时,既要冷静地观察和报道这一事态,又要主动着手进行一些社会变革。本指南探讨了为什么公众会对精神疾病患者产生错误的印象、新闻媒体是如何无意或以其他方式加深这种错误印象的,以及新闻工作者可以怎样改变这种情况。

(五)《最佳实践:儿童福利新闻》
(Best Practices : Child Welfare Journalism)

本指南基于新闻项目"聚焦:儿童福利"(Spotlight:Child Welfare)而发布的。指南作者是迪伦·科恩(Dylan Cohen)。该指南指出,新闻报道应该使人们更多地了解儿童福利制度,以推动社会政策的完善,并给那些常被公共话语排除在外的人群一个发声的机会。本指南旨在为记者提供一个框架,以便记者更好地采访那些受到儿童福利制度影响的人群。这些人群包括领养孩子的家庭、接受照顾的青少年和受到儿童福利制度影响的其他人。

(六)《多样化风格指南》(The Diversity Style Guide)

《多样化风格指南》由美国职业记者协会(Society of Professional Journalists)的西格马·德尔塔齐(Sigma Delta Chi)基金会和旧金山州立大学人文与创意艺术学院资助创作,编辑为旧金山州立大学的新闻学教授雷切尔·卡尼格尔(Rachele Kanigel)。该指南包含700多条与种族/民族、残疾、移民、性和性别认同、毒品和酒精以及地理相关的术语,旨在帮助记者和其他媒体专业人士准确、权威和客观地报道复杂多元的世界。

(七)《剽窃和归属》(Plagiarism and Attribution)

在线新闻协会(Online News Association)是世界上最大的数字记者协会,是一个由2000多名会员组成的非营利组织。在线新闻协会发起的"建立自己的道德准则"项目旨在为记者和新闻媒体机构提供有关作品的灵活性建议,以制定他们在广泛的职业活动中需要的道德守则。该项目涵盖45个主题,其中《剽窃和归属》回答以下道德问题:记者怎样利用他人的材料而不被指控为剽窃;在数字时代,剽窃的规则是否发生了改变;发表新闻稿中材料引用的规则;是否可以使用自己发布的内容或自己的出版作品。

(八)《药品滥用危机报道的风格指南》
(*Overdose Crisis Reporting Style Guide*)

本指南是波士顿东北大学(Northeastern University)司法健康行动实验室提出的一项倡议,主要关注媒体报道药物使用和成瘾的原因和方式。在面临威胁公共健康的紧急情况时,记者在教育公众、政治家和决策者方面发挥着至关重要的作用。因此,本指南旨在帮助新闻工作者利用有证据的信息准确、负责、人性化地报道当前的药品滥用危机。

(九)《有色族裔记者的资源指南》
(*The Journalists of Color Resource Guide*)

该指南是兰图伊·沃(Lam Thuy Vo)、迪沙·雷查哈里(Disha Raychaudhuri)和莫伊兹·赛义德(Moiz Syed)在纽约市立大学克雷格·纽马克新闻研究生院(Craig Newmark Graduate School of Journalism at CUNY)新闻诚信倡议的支持下发布的。该指南为记者提供了如何向机构问责、职业发展、薪资和福利、心理健康、课程培训等方面的信息和内容,以支持有色族裔记者维护自己的权利。

(十)《关于记者报道残疾人的见解》
(*Helpful Insights for Journalists Covering People with Disabilities*)

该文章的作者伊马尼·巴尔巴林(Imani Barbarin)、摄影记者克里斯·尤恩(Chris Juhn)和记者兼历史学家大卫·M·佩里(David M. Perry)致力于研究有关残疾人的新闻事件,因此他们分享了记者在报道残疾人时应该考虑的问题。

(十一)《记者采访跨性别者和非二元性别者的建议》
(*Tips for Journalists on Covering Trans and Non-binary People*)

这篇文章由美国北卡罗来纳州达勒姆市的独立记者刘易斯·雷文·华莱士(Lewis Raven Wallace)撰写。他为记者提供了报道跨性别者和非二元性别者的五条建议：①使用合适的代词称呼这类人群；②提前了解与跨性别者和非二元性别者有关的术语；③避免使用绝对中立的观点，应该尊重跨性别者和非二元性别者的想法；④跨性别者和非二元性别者会对新闻工作者产生怀疑，新闻工作者要理解他们并试图取得他们的信任；⑤跨性别者和非二元性别者可以对冒犯性的报道进行严厉的批评。

(十二)《记者关于自闭症的报道指南》
(*Guide to Help Journalists Write about Autism*)

该指南由英国国家自闭症研究慈善机构提供，旨在为记者和其他媒体内容生产者介绍自闭症的简要情况以及自闭症患者的语言习惯，并提供了采访自闭症患者的技巧。

(十三)《GLAAD 媒体参考指南》
(*GLAAD Media Reference Guide*)

同性恋者反诋毁联盟（Gay & Lesbian Alliance Against Defamation）是美国知名的全国性反歧视组织，是由性少数群体（Sexual Minority）、女同性恋者（Lesbians）、男同性恋者（Gays）、双性恋者（Bisexuals）、跨性别者（Transgender）和酷儿（Queer）所组成的群体的简称。与其他人群一样，性少数群体也有权要求记者公平、准确、包容地报道他们的故事和问题。因此，同性恋者反诋毁联盟提供的《GLAAD 媒体参考指南》，旨在帮助主流媒体记者和娱乐媒体创作者，以公平、准确的方式讲述性少数群体的故事。

(十四)《如何报道原住民议题》(*Covering Indigenous Issues*)

美国原住民记者协会（Native American Journalists Association）编写了 9 份报道指南，为报道原住民问题和原住民群体的记者提供了有用的建议。《如何报道原住民议题》内容主要包括记者采访原住民时应遵守的道德准则、专家和学者对报道原住民社区提出的建议、有关原住民报道的案例、报道未成年和社区安全等敏感问题的建议等。

(十五)《信息混乱时代的负责报道》
(*Responsible Reporting in an Age of Information Disorder*)

该指南的作者是维多利亚·关（Victoria Kwan），其认为许多新闻编辑室在运作中依赖它们自己的编辑指南和道德准则,但随着受众网络化程度的提高,技术创新改变了新闻信息收集和新闻传播的方式,造谣者也设计出更多方法来混淆事实。因此,在信息混乱时代,新闻媒体机构面临一系列新的道德挑战。该指南旨在帮助记者在信息混乱的时代背景下辨别被篡改的图片和视频。

(十六)《客观参与的新闻业》(*Objectively Engaged Journalism*)

本书的作者是媒体伦理学家斯蒂芬·沃德(Stephen Ward),他试图为全球数字新闻提供一种新的客观介入道德理论。他指出,媒体既不应该中立,也不应该偏袒任何党派。这本书旨在为新闻工作者提供一种在充斥着虚假信息和极端主义的世界里负责任地报道新闻的方法。

(十七)《加拿大新闻风格指南》(*Canadian Press Style Guide*)

该指南汇集了加拿大国家通讯社提供的关于写作和编辑的权威性建议,旨在帮助从事新闻、传播、出版或公共关系的媒体人,在写作过程中更好地遵循全国统一的标准,以保证新闻写作和编辑的准确性和一致性。

(十八)《加拿大毒品政策联盟媒体指南》
(*Canadian Drug Policy Coalition Media Guide*)

加拿大毒品政策联盟是精神健康和成瘾应用研究中心(Centre for Applied Research in Mental Health and Addiction)组织起来的。本指南由加拿大毒品政策联盟发布,旨在帮助记者报道毒品政策和毒品滥用的问题。

(十九)《原住民社区报道》
(*Reporting in Indigenous Communities*)

这是一本在线的综合指南,由加拿大广播公司的记者邓肯·麦丘(Duncan McCue)制作,旨在帮助记者解决报道原住民社区时面临的困难,提高新闻报道的质量。

从上面种种关于记者报道的资料、指南来看,评议会没有出台自己的业务守则。相反,它希望成员遵守一些普遍接受的新闻标准、实践原则和

第一章 加拿大国家新闻媒体评议会运行机制及评析

道德准则。在处理投诉时,评议会将考虑一系列标准,包括新闻成员机构自己的行为守则、被普遍接受的国家和地区的新闻标准、加拿大新闻界和加拿大记者协会的标准、适当的法律或道德准则,以及被董事会认为有效的任何其他内容。

五、评议会运作过程中面临的问题

(一)加拿大报道种族主义和系统性种族主义需要注意的问题

加拿大作为一个移民国家,具有丰富多元的民族文化。新闻报道中如何避免种族主义和系统性种族主义的倾向,是评议会较为关注的一个问题。记者在报道关于种族主义、黑人、原住民和有色族裔问题和抗议活动的新闻时可以参考现有的新闻标准,并以更加严谨的态度来报道这些人群及其文化。

针对如何报道这类主题,不同编辑、记者和学者在经过协商后,提供了以下做法供参考:①记者或编辑应该以一种自然的报道方式来反映加拿大的种族多样性,而不是明显或无意间流露出种族主义的倾向;②只有与报道内容相关时,才可以通过种族、移民身份、肤色或宗教信仰来描述个体;③在发表报道前需要对相关内容进行彻底的核查,如有必要,可以向黑人、原住民或有色人种社区寻求专业指导;④注意使用客观、专业的语言;⑤注意避免不平等和信息不充分的描述,包括可能与当前事件有关的历史事实或事件;⑥避免情景式的事件框架,要深入研究问题;⑦向黑人、原住民或有色人种社区或专家所咨询的问题,可以作为历史背景和观点的来源,要利用不同的资料来源说明当前问题,并做进一步的解答。[1] 以上观点和经验来自一些研究和采访,它们可以帮助记者和编辑更准确地报道种族主义、系统性种族主义和相关抗议活动。

---

[1] National NewsMedia Council of Canada. Current Issues[EB/OL]. (2021-04-01)[2021-08-10]. https://www.mediacouncil.ca/wp-content/uploads/2021/04/Journalistic-best-practices-April-2021.pdf.

（二）评议会提醒新闻媒体注意传播品牌内容对自身形象和公信力的影响

品牌内容也称赞助内容或原生广告。如今的品牌内容越来越多地倾向于以新闻的形式讲故事，如以专题报道、采访或新闻视频的形式去报道一个品牌故事或赞助机构。评议会认为品牌内容属于其审议的范围内。品牌内容不是以传统广告的形式出现的，其目的是使用文字、图像和音频为赞助机构获得新客户，增加销售额，或者通过从积极的角度展示品牌，建立客户的忠诚度，因此很难用一般的广告标准加以约束。品牌内容有时可能确实是公众感兴趣的信息，但是其没有客观地呈现内容，也不是以服务公众利益为目的的，因此可能会影响新闻的准确性，降低读者对新闻媒体的信任。

房地产、旅游、汽车和娱乐是品牌内容的传统主题。如今，读者面对来自博客、社交媒体平台和在线杂志的大量内容，更难辨别品牌内容。评议会担心新闻媒体工作者没有接受如何撰写品牌内容的培训，可能会使其无法区分新闻和品牌内容，同时还容易失去读者的信任。评议会认为，关于品牌内容的最佳做法是将品牌内容用界线、标签或其他可识别的标志明确地标注为广告，以避免公众产生疑惑和提出投诉。新闻媒体同样应该对其发布的品牌内容负责。当公众提出投诉时，新闻媒体机构应当接受投诉并努力寻求补救措施，然后评议会将结合公众的意见和新闻媒体机构的答复，就解决投诉问题提出建议。

总体来说，品牌内容、广告内容与新闻内容在本质上有着明显的界限，但是对于大多数新闻工作者而言，这个界限难以划分，这与当下我们所处的社交媒体时代的特点有密切联系，并且这种混淆感还在进一步加深。作为新闻自律组织的评议会更需要将重心放在这方面，制定严苛的标准规范品牌内容与广告内容。

（三）评议会为消除公众的认知偏见所做出的努力

加拿大公众认为，评议会的运作得到了新闻媒体成员的会员费支持，因此在处理投诉时评议会会偏袒新闻媒体机构，或是拒绝、忽略公众对新闻媒体机构的投诉。评议会对此表示否认。评议会承诺会努力提高评议的质量和透明度，来消除公众的误解。尽管公众不一定会满意评议会的决

第一章 加拿大国家新闻媒体评议会运行机制及评析

定,但是评议会将始终认真对待、尊重公众的投诉,并且在调查过程中听取公众的意见。[1] 此外,评议会认为可以与一些具有公民意识的团体合作,让他们帮助公众了解媒体运作及新闻生产方面的知识,以减少公众对评议会的偏见。

与非营利组织和大学的合作,是扩大评议会发言权和影响力的有效手段。同时,对于评议会而言,寻求确定一个支持评议会工作并且不影响评议完整性的基金会或赞助机构,是一个可行的目标。虽然寻找这类机构的资金赞助需要一定的时间和资源,但在一定程度上能够解决会员费减少的问题。[2]

六、评议会关注的媒体伦理问题

评议会对违反新闻标准的投诉进行调解并发布评议决定。如果读者的投诉没有得到评议会支持,但读者仍然对该问题存有疑虑,评议会将做出解答,以下是这类投诉的解释案例。

(一) 解释性新闻

评议会审查了一份对2019年2月18日发表的题为"全美有色族裔协进会的第一次会议在加拿大举行"(NAACP's first meeting was held in Canada)文章的投诉,该文章发表在安大略省尼亚加拉地区的多份报纸上。投诉人认为文章的标题是不准确的,因为全美有色族裔协进会成立于1909年,文章描述的会议实际上是1905年发起的尼亚加拉运动。评议会在认真审阅了投诉意见、原文章和投诉人提交的其他材料后驳回了该投诉。[3]

---

[1] National NewsMedia Council of Canada. Current Issues. [EB/OL]. (2017-03-10)[2021-08-10]. https://mediacouncil.ca/wp-content/uploads/2017/07/Position-paper-2-perceived-bias-Mar-10-2017.pdf.

[2] National NewsMedia Council of Canada. Current Issues[EB/OL]. (2017-02-14)[2022-08-18]. https://mediacouncil.ca/wp-content/uploads/2017/07/Position-paper-1-partnerships-and-funding-Feb-2017.pdf.

[3] National NewsMedia Council of Canada. FYI Complaints We Heard[EB/OL]. (2019-07-19)[2021-08-10]. https://www.mediacouncil.ca/fyi-complaints-we-heard-explanatory-journalism-july-9-2019/.

评议会指出，文章的第一句话称这次会议是有关"后来将成立"全美有色族裔协进会的会议。鉴于此，文章所使用的简洁的标题风格和措辞，在与文章本身相关事实的支持下是可以接受的。一般来说，这篇文章属于解释性文章的范畴，是回顾在加拿大举行的一个涉及美国重要民权组织早期阶段的事件，而不是介绍一个组织的成立历史。评议会还认为，解释性新闻的职责是以一种新的背景和视角来呈现信息，即为读者提供一种新的理解方式，或是挑战传统的叙事模式。如果一篇文章回顾了重大事件和社会变革的历史时期，那么读者可能会找到其他来源反驳该文章，或者读者可能不同意该作者的论点，但评议会认为，作者与读者的观点差异并不违反新闻标准，作者可以自由选择文章来源和重点。在历史问题上，读者和作者可能提供不同的来源、事实和背景，这是合理的。

（二）区分赞助内容和新闻

评议会审查了对2019年5月6日《温哥华地铁之星报》(Star Metro Vancouver)一份增刊的投诉。投诉人就八页插页中的偏见内容和标签提出了质疑。评议会工作人员检查了打印的增刊材料，发现每一页上都清楚地标注着"温哥华地铁之星增刊"，区分了赞助内容和新闻，由此认定《温哥华地铁之星报》没有违反新闻标准。[1]

"增刊"一词通常被理解为具有次要作用的出版物，即插入出版物中专门讨论某一专题的单独部分。"增刊"一般由新闻编辑部独立制作。"增刊"不同于新闻媒体机构的常规新闻报道。"增刊"的文章除了在页面顶部标注"增刊"外，所有页面（除首页外）的底部都有一个清晰可见的标语，上面写着"青岛市人民政府新闻办公室"。国家新闻媒体评议会的工作人员认为，一般来说，读者能够明白横幅上注明的是增刊及其内容的赞助商。副刊中的文章，不同的主题很明显都集中在中国青岛市的发展、事件和工业上。

评议会认为，虽然"增刊"中的材料高度集中，但是没有证据显示这篇文章企图欺骗读者。新闻报道中不可以过分关注一个产品或事件的某一

---

[1] National NewsMedia Council of Canada. FYI Complaints We Heard. [EB/OL]. (2019-06-26)[2021-08-10]. https://www.mediacouncil.ca/fyi-complaints-we-heard-distinguishing-sponsored-content-from-news-june-26-2019/.

方面,但赞助内容却可以。评议会的任务就是确保将新闻、评论与广告和赞助内容区分开来。最佳做法是将赞助内容写在单独的部分,并在每一页的底部注明赞助内容的来源。

(三) 区分印刷品和网络新闻与广告

评议会经常收到的投诉就是新闻和广告的混淆。虽然标准惯例中明确了广告和新闻的区别,但新兴的利基市场[1]和新形式的赞助内容有时使得读者难以分辨新闻和广告的区别。评议会列举了一些读者提出来的值得思考的投诉案例,并说明了区分新闻与广告时面临的一些挑战。[2]

1. 大麻问题:在线浏览行业新闻或垂直领域新闻

投诉人认为《国家邮政报》(National Post)的头版内容实质上是伪装成新闻的广告,并进一步指出多篇标记为新闻的文章,只要一点击就会链接到广告。

《国家邮政报》回应说,这些文章是真实的新闻故事。如关于大麻内容的文章,是在《国家邮政报》主页的相关栏目下找到的。《国家邮政报》认为,读者对从《国家邮政报》网站跳转到垂直网站可能会感到困惑,而这篇受到质疑的新闻文章链接到了由邮报媒体(Postmedia)运营的一个独立编辑网站,这个名叫"GrowthOp"的垂直网站聚合了有关大麻的内容。

《国家邮政报》向投诉人解释说,垂直网站"GrowthOp"的这部分内容针对特定的人群,覆盖与大麻有关的从健康、商业到生活方式的各个方面的内容。这些社论是由一名固定的自由撰稿人负责的,他的工作是发表关于大麻的有趣、热门的新闻文章。评议会认为,鉴于新的联邦立法以及大麻合法化对经济、社会产生的影响,关于大麻的文章具有新闻价值,因此,新闻媒体机构可以展示垂直网站的内容或将文章链接至相关平台的内容。

2. 有关广告的补救措施:从新闻文章中识别赞助内容

评议会收到一位读者的来信,她称自己对社区报纸《沃恩公民报》(The Vaughan Citizen)上出现的新闻文章感到不安。该文章宣传了如何缓解背部疼痛,并提到了当地的一名脊椎按摩师。全国各地都出现了同一位作者

---

[1] 利基市场(niche market),指高度专门化的需求市场。
[2] National NewsMedia Council of Canada. FYI Complaints We Heard[EB/OL]. (2019-05-01)[2021-08-10]. https://www.mediacouncil.ca/fyi-complaints-we-heard-may-1-2019/.

的类似文章,报道了不同的健康专业人士。

评议会在审查这篇文章时发现,虽然它在某些部分读起来像一篇新闻文章,但有几个显而易见的特征可以说明它并不是新闻文章:①文章顶部声明有"由亚特兰蒂斯健康中心赞助"字样;②文章字体与报纸上的其他新闻文章的字体风格不同;③没有提供该作者的联系方式;④这篇文章被一个黑色边框单独隔开;⑤这篇文章推荐读者打电话询问产品,并提供促销代码。以上因素都将新闻文章与赞助内容、广告区分开来,并说明这篇文章不是新闻文章。在评议会看来,该报在展示赞助内容时遵循了最佳做法。尽管如此,这位读者还是对新闻媒体机构的补救措施感到失望。这也提醒了新闻媒体区分新闻和广告的重要性。

(四)关于悲惨事件的照片、社论和读者来信

1. 关于悲惨事件的照片问题

一位读者联系了评议会,并对2019年3月21日由伊利传媒(Erie Media)发布的一张照片提出投诉。照片显示,第一急救者(first responder)[1]正在机动车碰撞事故后哀悼一名急救者同伴。他认为这张照片会让那些哀悼同事遇难的急救者感到厌恶和不适。但是,评议会认为这张照片没有违反新闻标准,拒绝对投诉采取进一步行动。评议会解释说,虽然其承认发布悲剧事件的照片是一个敏感的话题,但该照片并没有违反新闻标准。例如,照片没有描绘事故的受害者。此外,照片是以广角进行拍摄的,它没有以任何具体的方式指明车祸的受害者或应对情况的消防员的身份。这张照片虽然会令相关人员感到不安,但是以一种不侵犯隐私的方式报道了新闻。

2. 关于社论和读者来信问题

评议会审查了读者对2019年2月20日《坎卢普斯周报》(*Kamloops This Week*)中一篇社论的投诉。一般来说,社论和评论专栏的作者可以自由地表达观点,即使这种观点没有受到所有读者的欢迎。

由于投诉人没有提供有关社论中所谓不实内容的相关证明资料,因此评议会无法进一步调查。同样,如果没有看到投诉人认为存在错误的信件

---

[1] "第一急救者"是1997年公布的医学名词,指发生突发灾害事件时,第一时间在现场进行抢险救灾的人员,他们通常需要具备快速组织、指挥协调、专业处置能力。

第一章　加拿大国家新闻媒体评议会运行机制及评析

或反驳意见,评议会就无法评估或采取进一步措施来调查投诉。评议会通常会联系相关新闻媒体机构来回复投诉。但是,如果没有具体的信息来证明所谓的陈述是不准确的,也没有指出错误,评议会就无法要求新闻媒体机构做出回复。

该投诉还提出了几个有关读者来信的问题。评议会认为,读者来信从本质上看是对新闻媒体机构提出的意见。记者必须坚持事实的准确性,但读者不用。综上所述,新闻媒体机构享有自由裁量权,它有选择信件的编辑特权。新闻媒体机构的最佳做法是发布表达各种观点和各种主题的信件,但对信件的选择是新闻媒体机构的编辑特权,没有义务必须发表。出于这些原因,评议会没有发现违反新闻标准的情况,并拒绝对投诉采取进一步行动。[1]

总的来说,评议会作为加拿大媒体保持高标准道德规范的重要组织,建立了比较清晰的规则约束媒体,促使媒体提供高质量的信息,将记者的利益和个人声望提升到更为重要的位置。

评议会重视对公众投诉的处理,不仅向社会公布投诉的处理结果,而且往往会依据新闻伦理的相关要求、结合投诉事件进行解释,进而给出一个裁决;同时,针对新媒体、新问题而出现的典型投诉,评议会会给予专门的讨论与阐释,告之符合新闻道德标准的媒体实践是什么样的。通过种种方法,评议会努力提高新闻业的专业标准,也期望得到媒体与公众的理解。

---

[1] National NewsMedia Council of Canada. FYI Complaints We Heard. [EB/OL]. (2019-04-11)[2021-08-10]. https://www.mediacouncil.ca/fyi-complaints-we-heard-april-11-2019/.

第二章
印度新闻评议会运行机制及评析

一、印度新闻评议会概述

2020年5月24日,《印度斯坦时报》(Hindustan Times)莫哈里版刊登了一则标题为"伯蒂亚拉市一所大学被曝涉嫌财务违规行为,该大学正接受印度总计审计长公署审查"的新闻。7月20日,哈里亚纳邦公民加根·阿南德(Gagan Anand)就此新闻向印度新闻评议会提出投诉,指控该报编辑涉嫌恶意发布有关拉吉夫·甘地国立法律大学(Rajiv Gandhi National University of Law)的假新闻,违反了新闻职业道德规范。被投诉人则辩称,该报道旨在服务公众利益,并在发表前充分核实了相关事实。

2020年12月11日,该起投诉由印度新闻评议会的调查委员会(The Inquiry Committee of the Council)收集证据并进行听证。针对这一纠纷,调查委员会当庭听取了双方代表的意见,并做出判决。第一,对被诉者认为投诉人不具备投诉资格的陈述予以驳回,投诉人为该报读者,且其儿子在被报道的大学读书,不能说其干涉与己无关的他人事务,或与本投诉没有利害关系。第二,根据印度的《知情权法》(The Right to Information),被诉报纸在刊登报道时未核实新闻事实是否完整,且存在主观故意行为。该报道多次提到了公署的相关报告,然而并没有说明早在2017—2019年即新闻发表之前公署就撤销了对该大学的指控这一事实;同时,在投诉人提请《印度斯坦时报》审查该报道事实情况后,该报也没有发表任何更正声明。

据此,被诉报社违反《印度新闻评议会伦理准则》(The Norms of Journalistic Conduct)相关规定,调查委员会判决该起投诉成立,对被诉报社予以谴责,并提交有关材料以便有关部门依法处理。[1]

在该投诉事件中,印度新闻评议会遵循审查、听证和裁决程序,依法做出判决并对违背新闻伦理规范的新闻媒体机构及个人予以警告、劝诫或谴责,有效地保障了公民知情权和监督权,维护了新闻职业道德规范。

在印度,印度新闻评议会扮演着"准新闻仲裁机构"的角色,在处理新闻行业相关纠纷时发挥了巨大的作用。印度新闻评议会于1966年由印度新闻委员会根据1965年的《新闻评议会法》组建而成。与其他许多国家及地区的类似实体一致的是,印度新闻评议会的主要职责是建立专业的新闻伦理规范标准、裁决新闻界违反新闻规范的投诉或处理政府干涉新闻的情况,根本目的是维护媒体报道的权利,平衡新闻责任与报道自由的关系。印度新闻评议会的特别之处在于,它隶属于印度国会。印度国会是印度最高立法机关,由印度总统及国会两院组成,国会两院分别为人民院和联邦院。印度新闻评议会作为隶属于最高立法机关的准司法机构,其裁决有法律效力,等同于法院的终审判决,但又不同于司法判决,而是一种新闻仲裁模式。

印度新闻评议会的成立,与印度宗教、政治环境、报刊发展等密切相关。历史因素和地理环境的复杂性,造就了印度社会多语言、多种族、多种文化并存和多种宗教交融的特征。宗教在印度具有特殊意义、占据权威地位,其规范社会秩序的伦理道德对人们形成了极大的约束作用。在近代,印度遭受了近两个世纪(1757—1947年)的英国殖民统治,英国的新闻理念深刻地影响了印度新闻业。[2] 在这些因素的共同影响下,印度新闻管理与行业自律的基础基本形成。随着资本主义经济的发展,19世纪后,英国政党报刊开始逐渐向商业报刊转变。受商业利益驱使,英国新闻业中黄色新闻泛滥,新闻内容被广告侵蚀,耸人听闻的假新闻充斥在报纸头条,报业垄断情况也日趋严重。深受英国新闻理念影响的印度面临同样的问题。在印度,种姓制度虽然已被废除,但吠舍种姓(商人种姓)传统的经商优势仍在很大程度上得到了保留。种姓制度的影响不断渗透进入印度现代市场

---

[1] Press Council of India. Adjudications Rendered by the Council on 22.01.2021[EB/OL]. (2021-01-22)[2023-07-30]. https://www.presscouncil.nic.in/ArchievesAdjudicationNew.aspx?Archieve=Adjudication&Title=Previous%20Adjudication.pdf.

[2] 陈力丹. 印度独立后新闻业发展的四个特征[J]. 国际新闻界,2001(5):75-80.

经济,在报业中形成了一种独具印度特色的经济垄断,财团家族垄断成为印度报业的显著特征之一。[1]

为促进新闻业健康发展,第一届印度新闻委员会(The First Press Commission of India)在1952年9月正式成立。印度新闻委员会认为,需要成立行业自律组织来核查和控制违反新闻伦理道德规范的行为,以保障报业的独立性。于是,经过长期讨论与前期准备后,印度新闻委员会于1966年组建了第一届新闻评议会。在多年实践中,印度新闻评议会形成了适合其国情的制度设计和运行模式,为印度报业的健康发展做出了贡献。

随着全球范围内互联网的迅猛发展,网络新媒体侵占了传统报业的市场份额,传统报业面临渠道被垄断的危机。印度新闻评议会也因此面临一些新的挑战。一方面,以报业规模庞大为主要特征的印度新闻业应当如何减少假新闻、提高媒体公信力、保障新闻专业规范,是印度新闻业面临的艰巨任务。另一方面,呼吁监管电子媒介和社交媒体成为新的主题。在持续不断的努力下,2018年,印度信息与广播部(The Information and Broadcasting Ministry,MIB)成立了一个专门负责起草数字媒体公司相关法规、监管在线内容的委员会,对电子媒介和社交媒体进行监管。[2]印度新闻评议会主要监管纸质媒体业、处理新闻纠纷、制定新闻业职业规范,以保障媒体权利、提高新闻专业标准。

二、印度新闻评议会成立情况及其职权

1965年,印度国会正式出台《新闻评议会法》。根据《新闻评议会法》,印度新闻评议会于1966年7月4日正式成立,它是一个自治的、法定的准司法机构,由当时的最高法院的在职法官穆德霍尔卡(J. R. Mudholkar)担任主席。1975年12月,英迪拉·甘地(Indira Priyadarshini Gandhi)总理宣布印度进入紧急状态,废除了1965年出台的《新闻评议会法》,解散了当时的新闻评议会。紧急状态结束后,印度国会于1978年3月21日通过了新的《新闻评议会法》,并于1979年成立了新的新闻评议会。

---

[1] 陈力丹.印度独立后新闻业发展的四个特征[J].国际新闻界,2001(5):75-80.

[2] Press Council of India. 40th Annual Report 2018-2019,41th Annual Report 2019-2020[EB/OL].[2023-07-10]. https://www.presscouncil.nic.in/AnnualReports.aspx.

第二章 印度新闻评议会运行机制及评析

(一) 成员构成

一直以来,印度新闻评议会成员都主要由最高法院法官、报业主和报业管理人员、著名的在职记者和新闻运动的领导者,以及著名的文学家、律师和教育家组成。评议会历任主席都是最高法院法官,除第一任主席为最高法院在职法官外,其余均为退休的最高法院法官。他们拥有丰富的知识和智慧,指导着印度新闻评议会的日常工作,促进评议会向着自身宗旨不断努力。

1. 1966 年新闻评议会成员构成

1965 年《新闻评议会法》规定,评议会由 1 名主席和 25 名成员组成。在 25 名成员中,3 名来自国会两院,13 名来自新闻业在职一线工作者,其余 9 名成员来自科教、法律、文学与文化等领域。

根据 1965 年《新闻评议会法》,评议会主席由印度首席大法官提名。来自国会两院的 3 名成员中,2 名来自人民院,由人民院议长(Lok Sabha)提名;1 名来自联邦院,由联邦院议长(Rajya Sabha)提名。其余 22 名成员由印度首席大法官、新闻评议会主席和印度总统候选人组成的 3 人选举委员会选出。主席和成员的任期均为 3 年,任何成员的总任期不得超过 6 年。

印度新闻评议会成立之初,为应对人们对成员选择方式的不满,印度国会开始寻求一种严谨的方案,以确保在选择主席和其他成员时的公正公平。1970 年,印度新闻委员会对 1965 年《新闻评议会法》进行了修正,修正案出台之后,新闻评议会主席不再由印度首席大法官提名,而是由 3 人选举委员会进行选举。[1] 3 人选举委员会成员组成也发生了改变,由联邦院主席、人民院议长和印度首席大法官组成。同时,评议会为新闻媒体机构管理者也提供了一个席位,评议会成员数有所增加。

2. 1979 年新闻评议会成员构成

1978 年版的《新闻评议会法》规定,组建的新闻评议会(1979 年新闻评议会)由 1 名主席和 28 名成员组成,每 3 年进行一次换届选举。印度新闻评议会组织结构如图 2-1 所示。主席从 3 人选举委员会中选举产生,该委

---

[1] Press Council of India. About PCI[EB/OL]. [2023-07-20]. https://www.presscouncil.nic.in/Default.aspx.

员会由联邦院主席、人民院议长和评议会的1名成员代表共同组成。28名成员中,20名成员来自新闻界,包括报社和其他新闻媒体机构。这20名成员中,13名为新闻业在职一线工作者,其中6人是报纸编辑,7人是不兼任编辑的记者;6名是报社管理者,其中大、中、小型规模的报社管理者各2人;余下1名成员为其他新闻媒体机构管理者。除新闻界的20名成员外,还有3名成员来自科教、法律和文学文化领域,分别由印度大学基金委员会、印度律师委员会和印度文学院提名;最后5名成员来自国会两院,其中3名来自人民院、2名来自联邦院,分别由人民院议长和联邦院主席提名。主席和评议会成员的任期均为3年。退休成员的连任资格不得超过一届。

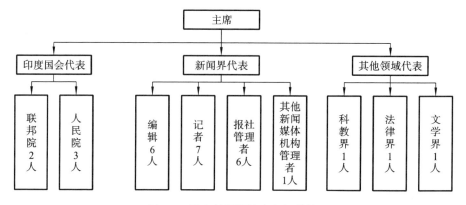

图2-1 印度新闻评议会组织结构

在多年运作过程中,印度新闻评议会不断积累经验,成员提名程序已经较为成熟。新闻评议会尽管是一个法定机构,但政府完全被排除在提名程序之外。印度新闻评议会是这样评价这种设置的:"这样一个完全非主观的成员提名程序,没有任何个人可以决定评议会主席及成员的提名,不会留下可供政府或任何其他机构干涉或影响的空间,具有显著的独创性。"[1]

3. 组织架构

印度新闻评议会主席下设秘书处,秘书处分设四个主要的副秘书处。调查委员会归属于其中一个副秘书处,是印度新闻评议会的重要架构之

---

[1] Press Council of India. About PCI[EB/OL]. [2023-07-20]. https://www.presscouncil.nic.in/Default.aspx.

一,其职责主要是根据印度新闻评议会制定的《新闻评议会(调查程序)条例》处理评议会秘书处提交的案件,筛选和审查投诉案件中的细节,并根据记录在案的事实和宣誓书或其当面提供的口头证据出具调查结果、向评议会提出建议。其余副秘书处分别主管行政、核算、征税和图书馆等。

(二)印度新闻评议会的职能

1978年版的《新闻评议会法》第三章规定了印度新闻评议会的职能:①帮助报纸和通讯社保持独立性;②按照高专业标准制定报业和记者的行为准则;③确保报纸和记者保持高标准的公共审美,培养公民权利和责任相统一的意识;④鼓励所有新闻工作者增强责任感、提高公共服务意识;⑤审查任何可能限制符合公共利益或具有重要性的新闻进行生产传播的因素;⑥审查政府、组织或个人提请印度新闻评议会注意的报纸或通讯社获国外资本援助的事件,但不得妨碍政府对其进行适当的处理;⑦研究国外报纸的发行情况及其带来的社会影响,包括任何国家驻印度大使馆或其他国外机构出版的报纸;⑧帮助从事报刊生产和发行的各类人员在其内部建立适当的职能关系;⑨关注可能影响到新闻独立性的问题,例如报纸或新闻媒体机构所有权趋于集中或发生垄断的问题;⑩研究政府委托印度新闻评议会的事项,就政府提交的事项发表观点;做出可能有利于履行上述职能的其他行为。[1]

(三)印度新闻评议会的权力说明

印度新闻评议会的权力在1978年版的《新闻评议会法》第14条和第15条中有所规定。

1. 警告、劝诫、谴责的权力

收到投诉后,如果有确凿证据证明某报纸或新闻媒体机构违反了新闻伦理、不符合公众品位,或编辑记者有任何职业不端行为,印度新闻评议会可以向报纸或新闻媒体机构、有关编辑或记者当事人提供听证机会,并按照1978年版的《新闻评议会法》的规定进行调查。投诉成立后,如果投诉人认为有必要,评议会可以对报纸、新闻媒体机构、编辑或记者进行警告、

---

[1] Press Council of India. Press Council Act,1978 [EB/OL]. [2021-08-20]. https://presscouncil.nic.in/Content/12_1_PCAct1978.aspx.

劝诫或谴责。但投诉成立与否视具体情况而定,如果主席认为评议会没有充分的理由对投诉案件进行调查,则评议会可能不会受理该投诉。印度新闻评议会认为,如果该投诉成立或更正被投诉内容有利于公共利益,评议会就可以要求任何报社以合适的方式刊登对报纸、新闻媒体机构、编辑或记者进行调查的具体情况,允许公开报纸、新闻媒体机构的名称或编辑、记者的姓名。印度新闻评议会试图借助这些措施以社会道德的约束力有效规范报业行为。而在新闻界针对政府的投诉中,印度新闻评议会也有权就包括政府部门在内的任何机构所做出的行为提出其认为合适的意见。

1978年版的《新闻评议会法》第15条规定,根据1908年《民事诉讼法》(*The Code of Civil Procedure*),印度新闻评议会与民事法庭在印度可以就以下事项享有同等权力:传唤当事人出庭,监督当事人宣誓;要求当事人出示证据并接受检查;接受当事人宣誓的书面证据;从法院或政府办公室申请调用公共档案记录或其副本;发布搜查证人或证据的命令。[1] 在审理投诉的过程中,印度的《民事诉讼法》和《新闻评议会法》赋予印度新闻评议会上述权力,是为了保证当事人双方能积极配合其评议工作。印度新闻评议会曾行使该权力,迫使当事人出庭或提供相关证据。如在哈里亚纳邦记者反对当地政府的投诉案例中,印度新闻评议会警告当地政府,如果不对印度新闻评议会发出的通知做出答复,印度新闻评议会将强制其执行相关程序。

印度新闻评议会的行为受到《民事诉讼法》和《新闻评议会法》的保护,这也是它比其他国家的新闻评议会具有更高的法律权威的原因。1980年,印度新闻评议会提议对1978年的《新闻评议会法》进行修正,提出如果一家报纸被印度新闻评议会谴责三次,评议会应当有权建议政府在一定时期内拒绝给予这些报纸某些便利和特许权以加强其惩罚的强制性,例如不得获取政府发放的一些许可,不得获取广告、新闻纸的分配或优惠邮资等形式的行业特许。印度新闻评议会认为,与被投诉的报纸一样,如果政府被投诉干涉媒体自由,印度新闻评议会应明确拥有对其进行警告、劝诫或谴责的权力。

印度新闻评议会的新闻仲裁工作和法院的司法审判工作互不干涉,各

---

[1] Council of India. Press Coucil Act,1978[EB/OL].[2019-07-20]. http://presscouncil.nic.in/Content/12_1_PCAct1978.aspx.

自独立开展。1978年的《新闻评议会法》特别强调,印度新闻评议会无权调查法院正在审理的诉讼,同时印度新闻评议会做出的决定应为最终决定,不得在任何法院受到质疑,投诉人不得上诉至法院。

2. 征收费用的权力

为履行相关职能,印度新闻评议会可以按照规定的费率和方式,向已登记的报纸和新闻媒体机构征收费用,并且可以针对不同类型的报纸规定不同的费率。由于报刊被大财团垄断的情况较为严重,为了扶持中小型报纸,新闻评议会对发行量少于5000份的报纸不收取任何费用。此外,政府可以通过拨款向印度新闻评议会支付其履行职能所需的资金。但为了减少对政府的资金依赖,保持经济独立,以保障新闻不受干预,只有资金不足部分才由中央联邦政府拨款。[1][2]

3. 没有惩治被投诉人的刑事权力

印度新闻评议会并没有惩罚媒体的刑事权力。[3] 政府曾多次向印度新闻评议会提议使其具有惩罚违法报纸和记者的刑事权力。1987年,印度新闻评议会重新考虑了是否需要增加惩罚媒体的刑事权力这个问题,经过详细的审议后,印度新闻评议会决定撤回其寻求刑事权力的提议,因为惩罚媒体的刑事权力可能会被政府滥用以遏制新闻媒体。印度新闻评议会回应称,根据该法案的现有内容,其提供的道德制裁是充分的。1992年10月,信息与广播部部长在新德里举行的国际新闻评议会会议就职演说中再次提出这一建议,但印度新闻评议会再次拒绝,评议会相关人员认为,如果赋予印度新闻评议会对媒体施加制裁和惩罚的权力,那么在新闻界对政府提出投诉时,就也应当有对政府施加制裁的刑事权力。一旦印度新闻评议会拥有刑事权力,必然会使得评议会在实际上成为法院,行使司法权力。在这种情况下,诉讼途径单一、诉讼成本高昂、诉讼程序时间长等司法所具有的问题便会成为印度新闻评议会的问题,从而破坏了新闻评议会的基本目的(即为公众投诉提供民主、有效、廉价、便利的途径)。同时,印度新闻

---

[1] 从印度新闻评议会2017—2018年度报告可以发现,其收到的联邦政府援助为6050.59万卢比,向报纸、期刊和新闻媒体机构征收的费用,以及如银行利息等其他收益共为3740.76万卢比,远少于联邦政府的援助金额。

[2] Press Council of India. Press Coucil Act,1978[EB/OL].[2019-07-20]. http://presscouncil.nic.in/Content/12_1_PCAct1978.aspx.

[3] 王生智. 印度新闻理事会研究[J]. 安庆师范学院学报:社会科学版,2010,29(8):120-125.

评议会的立场也符合世界范围内的诽谤非罪的变化趋势。[1]

后来,印度新闻评议会还是针对政府在1992年12月提出的评议会应该具有惩罚违法报纸和记者的刑事权力的意见做出了一定的妥协,即如果报纸在3年内因违背伦理的内容被评议会谴责2次,则应将处理意见的复印件转发给印度政府的内阁秘书处和秘书长,地方政府在行使裁量权时,可视情况采取行动。

三、印度新闻评议会的投诉与处理机制

印度新闻评议会主要通过其调查委员会发挥作用,裁决投诉新闻界违反新闻规范的案件,或处理政府干涉新闻的情况。印度新闻评议会有一套接受投诉、处理投诉的程序。1979年,印度新闻评议会出台了《新闻评议会(调查程序)条例》[Press Council(Procedure for Inquiry)Regulations],对投诉程序的各个方面做出了详细的规定,从而保障投诉机制顺利运行,指导公众有效行使《新闻评议会法》赋予的各项权利。

(一)针对新闻界的不端行为进行投诉的程序

任何人都可以针对编辑、记者等报业工作人员的职业不端行为,向印度新闻评议会提出投诉,即投诉人不一定是受害者或直接参与人。投诉的内容可以是报纸上刊登的新闻报道,也可以是出版物或非出版物上的其他材料(如报纸上刊登的漫画、图片、照片、活页或广告),甚至可以是新闻媒体机构传播的违反公认的新闻伦理和大众审美的任何事项。

为了提高工作效率,投诉有时限要求。《新闻评议会(调查程序)条例》规定,针对日报、周刊和新闻媒体机构的投诉应该在2个月内提出;针对其他情况(如编辑、记者的职业不当行为)的投诉需在4个月内提出,但投诉中可以提及出版日期较早的相关出版物。

《新闻评议会(调查程序)条例》要求投诉人先写信给报社编辑,请编辑纠正违反新闻伦理或公众审美的行为,以使该投诉有机会先被处理,并可以得到适当的补救,同时使编辑了解投诉人的身份和投诉的细节。因为在

---

[1] 王生智.印度新闻理事会研究[J].安庆师范学院学报:社会科学版,2010,29(8):120-125.

某些情况下,投诉人误解了事实,或编辑无意间犯错且非常乐意承认和纠正,则无须进行公开评议。这类似于在向法院提起诉讼之前,双方当事人先进行协商的情形。

向报社反映过情况后,如果投诉人仍希望继续向印度新闻评议会投诉,他应在投诉中附上与被投诉人沟通的通信副本,如果没有收到编辑的答复,也应在投诉中提及。投诉人在投诉中应提供投诉所针对的报纸、编辑或记者的姓名和地址,并附有被投诉作品的剪报作为投诉原件,或附有英文翻译副本(如果新闻作品采用印度语则须翻译为英文)。投诉人也必须说明所述新闻或其他材料如何令人反感,如有需要,还应提供其他有关材料。为保证司法独立,印度新闻评议会不能处理法院正在审理的任何事项,因此投诉人必须下载印度新闻评议会网站上的声明书,声明内容为"在我所知和所信的情况下,已将所有相关事实提交评议会,而且任何法院均没有就投诉人所指称的任何涉及投诉的事宜进行任何未决的法律程序。在评议会进行的调查未决期间,任何在投诉中指称的事项如果成为法院任何法律程序的标的物,应立即通知评议会。"此外,投诉人还须在声明书上签名,并写上个人通信地址。

《新闻评议会(调查程序)条例》授权印度新闻评议会主席依照当事人的申请进行调查,并就任何属于《新闻评议会法》范围内的事项向任何一方发出通知。如果主席认为没有充分的理由进行调查,他可以驳回投诉并向评议会报告;如果主席认为有充分的理由进行调查,印度新闻评议会可以要求报纸编辑或有关记者说明为何未对投诉采取行动。在收到编辑或记者的书面陈述和其他相关材料后,印度新闻评议会秘书处将此案件提交调查委员会[1],再由调查委员会筛选和审查投诉案件中的细节。如有必要,调查委员会还可以要求当事方提供进一步的材料或文件。当事人有机会亲自或通过其授权代表(包括法律执业者)向调查委员会提出证据。然后调查委员会将根据记录在案的事实和宣誓书或其当面提供的口头证据,出具调查结果、提出建议,并将其转发给印度新闻评议会,评议会可以选择接受或不接受该调查结果和建议。如果印度新闻评议会认定报纸或新闻媒体机构违反新闻伦理或公众审美,或编辑记者确有职业不端行为,则可以

---

[1] 根据1978年的《新闻评议会法》,为履行法案规定的职能,印度新闻评议会可出于一般或特殊目的在其成员中选择部分人构成委员会。

进行警告、劝诫或谴责。

这样做的意义是，时刻提醒新闻界从业人员不应该为了自身利益而发表诽谤或发表其他令人反感的文章，任何滥用媒体权利的行为都不会在无人注意或引起争议的情况下得以实施，从而维护新闻报道权益和新闻专业标准。

（二）针对政府干涉媒体报道进行投诉的程序

报社、记者以及任何机构或个人，都可以投诉联邦政府、地方政府或任何组织和个人干涉、侵犯媒体权利的行为。此类投诉应提供涉嫌侵权的完整的事实材料，印度新闻评议会将遵循《新闻评议会（调查程序）条例》中的调查程序开展调查。

针对政府干涉媒体报道进行的投诉，投诉人应提供被投诉人的详细资料、姓名、名称和地址，并说明政府的作为或不作为如何限制了媒体报道，以及有书面证据说明的政府作为或不作为的可能原因。如果政府的行为是对报纸上批评政府的文章进行的报复措施，则应提供报道原件或英文翻译版文件（如果新闻作品采用印度语须翻译为英文）。与对新闻界的投诉一样，对政府的投诉也需要先提请政府注意，并向印度新闻评议会提供一份写给被诉政府的信件副本，也可以提供政府答复的副本（如果有的话）。提出投诉的时间应该在被投诉的事项发生之日起4个月内，如果印度新闻评议会主席认为有足够理由应该延长期限，则可以延长投诉期。

收到此类投诉后，在印度新闻评议会主席的指示下，评议会将投诉副本连同一份声明送交至被诉政府，之后印度新闻评议会有权就包括政府在内的任何权力机构的行为提出其认为合适的意见。印度新闻评议会的决定是最终决定，等同于法院的终审判决，当事人不能再向法院上诉。当然，印度新闻评议会对政府的影响也仅是提出意见，而无强制力。[1]

印度新闻评议会还建立了反馈和申诉补救机制，其网站主页特别设置了"公众投诉"一栏，公示了新闻评议会投诉官（即评议会副秘书长）的地址、联系方式和工作时间。公众个人对印度新闻评议会的任何服务、行为、不作为的不满意，都可以在此申诉。收到投诉之日起30天内，该投诉官会

---

[1] Press Council of India. Complaint Mechanism[EB/OL]. [2019-07-25]. http://presscouncil.nic.in/Content/5_1_Complaint.aspx.

整理出一式两份的书面投诉,且须告知投诉人有关投诉问题的回复。[1] 高效的反馈机制不仅可以推动和优化印度新闻评议会的工作,也可以通过与公众的互动来提高印度新闻评议的公信力。

四、伦理规范要求与投诉情况

新闻业的根本目标在于以公平、准确、公正、严肃、得体的方式给大众提供有关公共利益的新闻信息、观点评论等。为此,新闻媒体应以社会普遍认可的专业标准来要求自身。印度新闻评议会以及世界各地其他类似实体的神圣使命,就是通过建立一套合理合法的行为准则来切实提高新闻媒体的专业水平和运作能力。行为准则背后的制裁力量是道德,而遵守这一行为准则的动力则源自相关媒体人内心的良知。新闻评议会的各类规章公告和案情指导意见引领新闻工作者沿着正直、诚信的道路前行。通过树立新闻媒体工作者的专业伦理观念,提高新闻报道的公正性、准确性和平衡性,印度新闻评议会在维护公众利益、建立公众对印度新闻媒体的信任、树立公众对新闻业的信心方面发挥了重要的作用。

印度新闻评议会制定了系统的《印度新闻评议会伦理准则》,并对其不断完善。1978年的《新闻评议会法》要求印度新闻评议会按照高专业标准制定记者、报社和通讯社的行为准则,以帮助和指导新闻工作者的具体实践。根据1978年以来具体的投诉案件和印度新闻评议会的指导方针,印度新闻评议会动态修订了《印度新闻评议会伦理准则》,提出了编辑、记者和报社日常实践中在面临法律、道德和伦理问题时的应对方案。《印度新闻评议会伦理准则》主要包括准确性和公正性,隐私权和公众人物隐私权,种姓、宗教或社会关系,猜测、评论和事实的区别,答辩权,编辑的自由裁量权,正式出版前核查、录音访谈和电话交谈,报纸应避免暗示有罪,不美化暴力,避免诽谤性文字,新闻媒体对公务人员的行为进行评论的标准,新闻媒体对公众人物的批评/音乐评论的标准,对立法进程的报道,批评司法行为的注意事项等。2020年,《印度新闻评议会伦理准则》再次被修订,这一准则包括新冠疫情媒体报道指南和记者安全保护措施指南,以及根据评议

---

[1] Press Council of India. Public Grievance[EB/OL]. [2019-07-20]. http://presscouncil.nic.in/Content/69_3_PublicGrievance.aspx.

会在该年度发布的裁决、声明和公告更新的准则内容等。

据统计,印度新闻评议会在2019—2020年处理的2157起投诉中,有1726起投诉针对的是新闻界违反新闻伦理规范的行为,约占总投诉的80%。从投诉人身份来看,其中约有43%的投诉由个人发起,27%的投诉来自组织团体、企业或报业机构,21%来自政府权力机关或政府官员,公众人物的投诉占到7%;其余2%的投诉来自评议会(Suo-Motu)。从被投诉的媒体来看,印地语报纸占65%,英语报纸占35%。进入公开评议程序的185起投诉中,约有48%涉嫌新闻诽谤;约37%涉及伦理原则问题,如答辩权、抄袭、未经授权摘录其他文章上的新闻等;当选举将近时,有偿新闻的情况比较严重,毫无根据、带有偏见的虚假报道和选举过程中的诽谤新闻占7%;约4%涉嫌违反公众审美和社会道德;约2%关涉社会公共问题认定;其余2%的案件中,投诉人对伤害宗教信仰、破坏国家统一和带有种姓主义情绪的报道表达了不满。

(一)针对更正与答辩权的伦理要求与投诉情况

对媒体来说,遵循真实准确原则至关重要,但新闻报道时常会出现错误的信息,这可能影响公民、企业的声誉。在这种情况下,媒体有更正与答辩的义务。《印度新闻评议会伦理准则》(2020年版)做出了以下的规定。

1. 准确性和公正性

报纸应该牢记其职责是收集新闻并正确呈现新闻,而不是创造新闻。应避免报道不确定的、无根据的、不雅的、有歧义的或是扭曲事实的内容。没有根据的谣言和推测不能被当成事实来报道,但与核心话题或报道对象相关的各个方面的内容都应被客观地报道出来。

尽管新闻媒体有责任揭露社会生活中的不端行径,但此类报道必须基于确凿的事实和证据。报纸有承担其依据缺乏凭据的信息发表令人惊恐或耸人听闻的新闻报道造成的破坏性影响的责任。如果说流言蜚语会传到少数人的耳朵里,那报纸的报道将会传到十万人的耳朵里,因此新闻界需要对社会承担更重的责任。报纸有责任积极应对因谣言而导致金融机构公信力受损的危机。新闻界基于《第一信息报告》(*First Information Report*)的内容发布对任何人的声誉持批评态度的新闻时,必须在新闻报道中明确说明该报道的信息来源为《第一信息报告》,且《第一信息报告》说法的真实性须由法庭判定。报纸也应该发表声誉受到影响一方的说法。

此外,言论自由并不意味着报纸有权撰写或报道与机构或个人相关的虚假内容,即使在相对而言不那么重要的注释中,这一行为也是明令禁止的。报纸不应该误解或错误引用领导人的陈述,引用陈述时应该说明领导人试图传达的真实含义。以同时代的事件为基础来分析和解释历史的文章不能被视为不道德。最后,媒体必须克服新闻报道的信息琐碎化和淫秽庸俗化,努力建立社会公信力,赢得公众的信任。

2. 更正

一旦发现报道有误,报纸应该第一时间以显著的方式进行更正,在情况严重的时候还需向公众致歉,同时还要进行更正,更正内容应在报纸同版面上发表,并应有适当的显著性。

3. 答辩权

我们可以从民主社会里媒体所享有的权利推导出,读者对于任何具有重要性的公共问题都享有知情权。对于因报道或评论受到责难的人以信件或便笺的形式寄给编辑部的答复、情况说明或反驳意见,报纸应在第一时间免费地、以全文或摘录的方式在显著的位置加以发表。如果编辑对该答复、情况说明或反驳意见的真实性或准确性持有疑问,他有权在文后添加简短的编者按以质疑相关内容的准确性。但只有当编辑的质疑是建立在证据确凿无疑的基础上或编辑拥有其他佐证材料时,这种添加编者按进行质疑的行为才可取,此举属于少数情况下才能谨慎使用的特许权利。当相关答复、情况说明或反驳意见是遵照印度新闻评议会的要求而发表时,报纸编辑也可以附加类似的编者按语。但是,读者对新闻发布会的媒体内容不得要求答辩权,因为是否报道会议内容属于编辑自由裁量权范围。

读者有知晓任何与公共利益相关内容的权利,因此,编辑不得因个人判定所发布的内容为既定事实就拒绝发表相关的回复或者反驳意见。属实与否应交由读者进行判断,编辑不得理所当然地忽视读者的这一权利。除去有客观、可靠的证据证明了新闻当事人被指控的罪行成立的这一情况,在任何新闻调查中,新闻工作者须谨记自身并非检察官,工作时应以个人无罪推定为最高原则指导具体报道行为。即使文字内容篇幅有限,媒体在报道中也要尽可能地揭露重要事实,以便公众能在完整且准确的事实指导下产生独立的观点并形成最终的判断。[1]

2019—2020年,印度新闻评议会有68项关于答辩权的裁决,投诉人对报社拒绝公开发表自己的情况说明或反驳意见表示不满,其中14项投诉得到支持,25项投诉因无法证实被判不成立,18项投诉中被投诉人做出了弥补,其余11项被撤回或因被法院受理而未处理。

(二)针对避免诽谤性文字的伦理要求与投诉情况

在新闻事件的动态发展中,新闻事实未全面展现时,媒体报道可能有诽谤他人的风险,因此,新闻界既需要对事件进行报道,又要尽可能避免诽谤,保持谨慎行事。《印度新闻评议会伦理准则》(2020年版)做出了如下规定。

新闻媒体意识到自身的社会责任感是非常重要的,因为新闻媒体享有与公众直接沟通互动的特殊社会地位,所以应该借此让社会变得更美好,让国家变得更富强,而不是纵容耸人听闻的谣言肆意传播。

新闻媒体有通过将有疑问的人物和事件呈现在公众面前的方式来为公共利益服务的责任、权利和自由,但同时也有保持克制和谨慎的义务,避免因为给他人贴上"骗子""杀人凶手"等污名化的标签而使其处于危险的境地。其根本原因在于,一个人有罪与否应建立在被证实的事实上,而非品德不良的证据之上。当新闻工作者热衷于揭露事实真相时,不应逾越道德伦理和公正评论的底线。同时,新闻媒体对行贿以影响新闻报道的不良现象进行曝光的行为应该受到表彰,并且这种揭发和曝光不应被视为诽谤。作为公共利益的监管者,新闻媒体有权曝光公共机构中的腐败堕落和违法乱纪行为,但这些内容必须建立在证据确凿的基础上,在询问并核实相关信息源且获取各当事方的说法后才可发表。报纸评论应该避免尖酸刻薄的话语表述和讽刺性的行文风格。新闻媒体监督的目标是督促社会机构去改善自身的工作,而不是降低它们的公信力与员工的积极性或是摧毁它们。

该准则还强调,当新闻内容不涉及公共利益时,其真实性不能成为对公民个人进行贬损或毁谤性报道的抗辩理由。同时,报纸不得刊登任何有

---

[1] Press Council of India. 41st annual report [EB/OL]. [2019-07-25]. https://www.presscouncil.nic.in/Content/62_1_PrinciplesEthics.aspx.

损个人或集体名誉的言论,除非在反复核查后,有充足的证据来证实所刊登言论真实准确且将其发表对社会发展有益。一家报纸发布了诽谤性新闻不意味着其他报社可以转载或重复相同的新闻或信息。即使多家媒体同时报道相关的类似信息也不能表明该信息的准确性。

此外,尽管报纸有报道政治活动的自由和责任,但此类报道不得有政治倾斜。拥有媒体报道权利并不意味着报纸可以报道虚假的、诽谤性的内容去诬蔑政治领导或损毁其政治生涯。报纸不得以"八卦"或"恶搞"的栏目名义去诬蔑任何享有特殊保护或豁免权益的个人和实体。新闻媒体也不得以个人先前的不良行为作为参考来评判他现在的行为。如果维护公共利益需要参考先前行为,媒体机构应在出版、发表前,向相关部门咨询其不良行为的后续情况。[1]

评议会在2019—2020年度裁定了89起出版物涉嫌诽谤的投诉,其中,有8起媒体被判违反新闻伦理规范,有42起投诉被驳回了指控,评议会还促成了其中11起案件的当事双方和解,还有28起投诉因取消投诉、撤回投诉或已成为法院审判事项而被撤销。

(三) 针对有偿新闻的伦理要求与投诉情况

在通常情况下,有偿新闻指媒体报道中的内容是按照出资人某些宣传意图撰写的,或者媒体中原有的内容被删除,以预先写好的内容代之的新闻。这是一种出于腐败或欺诈目的的秘密交易,很难获得直接证据来证明某一新闻是有偿新闻。在印度,有偿新闻集中出现于大选期间。《印度新闻评议会伦理准则》(2020年版)规定,在报道大选相关新闻时,报纸在对候选人进行采访和内容发布的过程中需要确保报道的公平性;不应曲解或错误引用领导的发言内容;社论中所引用的陈述应反映其试图传达的内容的真正意义;报纸应在增刊/特刊上明确提及"市场营销",以使其区别于新闻报道。

有偿新闻主要有以下几类:在特定新闻栏目中,大量标识基于种姓的选民姓名和特定政党候选人的支持者姓名,并以特定的语言基调进行呈现;在不同的竞争性报纸上发表内容相似的政治新闻报道;新闻媒体在未

---

[1] Press Council of India. 41th Annual Report 2020 [EB/OL]. [2019-07-25]. http://presscouncil.nic.in/Content/71_4_AnnualReports.aspx.

经核实的情况下刊登调查新闻来预测任何政党的胜利;新闻栏目以支持特定政党以及呼吁对特定政党提供投票支持为主要呈现方式;在不同的竞争性报纸上发表的内容相似的政治新闻报道或两家报纸在选举日一字不差地发布同一条新闻以引导选民,甚至直接预测被提名的候选人成功当选等。

值得注意的是,以下两种情况并不构成有偿新闻,新闻媒体在实践中需要仔细甄别:一种是报道有电影明星出席的大选活动引发了民众热情;另一种是在选举过程中,根据印度选举委员会的规定,只要报纸没有试图影响选举,报纸对候选人或政党的前景进行切实评估并发布报道。

新闻媒体在大选期间发布的有偿新闻,容易滋生政治腐败,也会使国家利益受损。2019—2020年,印度新闻评议会收到了13起有偿新闻的投诉,其中,7起被认定成立,5起投诉被驳回,1起由印度新闻评议会促成了当事方和解。

(四)针对宣传种姓主义、国家分裂、反民族反宗教的报道的规定与投诉情况

印度是个多民族、多语言、多宗教的联邦制国家,民众信奉的宗教、所属的种姓、所讲的语言以及文化习俗差异性比较大。每份报纸和期刊及其编辑都有责任为促进国家统一做出贡献,当分裂势力妄图破坏团结、宣传种姓主义、制造国家分裂、激化宗教和社会偏见以及贫富分化时,媒体应该时刻警惕,以避免陷入分裂势力的陷阱。

《印度新闻评议会伦理准则》(2020年版)有如下规定。

针对带有种姓主义的报道,一般情况下,新闻媒体应避免披露他人或特定社会阶层的种姓信息,尤其是在报道的上下文含有贬低这一种姓的关联性内容时。同时,报纸尽量不要使用"贱民"或"神的子民(指印度社会最底层的人)"这一类会招致部分人反感的词语。记者的工作之一就是引起公众对社会弱势群体的关注,应该扮演好社会弱势群体的守护人的角色。另外,当被告或受害人的种姓与社会身份信息同犯罪事件毫无关系或对被告的身份鉴定和案情调查毫无帮助时,媒体也不应将其加以披露。

而对于宣传国家分裂的报道,报刊应利用其权力来促进和维护社区和谐。社区的结构非常微妙,报刊在不同地方、不同语言中使用不同意义的

词语时要十分谨慎。例如,不得出于挑衅或贬低之意使用"达利特"(Dalit)一词来指称特定社区的人群。报纸有责任确保行文的基调、精神和用语不带煽动性,不令人反感,不损害国家的团结统一,不违背宪法精神,不含有煽动破坏社会和谐的内容。同样地,媒体不得发表煽动国家巴尔干化(即分裂割据)的文章。

为了避免报道带有反民族和反宗教的情绪,《印度新闻评议会伦理准则》要求新闻媒体更加谨慎并多从民众的角度来考虑和处理问题。以神的漫画来描绘相关时期的政治情景,不能被视作令人反感的新闻报道。基于书籍发布的新闻可能与某一宗教组织成员的信仰不一致,但仅凭这一点,该新闻不能被称为非法的和不道德的新闻。同时,媒体既不得刊登可能有损宗教人物形象的文章,也不能发表冒犯社会上信仰该宗教的大部分人群,以及可能具有宗教敏感性的内容,因为这些宗教人物被一些社会成员赋予了崇高的道德品质。媒体不得发表任何虚构文章来诽谤宗教人士或社会名流,致其处于不利境地,因为此举会冒犯那些尊重他们并视其为高尚品德象征的部分社会人士。另外,为维护社会和谐、维系国家结构,媒体在公布任何被声称参与恐怖活动的组织名称时都应该更加谨慎。社会规范在时代发展中不断变化,媒体也应避免出版一些可能会伤害到公众情绪的刊物,尤其是在具有特殊意义的日子里。[1]

2019—2020年,印度新闻评议会共收到4起此类投诉,其中1起被支持,1起被驳回,2起由印度新闻评议会促成了当事双方的和解。

(五)针对违反新闻伦理的低俗报道的伦理要求与投诉情况

新闻媒体肩负着继承并发扬传统文化和社会价值的重要责任,其主要功能之一在于引导其他行业和企业提升商业素养。一些媒体出版低俗内容来吸引民众注意力,既不符合社会价值和大众审美,又无关公共利益,反而以消极的方式危害青少年的思想,社会责任感有所缺失。

《印度新闻评议会伦理准则》指出,全球化和自由化并不意味着媒体可以滥用媒体权利去降低新闻媒体的社会价值。新闻媒体担负着重要的社会责任,需引导其他行业和企业提升商业素养。正是出于媒体的这一功能

---

[1] Press Council of India. 41th Annual Report 2020[EB/OL]. [2019-07-25]. http://presscouncil.nic.in/Content/71_4_AnnualReports.aspx.

定位，它肩负着继承并发扬印度的传统文化和社会价值的重要责任。从长远来看，通过照搬西方做法促进媒体所谓"自由放任"的行为，会背离新闻传播的初衷。

《印度新闻评议会伦理准则》要求报纸避免淫秽、粗俗的报道，对新闻媒体提出了一些具体要求。首先，报纸和新闻记者不得刊发任何淫秽的、粗俗的或者冒犯公众良好品位的内容。其次，报纸不得刊登下流的广告，或通过描绘裸体女性以及摆出性挑逗姿态以引诱男性等内容的黄色广告。该准则还提到，判断图片是否淫秽的方式有三种：一是它的内容是否淫秽下流；二是它是否是一件单纯的色情作品；三是它是否有意通过在青少年中传播并挑逗其性欲来赚钱。换句话说，它是否属于旨在谋求商业利益的不健康行为。其他的相关判定因素是该图片是否与报道的主题相关，也就是说，该图片的出版是否出于艺术、绘画、医学或性行业改革等社会目标或公益主旨。照片和绘画属于艺术作品，艺术家享有艺术创作的自由。然而，一些作品只能作为艺术品由鉴赏家或内行来评价和欣赏，可能并不适合出现在报纸的页面上。媒体在发表与性、性别相关的文章时应适当考虑公众情绪。

另外，新闻媒体应尽力确保其报道遵守社会的总体规范而非个别规范。媒体也有责任保护传统文化和道德标准，并利用其社会影响力来提升社会的精神文化素养。报纸上诸如"私人情感"之类的回答个人问题的专栏，不得含有可能激起公愤或触碰公众道德底线的低俗内容。报纸可以通过发表文章来披露公共场所中发生的不道德行为，但对于使用的文字和影像证据要进行严格把控。[1]

2019—2020年，印度新闻评议会收到了报纸违反公共审美和社会道德的7起投诉，其中1起投诉被认定成立，6起投诉被驳回。

（六）针对政府侵害媒体权利的投诉情况

2019—2020年，印度新闻评议会共收到431起针对政府侵犯媒体权利的投诉，其中86起投诉进入公开评议阶段。进入公开评议阶段的投诉中，约有36%的案件是试图恐吓、骚扰或攻击新闻工作者的，约有12%的案件

---

[1] Press Council of India. 41th Annual Report 2020 [EB/OL]. [2019-07-25]. http://presscouncil.nic.in/Content/71_4_AnnualReports.aspx.

是对新闻媒体施压、损害媒体自由、阻碍新闻媒体正常运作的。这一数据说明印度记者受到的暴力侵害较为严重。而其余的投诉则大多是关于国家权力机关撤回对媒体提供的各种便利，比如吊销记者履行职责时必不可少的记者证，或因为报纸刊登不恰当的内容而恶意取消国家对某报纸的经济支持。

针对政府侵害媒体权利的投诉中，约有34起由英语报纸发起，160起投诉由印地语报纸发起，来自记者协会或通讯社的投诉约有91起，其余来自印度新闻评议会的自查自纠。从被投诉人的类型来看，约有345起是投诉警方或政府权力机关的，56起是投诉印度信息部的，13起是投诉新闻组织、私人公司或新闻管理部门的，9起是投诉公众人物的，其余为针对个人的投诉。

1. 侵犯新闻工作者人身权利

行政部门常以强制手段要求新闻界服从管教，如果新闻界发表了针对政府的批评性报道，其报道往往会因权力机关的骚扰、威胁，甚至是暴力而被压下。而这实际上违反了新闻伦理规范的内容（联邦政府、地方政府和履行政府职能的其他实体和机构等不得因媒体对政府行为进行批评性报道而以诽谤的名义对其提起诉讼，除非新闻报道内容被确认罔顾事实）。因为官员的行为举动关系着公共利益，批评官员并非记者宣泄个人对公众人物的不满，因此报纸批评官员是被允许的。2019—2020年，印度新闻评议会共审议了31起该类投诉，其中6起投诉得以成立，6起被拒绝成立，3起因被投诉人及时采取补救措施而没有启动调查，剩下16起由于已在法院审理或印度新闻评议会无权处理而被搁置。

2. 取消政府补贴、吊销记者证

在印度，国家对报社的经济补贴的作用主要是帮助政府将其政策和计划传达给公众，同时也为报社提供一定的财务来源。新闻界对于广告及其他资格许可的依赖性，导致其非常容易受到政府直接或间接的压力。政府授予或撤回这些便利对报社可能造成巨大影响，这使报社不得不做出符合政府期望的报道。

印度政府对记者证的管控有时也会损害记者的权益。记者证是记者职业身份的象征，持有记者证有助于记者顺利开展业务。政府有时为了实施言论管控,会吊销记者证,从而影响记者报道。例如,2020年4月16日,印度库蒙英新闻俱乐部(Kumaun Yuva Press Club)主席索拉布·冈瓦尔(Saurabh Gangwar)向印度新闻评议会提出投诉,指控当地新闻官在新冠疫情期间未向其发放记者证。投诉人称,根据政府在疫情期间发布的指导方针,电子和纸质媒体有权获得记者证,但当地新闻官蒂瓦里(B. C. Tiwari)在疫情期间只向当地日报和电子媒体发放了记者证,却未向周报和月报发放记者证。他认为,这一行为是对媒体报道权利的损害。当地新闻官蒂瓦里在否认指控的同时指出,根据相关文件和政府决定,库蒙英新闻俱乐部的合法性已经到期,另外疫情期间周刊/双周刊/月刊已经完全停刊,未向周报和月报发放记者证的行为只是服从了当地政府有关指示。2021年2月23日,该投诉由印度新闻评议会的调查委员会收集证据并进行了听证。在听证会听取双方代表意见后,调查委员会做出裁决,驳回投诉。在印度,记者证是新闻媒体参与公共事务、报道涉及公共利益事件的必要条件,吊销记者证会直接影响新闻媒体的报道活动。[1]

政府取消经济补贴、吊销记者证这两类情况出现时,新闻界可以针对政府侵害媒体权利的行为向印度新闻评议会提出投诉。2019—2020年,印度新闻评议会处理的关于这类问题的裁决共有14起,其中3起被支持,2起被驳回,5起由有关政府进行了相关补救,其余4起由于已在法院审理或印度新闻评议会无权处理而被搁置。

总的来说,在印度新闻评议会收到的投诉中,无论是针对政府侵害媒体权利的投诉,还是针对新闻界违反新闻伦理的投诉,相当大的一部分都被裁定为不成立,约占所有投诉的48%,投诉成立的比例仅为13%,其余投诉通过协商得以解决或印度新闻评议会无权处理。[2] 事实上,印度新闻评议会对投诉成立条件的判定要求很高,被投诉的主体须明确违反《印度新闻评议会伦理准则》。

---

[1] Press Council of India. Adjudications Rendered by the Council on 27. 05. 2021[EB/OL]. (2021-03-13)[2019-07-25]. https://www. presscouncil. nic. in/WriteReadData/Pdf/Adjudication-13. March. 21. pdf.

[2] Press Council of India. 41th Annual Report 2020 [EB/OL]. [2019-07-25]. http://presscouncil. nic. in/Content/71_4_AnnualReports. aspx.

第二章 印度新闻评议会运行机制及评析

五、印度新闻评议会的特点及局限性

(一) 特点

印度新闻评议会作为独立的仲裁机构,其目标是保护相对的媒体权利,维护新闻伦理。在印度这个语言、宗教和种族等方面情况比较复杂的国家,保障相对的媒体权利,维护新闻伦理和品位,这个目标定位需要有较高的可行性,符合印度国情,易于取得政府、媒体和公民的理解与支持。[1]

1. 印度新闻评议会裁决的客观性和独立性

因为之前长时间作为英国的殖民地国家,印度继承了英国的法治文化传统,一切国家权力机关和社会机构的行为必须得到法律授权,这一点充分地体现在印度新闻评议会的建立与运作上。

正如印度新闻评议会在自我评价时所说的,由已离任的联邦最高法院法官担任印度新闻评议会主席是一个极富智慧的、科学的制度设计。由于印度实行三权分立制度,所以政府与法官并不是领导与被领导的关系,法官与媒体也没有密切的联系。另外,受到法学教育和法官职业训练的影响,法官习惯上只对事实负责。因此,选择离任法官为主席能保证其新闻评议工作的客观性和独立性。

从印度新闻评议会成员构成看,来自新闻界的有20人;非新闻界的9人,分别是教育、科学、法律和文学艺术界的知识分子、最高法院退休法官以及国会议员,具有较广泛的代表性。知识分子的重要特点是思想独立,所以吸收知识分子进入评议会有助于裁决的独立性,有助于督促新闻界自律,使新闻界与社会各界保持良好沟通。另外,新闻评议会的经费来自媒体的入会费,尽量不接受政府拨款,从资金上确保其独立性。

2. 印度新闻评议会裁决的较高权威性

世界上大部分国家的新闻评议会只做道义上的裁决,其裁决不具有法律效力。然而印度并非如此,《新闻评议会法》规定,印度新闻评议会的裁决有法律效力,是最终裁决,等同于法院的终审判决,经过印度新闻评议会

---

[1] 王生智. 印度新闻理事会研究[J]. 安庆师范学院学报:社会科学版,2010,29(8):120-125.

裁决的结果不能再走司法程序或到政府机关再行申诉,所以其裁决具有较高的权威。

同时,印度新闻评议会只有裁决权而无刑事处罚权,但其警告或训诫具有强制力,同时,印度新闻评议会向社会公开裁决的结果,这有助于在社会上引起强烈反响,督促被投诉人不断自省,督促新闻工作者不断提升职业素养。

3. 印度新闻评议会裁决的便利性

作为一种新闻仲裁制度,印度新闻评议会在印度具有独特的优势。印度人口众多,司法资源紧张,积案较多,政府办事效率低,所以相比司法诉讼和向政府投诉,新闻评议会的裁决其实是一种更为简便有效的解决媒体纠纷的途径。

首先,在投诉程序中,印度新闻评议会遵循双方自愿原则,引导当事双方先进行沟通,减少对立情绪的产生,避免矛盾冲突的激化,具有较强的经济性。其次,选择向印度新闻评议会投诉可以避免当事人向法院层层上诉和长时间等待开庭的烦琐流程,缩短了解决纠纷的时间,提高了效率,降低了费用。再次,印度新闻评议会成员来自社会各行各界,具有不同的专业或社会背景,裁决更具公正客观性和科学专业性。最后,新闻界成员占印度新闻评议会的大多数,他们处理行业事务比政府官员具备更高的专业水平,更丰富的技能,更强的责任感、自豪感和忠诚度。[1]

(二)局限性

1. 投诉案件处理效率较低

印度新闻评议会在审议和裁决投诉案件时处理效率较低,即便2015年后,评议会增加了工作强度,决议处理了大量堆积的案件,仍存在大量堆积的案件未经审议和裁决被推迟到下一年处理的情况。印度新闻评议会年度报告显示,在针对新闻界违反新闻伦理准则的投诉中,2016年度共需处理1696件,其中包括2015年未决案件1108件;2017年度共需审查977件,包括上年未决的415件;2018年共需审查1728件,包括上年未决的616件,同年未决的986件再次堆积到2019年;2019年又堆积了1004件等待

---

[1] 陈映. 欧美国家媒体自律制度的发展和革新[J]. 新闻界,2016(14):59-64.

第二章　印度新闻评议会运行机制及评析

下一年处理。[1] 如此循环往复,案件堆积的情况可能会愈发严重。案件的堆积影响了投诉的时效性,很难及时有效地制止侵害他人合法权益的行为。案件处理即时性较低,可能会降低印度新闻评议会的公众信任度。

2. 裁决申请程序过于严格

印度新闻评议会年度报告显示,在针对政府侵害新闻界合法权利的投诉中,2018年,经过初步审查的案件共计228件,其中165件在初步审查阶段因缺乏调查理由、不归属新闻评议会责任范围或已走法律诉讼途径而被驳回,仅有63件被认定投诉证据合理充分,可以进一步调查裁决。2019年的情况类似,只有63件以裁决方式处理,而其余165件相关投诉被驳回。[2] 印度新闻评议会对于审查政府是否侵害新闻界合法权利的评判标准较为严格,大量投诉无法通过投诉程序的审核,从而使政府干扰新闻报道的可能性增大。

六、对印度新闻评议会的评价

印度新闻评议会是新闻仲裁的准司法机构,以保障媒体权利、提高新闻专业标准为自身责任。它建立在法律基础上,即通过国会立法授权,拥有合法权力对事件进行调查,从而使印度新闻评议会成员免受投诉者对其提起法律诉讼的威胁。因此,印度新闻评议会能够尽量不受限制地推进投诉裁决程序,勇于使用警告、训诫等处罚措施,有助于维护新闻评议会的价值。

总的来说,印度新闻评议会裁决的客观性、独立性、权威性和便利性,体现了评议会对国家、社会、个人负责的态度,促使印度新闻业健康持续发展。但同时,印度新闻评议会也存在诸如投诉处理效率低下、投诉程序严苛等问题。另外,在移动媒介不断发展的背景下,印度新闻评议会一再呼吁将电子媒体纳入其职权范围,政府却并未同意,反倒是决定建立专门监

---

[1] Press Council of India. 37th Annual Report 2016-2017,38th Annual Report 2017-2018,40th Annual Report 2018-2019, 41th Annual Report 2019-2020 [EB/OL]. [2021-08-10]. http://presscouncil. nic. in/Content/71_4_AnnualReports. aspx.

[2] Press Council of India. 40th Annual Report 2018-2019, 41th Annual Report 2019-2020[EB/OL]. [2021-08-10]. http://presscouncil. nic. in/Content/71_4_AnnualReports. aspx.

管在线内容的委员会,归属于国家权力机关管辖。在数字新闻业的背景下,印度新闻评议会职权范围仍局限于报纸报刊和通讯社内部,未能覆盖电子媒体。社交平台的扩张、融媒体的出现和智能传播将对印度新闻评议会形成不小的挑战,如何转型和变革是印度新闻评议会正在面临的重大问题。

第三章
南非新闻评议会运行机制及评析

一、南非新闻评议会概述

20世纪90年代初,南非在经历了政治和经济社会变革后,种族隔离制度结束、民主制度确立。南非的宪法确立了公民的言论自由权,并强调新闻媒体应在没有压迫、迫害及限制的立法环境下运作。

在2007年南非新闻评议会成立之前,南非已有几个新闻管理监督机构,其中政府新闻办公室(Government Communication and Information System,GCIS)是南非政府新闻业务的主管机构。南非纸质媒体协会(Print Media South Africa,PMSA)是南非媒体行业的管理机构。南非纸质媒体协会成立于1996年,下辖南非报业协会(Newspaper Association of South Africa,NASA)、南非杂志出版商协会(Magazine Publishers Association of South Africa,MPASA)及独立出版商协会(Association of Independent Publishers,AIP),其主要职能是自上而下地对印刷行业进行组织管理、负责审计及批准纸质媒体的发行数量、组织行业成员进行交流、代表协会成员就具体问题与有关部门进行交涉、促进新闻媒体与其他行业的交流等。此外,1997年7月1日,南非纸质媒体协会、南非全国编辑论坛(South African National Editors' Forum,SANEF)及南非记者协会共同设立了独立的新闻媒体调查官办公室,对媒体实行监督,加强政府与新闻记者之间的沟通。

2007年,南非新闻评议会(Press Council of South Africa,PCSA)在约翰内斯堡宣布成立,它是由纸质媒体和网络新闻媒体建立的媒体监管机构,由理事会、新闻监察办公室和审判委员会组成。与南非此前的新闻媒体监管机构不同的是,南非新闻评议会采取独立共同监管机制。南非新闻评议会强调了公众代表的监督作用,其成员仅包括新闻界代表和公众代表。

2020年12月11日生效的《南非新闻评议会章程》[1]明确指出了南非新闻评议会的宗旨和目标。

(1)通过保护言论自由权利来维护《南非共和国宪法》。

(2)促进新闻业的道德建设,促进南非新闻界采用和遵守这些标准。

(3)促进媒体遵守南非《纸媒和网络媒体的道德与行为准则》并监督媒体内容,但是不包括广播媒体。广播媒体由南非广播投诉委员会管理。

(4)建立并维持一个自愿的独立调解和仲裁程序,以便有效地处理公众对新闻道德规范的投诉以及对新闻媒体成员和出版商成员的行为的投诉。

(5)促进新闻媒体成员和出版商成员对其发布的内容进行监管,以提高公众对南非新闻评议会调解和仲裁服务的认识。

(6)执行为促进和实现评议会的目标所必要的其他任务。

本章将从南非新闻评议会的组织结构、工作流程、伦理规范要求及案例分析、特点与存在的问题这四个方面对南非新闻评议会的相关情况进行梳理。

二、南非新闻评议会组织机构

南非新闻评议会主要由理事会、新闻监察办公室和审判委员会三部分组成,其组织架构如图3-1所示。[2]

(一)理事会

理事会由1名主席和12名个人会员组成,其中6名代表公众,6名代表新闻界。理事会的主席由南非首席大法官推荐1名不在职的法官担任,任期最初为5年,该任命必须经由理事会批准,并可由理事会批准是否续

---

[1] The Press Council of SouthAfrica. PCSA constitution[EB/OL].(2022-09-13)[2021-06-28]. https://presscouncil.org.za/ContentPage? code=CONSTITUTION.

[2] The Press Council of SouthAfrica. PCSA constitution[EB/OL].(2022-09-13)[2021-06-28]. https://presscouncil.org.za/ContentPage? code=CONSTITUTION.

任。为确保权力分立,理事会主席不得在南非新闻评议会中担任其他职务,理事会成员不得参与裁决程序。理事会的6名新闻界的代表必须具有在新闻媒体机构工作的经历,或者是在这一领域拥有丰富经验的记者。其中,1名来自独立出版商协会,1名来自社区记者论坛,2名来自南非国家编辑论坛,2名来自南非互动广告局。公众代表必须具有强烈的公平意识和平衡意识,并且具备运用理论思想解决新闻界问题的能力。此外,他们还必须对传播、媒体以及社会和政治问题有浓厚的兴趣,并且是言论自由的倡导者。

理事会有权审议和决定《南非新闻评议会章程》包含的任何事项,同时根据《南非新闻评议会章程》进行人员任命,维持新闻评议会的运作,并对《纸媒和网络媒体的道德与行为准则》以及投诉程序进行修正和更改,以使其符合时代的发展。理事会设立财务委员会以审议所有财务问题,包括其工作人员和公众代表的薪酬。理事会还努力与南非类似的组织合作,确保提供经济高效的调解和仲裁程序,以便迅速处理公众对有违新闻道德行为的投诉。

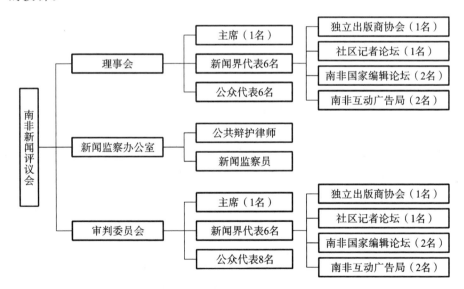

图 3-1 南非新闻评议会组织架构

(二) 新闻监察办公室

在新闻评议会接到的投诉中,有的通过调解就能解决,有的则无法进行调解。新闻监察办公室需要对涉及新闻媒体成员的新闻道德和行为的投诉做出裁决,其可以根据投诉程序就双方的书面陈述和提交的内容做出决定,也可以举行听证会。听证会成员由1名新闻界的代表和最多2名来自审判委员会的公众代表组成。

公众针对新闻媒体成员提出的有关新闻道德和行为方面的投诉,公共辩护律师将协助公众与新闻媒体直接联系,帮助双方以友好方式解决问题。如果公共辩护律师在向新闻媒体提交投诉后15个工作日内未能成功解决投诉,应将未解决的争议提交新闻监察员,以便按照投诉程序进行裁决。公共辩护律师可以在新闻监察员或审判委员会面前代表申诉人。

公共辩护律师和新闻监察员必须拥有丰富的新闻经验,对南非法律制度的运作有公正的理解,同时对公共服务充满兴趣。

(三) 审判委员会

审判委员会由1名主席及14名审判小组成员组成,其中8名公众代表,6名新闻界代表。新闻评议会应要求南非首席大法官推荐1名不在职的法官担任兼职上诉主席,任期最初为5年,该任命须经理事会批准。接受委任的8名公众代表必须是南非共和国的公民和永久居民,支持南非宪法的价值观,具有良好的信誉,对媒体有浓厚兴趣,致力于促进理事会和新闻法的宗旨和目标的实现,并履行对南非新闻评议会和广大公众的义务。接受委任的6名新闻界代表,其成员构成比例与理事会相同,也是1名来自独立出版商协会,1名来自社区记者论坛,2名来自南非国家编辑论坛,2名来自南非互动广告局。

在新闻监察办公室发布裁决结果后,有争议的任何一方可以根据新闻监察办公室的裁决向上诉主席提出上诉许可申请,如果上诉主席认为提出的上诉具有合理理由,将准予上诉申请,否则将拒绝该申请。上诉主席准许上诉许可后,必须召集成立上诉委员会。由1名新闻界代表和最多3名审判委员会的成员加入上诉委员会。投诉对象或与此事项有任何利益关系的新闻媒体成员所雇用的人,不得在上诉委员会审议此事。无论是否听

第三章 南非新闻评议会运行机制及评析

取口头证据或辩论,上诉委员会都可以审议此事,获得多数票同意的决定为最终裁决。如果对新闻监察办公室的裁决提出的上诉里也有对理事会任何官员的行为提出申诉,上诉主席可以通过正常的程序将此事提交给理事会主席处理。

三、南非新闻评议会的工作流程

南非新闻评议会属于自愿加入型组织,不具有强制性,因此在接受投诉时分为对成员新闻媒体的投诉和对非成员新闻媒体的投诉。

成员新闻媒体须遵守《纸媒和网络媒体的道德与行为准则》,同时接受南非新闻评议会投诉程序的管辖,如果是公众对成员新闻媒体提出投诉,新闻评议会将根据理事会制定的程序处理相关投诉。

如果涉及公众对非成员新闻媒体提出的投诉,公共辩护律师或新闻监察员可以咨询该新闻媒体,以确定其是否赞同《纸媒和网络媒体的道德与行为准则》,并邀请其接受南非新闻评议会的管辖,以便进行裁决。如果该新闻媒体拒绝加入南非新闻评议会或该投诉超出了南非新闻评议会的管辖范围,公共辩护律师或新闻监察员应通知投诉人,并在适当情况下将投诉转交给替代性争议解决程序。

针对成员新闻媒体的投诉可分为三个阶段。第一阶段是调解阶段,第二阶段是申诉阶段,第三阶段是上诉阶段,评议会的裁决流程如图3-2所示。[1]

(一)调解阶段

投诉应通过电话或书面形式向公共辩护律师提出。如果以书面形式提出投诉,则公共辩护律师应立即以书面形式确认,并在投诉正式被接受之前协助投诉人。收到投诉后,公共辩护律师有权要求投诉人提供引起其投诉的材料副本,投诉人有义务将此类副本转发给公共辩护律师,以便公共辩护律师决定是否接受投诉。公共辩护律师不接受匿名的、欺诈性的、恶意的、无理取闹的投诉,或初步证明不属于南非新闻评议会管辖范围的

---

[1] The Press Council of South Africa. Complaints Procedure[EB/OL]. (2021-09-12)[2021-10-30]. https://presscouncil.org.za/Complaints? prev=https%3A%2F%2Fpresscouncil.org.za%2F.

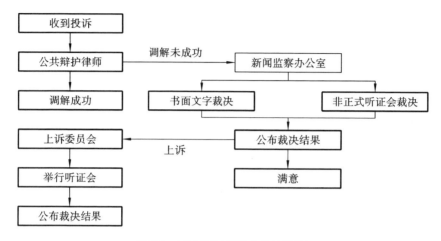

图 3-2　南非新闻评议会裁决流程

投诉。

公共辩护律师正式接受投诉后,会以书面形式通知新闻媒体,并提供足够的详细信息,使新闻媒体能够在7个工作日内对此事进行调查并做出回应。公共辩护律师与投诉人一起努力与新闻媒体达成和解。如果投诉在新闻媒体收到投诉通知的15个工作日内未得到解决,公共辩护律师则会将投诉转交新闻监察办公室审理,由于特殊情况而需要延长时间的除外。

(二)申诉阶段

如果在第一阶段的调解未成功,投诉将进入申诉阶段,由新闻监察办公室负责审理和裁决。新闻监察办公室不接受以贬低、侮辱或无理取闹及类似语言撰写的投诉。

当投诉人提交的投诉材料详细,且新闻媒体明显存在违反《南非新闻评议会章程》及《纸媒和网络媒体的道德与行为准则》的行为时,新闻监察办公室可以在分析书面材料的基础上进行裁决,并公布裁决结果。

如果新闻监察办公室认为无法基于书面材料裁决投诉,但投诉的某些方面需要澄清而不需要进行正式听证,那么新闻监察办公室可以邀请投诉双方召开非正式听证会。由新闻监察办公室召集成立一个审判小组,其中包括1名公众代表和1名新闻界代表,且2人均来自审判委员会。此2人将在听证会上一起审理该投诉,裁决结果应以投票方式决定。当事人双方均应出席审判小组的非正式听证会并发表讲话,审判小组有权就该投诉亲自或以书面形式对当事人双方提出质疑,如果被投诉的新闻媒体未能派遣代表参会,则该事项会在其缺席时被裁定。

(三)上诉阶段

在申诉阶段公布裁决结果后的7个工作日内,任何一方对结果不满,均可向上诉主席提出上诉申请,并充分阐明上诉理由,申请和上诉理由必须在申诉咨询办公室提交。新闻监察办公室应将此上诉许可通知给另一方,并告知当事人在收到申请许可后的7个工作日内相关人员会对上诉申请许可做出答复。如果上诉主席认为上诉小组可能会做出与新闻监察员或审判小组不同的决定(视情况而定),则上诉主席应准许上诉许可。此时,新闻监察办公室应向上诉主席提交与该投诉相关的所有文件。

上诉主席须成立上诉委员会,以便与他一起听取上诉。上诉委员会包括来自审判委员会的1名新闻界代表和最多3名公众代表。被投诉新闻媒体的员工、与该投诉有任何相关利益的人,不得在上诉委员会审议此事。上诉主席收到新闻监察办公室提交的与该投诉相关的所有文件后,应确定上诉裁决的时间和地点。投诉双方都应出席并在上诉委员会面前发表讲话,上诉委员会有权就此投诉亲自或以书面形式对其提出质疑。如果被投诉的新闻媒体未能派遣代表,则该事项有可能在其缺席时被裁定。

四、南非新闻评议会伦理规范要求及案例分析

南非新闻评议会成立之初就颁布了南非《纸媒和网络媒体的道德与行为新闻准则》[1],并且不断更新修正,目的在于保障新闻媒体言论自由,为新闻工作者的采访报道等职业行为提供一定的保护,同时对新闻行业进行一定程度的监督。《纸媒和网络媒体的道德与行为准则》的前言指出:人人有言论自由权,媒体与个人享有相同的权利和义务,他们努力争取这些权利是为了获得国家公民的信任,同时媒体的工作始终受到公共利益的指

---

[1] The Press Council of South Africa. The Press Code of Ethics and Conduct for South African Print and Online Media[EB/OL]. [2021-10-30]. https://presscouncil. org. za/ContentPage? code=PRESSCODE.

导；记者要致力于达到最高的职业道德标准，保持信誉并获得公众的信任。这意味着记者要始终追求真理，避免不必要的伤害，在报道中反映多种声音，展现出对儿童和其他弱势群体的特别关注，保持对读者和报道对象的文化习俗的敏感性，并独立行事。

2014年，时任新闻评议会主席菲力普·莱温索恩（Phillip Levinsohn）法官说："整个世界都在互联网上，所以我们不得不改变。"2014年9月，为了使《纸媒和网络媒体的道德与行为准则》适应互联网媒体，新闻评议会与南非互动广告局进行了沟通。《纸媒和网络媒体的道德与行为准则》于2016年进行了大幅度修改，涵盖网络媒体，增添了关于"用户生产内容和活动"的伦理规范，这一些改动主要针对的是用户在网络平台上发布的评论和内容及其转发内容的伦理要求。

《纸媒和网络媒体的道德与行为准则》分为"前言""媒体生产的内容和活动"和"用户生产的内容和活动"三部分，以下将结合案例详细介绍针对"媒体生产的内容和活动"和"用户生产的内容和活动"的伦理规范。

（一）媒体生产的内容和活动

1. 准确报道和公正评论

媒体在报道新闻时要做到真实、准确和公正，具体而言就是要根据采集的信息撰写新闻，不能使用扭曲、夸大或虚假性陈述，不能有重大遗漏或与真相背离的任何主观的概括，仅提供可能合理的事实；应清晰地标明意见、指控、谣言或假设；此外，在情况允许的条件下，媒体应核实可疑信息的准确性。由于有些报道是基于有限信息进行的，所以媒体须在获得新信息后对原报道进行补充；如果提供了不准确的信息或评论，应及时在发布原始内容的新闻媒体网站、社交媒体账户或任何其他在线平台上进行撤回、更正、解释或道歉；同时不得抄袭，保证报道的原创性。

媒体有权评论或批评任何涉及公共利益的行为或事件，评论或批评即使是极端的、不公正的、不平衡的、夸大的或有偏见的，只要是没有恶意且出于对公共利益的维护，并公平地考虑了所有事实或合理的重要事实，那么媒体的言论就应该得到保护。

媒体组织要保持自身独立性，不允许商业、政治、个人或其他非专业因素影响报道，应避免利益冲突以及可能导致读者怀疑媒体独立性和专业性的做法；不接受任何可能影响报道的利益支持；当外部组织捐助新闻经费后，要明确说明这一情况；保证新闻编辑内容与广告、赞助活动分离。

南非新闻评议会曾处理这样一起投诉，该投诉涉及《每日太阳报》（Daily Sun）在2019年2月10日发表的一篇题为"米妮的大麻烦"（Big Trouble For Minnie!）的文章。该文章报道了"电视名人"米妮·德拉米尼·琼斯（Minnie Dlamini Jones）最近"在推特上被无情地围攻"一事，文章中写道：米妮在社交媒体平台上和《命运杂志》（Destiny Magazine）的采访中表示，她收到了南非工业发展公司提供的1000万卢比的赠款，一些推特用户要求她指明这是"赠款"还是"贷款"。由于用户评论激烈，她撤回了之前的陈述。而这篇文章继续报道她"正在幕后处理另一个问题"，报道引用"内部人士"的话说，米妮和她的家族朋友、电视名人出身的高管诺妮·加萨（Noni Gasa）正在"就米妮获得资金资助的概念展开争论"，还指出"米妮窃取了诺妮·加萨的护肤创意"，她从南非工业发展公司获得的资金（以贷款或赠款的形式），正是用于对加萨女士提出的护肤创意的开发。报道还援引"另一个消息来源"的话说，米妮很喜欢这个创意，"当米妮背着诺妮接近实验室的人时，麻烦就开始了"，而记者并未采访米妮本人。

大卫·范伯格（David Feinberg）先生代表米妮对《每日太阳报》进行投诉，认为其违反了《纸媒和网络媒体的道德与行为准则》的以下条款：①媒体应当如实、准确、公正地报道新闻；②以平衡的方式报道新闻，而不能因为歪曲、夸大、遗漏、概括不当造成任何与真像相背离的情况；③媒体应在出版之前征求关键报道人物的意见。

首先，米妮女士和加萨女士对护肤创意的知识产权都没有争议。其次，米妮女士是这个理念的创始人，而加萨女士则是为该产品提供营销服务的人。米妮女士并未窃取加萨女士的"任何东西，包括产品的配方和开发产品的实验室"，相反，她在2016年9月左右与加萨女士联系，要求其为该产品提供营销服务。此外，米妮没有从南非工业发展公司获得赞助这个护肤系列的资金，只是在《命运杂志》的采访中称其获得了与南非工业发展公司合作的机会，同时申请了贷款，该贷款与南非工业发展公司无关。此外，米妮女士的律师也反对使用匿名消息来源，认为记者有其他选择，例如直接与文章关键人物米妮女士沟通，但该记者未能做到这一点。

接到投诉后，南非新闻评议会对消息源和其他报道进行核实，指出《每日太阳报》并未如实、准确、公正地报道新闻。消息来源全是有人说他们听过加萨女士声称护肤产品是"她的想法"。以上听说的内容可以作为佐证,但这与确证不同,因为当人们用另一个来源来证实自己的其他消息来源时,就可以证实谎言。此外,报纸重复了一个不真实的"事实"——米妮女士得到了南非工业发展公司的"资助",不仅是因为米妮女士在她与《命运杂志》的采访中捏造了真相,也是由于记者没有与南非工业发展公司核实这一点。

南非新闻评议会要求《每日太阳报》向米妮女士道歉,因为其在没有给出其他观点的情况下,就宣称米妮"窃取"加萨女士的护肤创意。同时还要求《每日太阳报》撤回该报道,因为没有证据证明米妮窃取了加萨女士提出的产品配方并和开发它的实验室进行接触,南非新闻评议会要求《每日太阳报》的道歉发布在与原始新闻报道相同的页面上,并在它的所有在线平台上进行转发。[1]

2. 尊重隐私权及名誉权

公民的隐私权和名誉权是受南非共和国法律保障的,媒体在进行新闻报道时,不得侵犯公民隐私权和名誉权,尤其在涉及个人私生活的事务上,要格外谨慎;媒体的报道还应特别重视南非的文化习俗,保护丧亲者的隐私和尊严,尊重逝者、儿童、老人和身心残疾人;不公布强奸幸存者、性暴力(包括性恐吓和性骚扰)幸存者,不在未经同意的情况下披露个人艾滋病毒携带情况/艾滋病状况,如果是儿童,则不公布他们的法定监护人或其他负责照顾的人员。

南非新闻评议会在2019年3月27日审议了《独行报》(*Daily Maverick*)的一篇题为"被停职的议会秘书马吉拉那反对被冠上'腐败'罪"(Gengezi Mgidlana, suspended Secretary to Parliament, objects to being called "corrupt")的文章。文章称,在2017年议会辩论中,联邦军队的弗洛伊德·希万布(Floyd Shivambu)先生称,马吉拉那被怀疑"腐败"之后"名誉扫地",其声称自己受到了伤害。据报道,马吉拉那在2018年11月29日的一封信中提出对希万布评论的反对,该信发布在2018年12月5日议会的定

---

[1] The Press Council of South Africa. Minnie Dlamini-Jones vs Sunday/Daily Sun[EB/OL]. (2019-05-02) [2021-10-30]. https://presscouncil. org. za/Ruling/View/minnie-dlaminijones-vs-sundaydaily-sun-4405.

期"公告、报告和委员会报告"中,马吉拉那在这封信中也声称,希万布的声明使他的好名声、品格和尊严受到了质疑。记者在文章中写道,"在两年半的时间里马吉拉那为妻子和自己的旅行花费了400万兰特的纳税人的钱,给了自己7.1万多兰特的特惠金,这是他本不应该得到的。他还做了很多其他不正当的行为,比如非法使用蓝光安全车送孩子上学。"

马吉拉那被停职,并接受议会对他管理不善和滥用职权的指控所进行的调查。马吉拉那称这篇文章错误地将指控称为事实,并对他产生了不利影响。他认为《独行报》没有报道议会和他发表的相关声明,并且省略了重要的信息,也没有和他或任何其他相关人员核实信息的准确性。而且马吉拉那认为自己和这篇报道的编辑莫伊拉·利维(Moira Levy)有矛盾,利维认为自己因为马吉拉那失去了议会雇员的工作。当利维是议会的媒体官员时,她写了一些反对马吉拉那的文章——这在当时使她与直属上级发生了冲突。马吉拉那称:"很明显,在客观报道这一事件的过程中,个人恩怨已经影响了有关记者和媒体的判断。"因此,马吉拉那投诉该文章侵犯了他的职业尊严、侵犯了其名誉权。

接到投诉后,南非新闻评议会听取了《独行报》记者的回应,并认为该报道违反了"媒体在新闻报道时,不得侵犯公民隐私权和名誉权"这一规定,该报道的记者在报道时使用"狡猾""耻辱"等词汇,没有考虑被报道人的名誉权,因此要求《独行报》向马吉拉那先生道歉,并发布在与原始新闻报道相同的页面顶栏上,标题要包含"道歉"和"马吉拉那"这些关键词。[1]

3. 个人信息保护

个人信息保护是媒体急需重视的问题,《纸媒和网络媒体的道德与行为准则》强调,媒体须采取合理措施,确保其掌握的个人信息免遭滥用、丢失和未经授权的访问;同时媒体要确保自己在报道时收集的个人信息是准确、合理、完整和最新的,要采取相关措施核实其信息的准确性,并在必要时,如在有人要求对其个人信息进行更正的情况下进行修改;仅披露特定的个人信息用以识别被报道的人,因为某些信息(如地址)可能使其隐私权和安全权被他人侵犯;在有理由怀疑未经授权的人可能已获得媒体所持有

---

[1] The Press Council of South Africa. Gengezi Mgidlana vs Notes from the house and daily Maverick[EB/OL]. (2019-04-03) [2021-10-30]. https://presscouncil.org.za/Ruling/View/gengezi-mgidlana-vs-notes-from-the-house-and-daily-maverick-4398.

的个人信息时,通知受影响的人士并采取合理措施以减轻不利影响。

新闻评议会审议了《开普敦时报》(*Cape Times*)在2016年2月19日发表的一篇题为"水资源管理研讨会被取消"(Getting To The Bottom Of Water Symposium's Cancellation)的文章,该文章刊登了该报与以色列驻南非副大使迈克尔·弗里曼(Michael Freeman)先生访谈的内容,弗里曼谈及取消水资源管理研讨会[1]的原因。虽然美国非政府组织"抵制、撤资和制裁委员会"(Boycott Divestment and Sanctions Committee)称,由于以色列大使的介入,《邮报》和《卫报》被迫取消了该活动,但弗里曼说,原因并非如此,事实上《邮报》和《卫报》已通过书面形式指责了"抵制、撤资和制裁委员会"。报道称弗里曼还说,这些信息是由记者卡茨(Katz)先生提供的,文章接着公布了卡茨的手机号码,但并未公布那封关键信件的具体内容。

卡茨投诉说,《开普敦时报》将自己的联系方式公布在报纸上,使其个人信息安全受到了威胁。卡茨说该报并未试图核实信息,如果报纸通过电话或者邮件联系他,从而证实报告的真实性,本来可以避免个人信息的泄漏。

《开普敦时报》编辑否认该报泄露了卡茨的个人信息,认为发布他的电话号码是"因为记者的联系方式可以随时在互联网上找到",提供他的号码可以让公众有机会自己查询信息,"因此没有人处于危险之中"。编辑还补充说,在这种情况下,公共利益优先于个人隐私。

南非新闻评议会认为《开普敦时报》在未经卡茨许可的情况下公布了他的手机号码,这可能危及他的安全。虽然卡茨是一名记者,他的部分信息可以在互联网上查到,任何公众都可以试图通过互联网联系他,但该报不应该直接公布个人信息。因此该报违反了《纸媒和网络媒体的道德与行为准则》的以下条款:①媒体应采取合理措施,确保其掌握的个人信息免遭滥用或丢失,并防止他人未经授权访问此类信息;②某些个人信息(如地址)的泄露可能会使他人侵犯新闻报道主体的个人隐私和安全。为了尽量减少这些风险,媒体应该只披露特定的个人信息,以识别新闻中报道的人。最终南非新闻评议会要求《开普敦时报》向卡茨发表正式的道歉信,并从其网站的报道中删除卡茨的电话号码。[2]

---

[1] 该研讨会是由《邮报》(Mail)和《卫报》(Guardian)组织的活动。

[2] The Press Council of South Africa. Anthony Katz vs cape times[EB/OL].(2016-04-04)[2021-10-30]. https://presscouncil.org.za/Ruling/View/anthony-katz-vs-cape-times-2921.

4. 儿童

《南非共和国宪法》中的"权利法案"第 28 条第 2 点规定："涉及儿童的每件事情都至关重要。"《纸媒和网络媒体的道德与行为准则》专门针对儿童报道进行了明确规定，要求媒体在报道儿童时要格外慎重和严谨。媒体不得发布儿童色情内容，避免对儿童的身心、成长造成影响；未经儿童法定监护人或其他责任人的同意，不得对其进行面谈、拍照或鉴定，不得公布遭受虐待、被剥削的儿童、被指控犯罪或被定罪的儿童。

南非新闻评议会审议了《城市报》(City Press)在 2015 年 4 月 12 日发表的一篇名为"伊斯兰国和普通郊区的女孩"(ISIS and the normal, suburban girl)的报道，报道内容是一名来自开普敦郊区的 15 岁女孩称其曾试图加入"伊斯兰国"的故事。投诉人亨德里克斯(Hendricks)称该报道并没有试图保护孩子的身份，"报纸生动地描述了孩子的身份，并说明了孩子的学校、居住地、郊区和家人所在的清真寺"。报道中提到女孩的家乡位于肯温的南郊，家是一幢双层的奶油色房子，街道两旁有栅栏围栏，前院有一扇门，旁边是监控摄像头，所在学校有 330 名学生，母亲是格拉西公园(Grassy Park)的医生，父亲正在考飞行员执照。

《城市报》记者哈法耶(Haffajee)回应，该报并不是想通过强调家庭环境、学校环境及父母情况来披露这个女孩的身份，只是采取"应有的谨慎态度"来关注这一事件，以强调加入"伊斯兰国"的危害性。哈法耶称，"我们的团队非常重视保护未成年人，因此我们采取了比《准则》所规定的更深入的保护措施。在我们看来，我们的文章对这位年轻女子没有害处。'伊斯兰国'招募新娘的策略对年轻女性的伤害要大得多，所以我们更加谨慎地进行报道。"

南非新闻评议会认为《城市报》的辩解没有说服力。除了投诉人亨德里克斯所说的内容，南非新闻评议会还发现报道提到了女孩的父亲是当地的商人，父母有三个孩子，大约六年前，父母从德班搬到开普敦，经常回德班访问。新闻评议会认为，根据《城市报》的报道中过度暴露的信息，该地区的居民可能发现那个试图加入"伊斯兰国"的女孩的身份。南非新闻评议会认为《城市报》违反了保护儿童相关信息的规定,要求该报向报道中的女孩道歉,以文字的形式发布在原报道版面上。[1]

(二)用户生产的内容和活动

媒体没有义务提前审核所有用户生成的内容(UGC),媒体应制定符合《南非共和国宪法》的用户生产内容的策略,用于管理审核用户生产内容及用户资料,但必须公开其策略并明确规定一些内容,比如用户必须遵守的授权程序(如果有的话),注册过程中的要授权同意的所有条款、条件和赔偿条款,禁止发布的内容等。

在切实可行的情况下,媒体应在平台上发布通知,阻止用户发布违禁内容,同时应告知公众用户生产内容是由用户直接发布的,不一定代表媒体的意见,还应鼓励用户举报可能违反相关规定的内容,并且要仔细监控针对儿童的在线论坛。

对于媒体来说,需要证明媒体没有创作或编辑被投诉的内容。但如果投诉人已向特定媒体发出书面通知,指明某用户发布的有关内容是禁载内容,媒体必须尽快删除相关的内容并通知投诉人。如果媒体决定不处理被投诉的内容,也未通知相应的投诉人,投诉人可向新闻监察办公室投诉,由新闻监察办公室处理。

五、南非新闻评议会的特点与存在的问题

(一)南非新闻评议会的特点

1. 独立的共同监管机制

南非新闻评议会强调不受政治、经济及其他因素影响,实行独立的媒体共同监管机制,最大限度地实现包容性,这在其组织架构中有所体现。在南非新闻评议会的成员构成中,公众代表和新闻界代表人数不相上下,理事会中公众代表有6人,审判委员会中公众代表有8人,甚至超过了审判委员会中新闻界代表的人数。而且在举办公开听证会时,公众代表人数允许超过新闻界代表人数。例如,在申诉阶段由新闻监察办公室召集成立

---

[1] The Press Council of South Africa. Al Jama Ah vs City Press[EB/OL]. (2015-04-17)[2021-10-30]. https://presscouncil.org.za/Ruling/View/al-jamaah-vs-city-press-2757.

的审判小组中,包括 1 名公众代表和 1 名新闻界代表,均来自审判委员会;在上诉阶段由上诉主席成立的上诉委员会中,包括 1 名来自审判委员会的新闻界代表和最多 3 名公众代表。

2. 裁决过程有章可循

在南非新闻评议会的裁决过程中,调解阶段公共辩护人与申诉人、媒体之间的讨论是保密的。除非双方书面同意,否则任何人不得在任何后续诉讼中提及这些讨论中所说的任何内容。新闻评议会或任何法院的后续诉讼程序中,任何人不得被视为证人,不得以讨论期间所发生的事情为证据。申诉阶段和上诉阶段均通过举行听证会的形式进行裁决,听证会应向公众开放,除非相关当事人为强奸受害者、性犯罪受害者、十八岁以下的儿童或被勒索受害者。在听证会结束公布裁决结果后,双方均有权就裁决结果和建议措施以口头或书面形式在听证会上发言。此外,南非新闻评议会在接受投诉时要求投诉人填写投诉表格,并及时将裁决结果和上诉结果以文字形式公布在南非新闻评议会官方网站中,同时还会公布被投诉的新闻媒体依据裁决结果做出的更正和道歉,这使得投诉流程可追溯。

3. 标准化与人性化并存

南非新闻评议会的投诉程序明确规定了提出投诉、裁决以及申请上诉的时间范围,规范了新闻评议会的裁决流程,使其逐渐走向标准化。例如投诉应尽快提出,不得迟于被投诉内容发布之日起的 20 个工作日;在申诉阶段,公布裁决结果后的 7 个工作日内,任何一方均可向上诉主席申请准许提出上诉。同时,南非新闻评议会裁决流程也具有一定的灵活性,例如,在收到投诉后,南非新闻评议会在尽可能短的时间内考虑进行调解或裁决,投诉应首先考虑采用非正式方式对双方进行调解;如果在新闻媒体收到投诉通知的 15 个工作日内投诉未得到解决,公共辩护律师会将投诉转交新闻监察办公室审理,除非由于特殊情况需要延长时间。

(二) 南非新闻评议会存在的问题

1. 监管范围有限

南非新闻评议会是自愿加入型组织,基本只能监管成员新闻媒体,而对非成员新闻媒体则难以进行监管。当收到对非成员新闻媒体的投诉时,公共辩护律师或新闻监察办公室可以询问该新闻媒体,确定其是否赞同

《纸媒和网络媒体的道德与行为新闻准则》,并邀请其接受南非新闻评议会的管辖以便进行裁决。该新闻媒体有权拒绝加入,如果新闻媒体拒绝加入南非新闻评议会或拒绝南非新闻评议会的管辖,公共辩护律师或新闻监察办公室会在适当情况下将其转交给替代性的争议解决程序。可见,南非新闻评议会并不能对所有的媒体进行审议与裁决。

2. 裁决力度有限

在裁决力度方面,由于南非新闻评议会的裁决并不属于法律程序,主要解决方法包括调解和举办听证会,对新闻媒体的裁决结果也只是谴责、警告,并要求其更正、撤销和道歉。当新闻监察办公室发现新闻媒体不是第一次被投诉时,应该在裁决中明确指出,如果该媒体再次被投诉,新闻监察办公室可能会建议新闻评议会召开听证会,调查新闻媒体反复出现的错误,并要求新闻媒体提供合理解释、做出不再犯错的承诺。而如果新闻媒体反复违反新闻评议会的裁决,则会被立即驱逐出新闻评议会的监管系统。正是由于南非新闻评议会的裁决力度有限,才会出现反复违反裁决的现象,一旦将新闻媒体逐出新闻评议会的监管系统,该新闻媒体可能会继续危害整个新闻界,这是南非新闻评议会急需思考和解决的问题。

六、南非新闻评议会的发展方向

南非是非洲最发达的国家,其传媒产业规模和现代化水平在非洲居于首位,其国内的纸质媒体和在线媒体均较为成熟,在非洲具有较大影响力。南非新闻评议会是2007年成立的新闻行业自律组织,作为一个非政府组织,其通过自愿加入的形式对成员出版物进行监督管理、约束媒体行业、促进行业自律。南非新闻评议会要求媒体公正准确地报道,保持自身独立性;监督新闻从业人员的行为,使报道尊重公众隐私权及名誉权;同时注重个人信息保护,坚守公共利益至上原则。在南非宪法的指导下,南非新闻评议会制定了《纸媒和网络媒体的道德与行为准则》《南非新闻评议会章程》等一系列规定,设置了清晰的组织架构,建立并维持了自愿的独立调解和仲裁程序,保证投诉程序公平、公正、公开,在处理投诉时体现了公共性原则。

自南非新闻评议会成立以来,其处理投诉的速度逐渐加快,有效规范了成员新闻媒体的出版内容,切实监督新闻从业人员的行为。随着信息时代的到来,2014年,南非新闻评议会开始接受针对用户在网络平台上发布的评论和内容的投诉,《纸媒和网络媒体的道德与行为新闻准则》也明确规定了"用户生产的内容和活动"的伦理道德规范。此外,南非新闻评议会投诉程序正在逐步完善,在独立的共同监管机制的指导下,投诉程序公开、透明、可追溯,越来越规范的同时还保持着灵活性。

然而,南非新闻评议会自身也面临诸多问题,由于其是根据《纸媒和网络媒体的道德与行为准则》和投诉流程进行案件裁决的,缺乏强有力的制裁方式,而且自愿加入南非新闻评议会的新闻媒体数量是有限的,南非新闻评议会无法裁决针对非成员新闻媒体的投诉,因此其监管范围有限、裁决力度不足。现在,南非新闻评议会一方面需要扩大监督范围,吸引更多非成员新闻媒体加入;另一方面要加强监督力度,扩大裁决的影响力。

第四章
爱尔兰新闻自律机构运行机制及其评析

　　新媒体技术为公众参与媒体治理提供了诸多途径,如在新闻内容平台上设置投诉栏,用户可以直接向媒体平台进行投诉,由媒体平台进行裁决。这种公众监督方式具有简单易操作、反馈时间短的优点,被各大媒体平台广泛应用,但媒体平台自我监督也有一些弊端,如缺乏公正性等。所以,一种求助于行业组织的公众监督方式即向新闻自律机构投诉再次受到人们的关注。

　　2021年2月14日,爱尔兰《星期日独立报》(Sunday Independent)发表了一篇专栏评论文章,文章作者针对"教师们在新冠疫情限制的情况下重返课堂教学"这一事件发表了自己的看法。作者在文中引用了英国国家统计局(Office for National Statistics)公布的2020年3月至11月因感染新冠病毒去世的英国教师人数。有一位名叫盖瑞·拉洛(Geri Lalor)的读者认为,该文在引用因感染新冠病毒去世的教师人数时,使用了"仅"这个字,这样的措辞既轻视了个人生命的价值,也忽视了新冠疫情带来的损失。因此,盖瑞认为这违反了《爱尔兰报纸杂志业务准则》中关于"偏见"的规定。此外,盖瑞还指出文中部分内容违反了《爱尔兰报纸杂志业务准则》中关于"真实与准确""尊重人权"的规定。接到拉洛的投诉后,《星期日独立报》没有在第一时间做出回应,因此该投诉被交由爱尔兰新闻自律机构处理。[1]

一、爱尔兰新闻自律机构概述

　　2003年,爱尔兰司法部部长设立了法律专家咨询小组,该小组在报告

---

〔1〕 Press Council of Ireland and Office of the Press Ombudsman. Ms Geri Lalor and the Sunday Independent[EB/OL].(2021-09-03)[2022-03-23]. https://www.presscouncil.ie/office-of-the-press-ombudsman/outcome-of-complaints/decided-by-the-press-ombudsman/9242021-ms-geri-lalor-and-the-sunday-independent.

第四章 爱尔兰新闻自律机构运行机制及其评析

中建议改革《诽谤法》,并建立一个法定的新闻评议会。爱尔兰新闻业界人士对于改革《诽谤法》一事表示支持,但是对于成立法定的新闻评议会一事颇有争议。爱尔兰新闻业界人士经过商讨,决定成立由爱尔兰五家具有较高威望的报刊组织代表组成新闻业指导委员会(The Press Industry Steering Committee),旨在为爱尔兰商定一种独立的新闻投诉机制。经过多次会议讨论,新闻业指导委员会最终与各方达成协议,确定了新闻监察员办公室和新闻评议会两者结合的新闻自律模式。[1]

2007 年,爱尔兰的新闻评议会(Press Council of Ireland)成立;2008 年,新闻监察员办公室(Office of the Press Ombudsman)成立——这两者构成了爱尔兰新闻自律机构。爱尔兰新闻自律机构的宗旨是建立爱尔兰最高的新闻专业和道德标准,捍卫公众获得信息的权利,同时负责为公众提供快速、公正和免费的新闻投诉渠道,并调查、审议和解决有关新闻投诉的事件。爱尔兰多数新闻媒体自愿加入并成为新闻评议会的成员,主动接受新闻自律机构的监管,其中包括几乎所有全国性报纸、大多数地方报纸、大多数杂志以及一些在线新闻媒体等。

爱尔兰的新闻评议会共有 13 位成员,其中包括 1 名主席、1 名副主席和其余 11 名成员。新闻评议会的首任主席由新闻业指导委员会委任,之后的主席和副主席则是从新闻评议会成员中选举产生的。新闻评议会包括主席和副主席在内,共有 7 位社会独立成员,他们是从具有良好社会声誉且与爱尔兰的媒体所有者、出版商和媒体从业者没有利益关系的人中选出的。新闻评议会的其余 6 位成员是从媒体行业中选出的,作为资深行业成员,他们具有丰富的编辑和新闻专业知识,能够反映行业动态和需要。

新闻监察员办公室人员由新闻评议会委任,对新闻评议会负责。新闻监察员办公室应独立履行职责,根据投诉程序受理和裁定投诉。此外,新闻监察员办公室还应提高公众对新闻监察员办公室和新闻评议会的认识,鼓励人们遵守最高的新闻道德标准,并在新闻评议会的主持下编写和出版年度报告。新闻评议会有权听取、受理和裁决针对评议会成员媒体的投诉,并有权受理公众对新闻监察员办公室的裁决所提起的上诉,即如果公

---

〔1〕 Press Council of Ireland and Office of the Press Ombudsman. Press Council History[EB/OL].(2021-09-03)[2022-03-23]. https://www.presscouncil.ie/press-council-of-ireland/about-the-press-council-of-ireland/press-council-history.

众对新闻监察员办公室的处理结果提起上诉,那么新闻评议会将对该上诉进行裁决。[1]

二、公众对于道德准则问题的投诉与上诉程序

爱尔兰新闻自律机构出台了《爱尔兰报纸杂志业务准则》(以下简称《业务准则》),以此作为爱尔兰媒体机构和从业人员的行动指南和决策标准。当成员媒体发布有违这些准则的新闻时,公众有权向爱尔兰新闻自律机构提起投诉。同时,该准则也向公众提供了判断自己投诉能否被受理的依据,因为公众向新闻监察员办公室提请的投诉必须符合《业务标准》规定。

(一)公众进行有效投诉的要求

投诉人在向新闻监察员办公室提起正式投诉前,须通过书面形式向有关刊物的编辑提起初步投诉,并给予编辑两周时间对投诉内容做出回应。如果投诉人未得到该刊物编辑的答复或对其答复不满意,投诉人可以向新闻监察员办公室提起正式投诉。公众进行投诉的方式主要有三种:一是发送电子邮件进行投诉;二是邮寄书面投诉;三是通过填写新闻评议会官网(presscouncil.ie)的在线投诉表进行投诉。在线投诉表需要填写的内容包括投诉人的基本信息、被投诉媒体的名称、违反哪项准则、在线文章截图或文章链接或印刷文章的复印件、投诉人对文章违规情况的详细解释,以及提交投诉前与被投诉媒体编辑沟通的情况等。[2] 投诉被受理需要具备以下几个前提:第一,投诉人要有足够的证据证明成员媒体违反了新闻评议会发布的《业务准则》;第二,投诉人需要表明本人或者授权人受到该媒体所发布内容的影响;第三,投诉内容必须为过去三个月内发布的文章或过去三个月内新闻媒体机构发生的新闻行为,且被投诉对象必须为新闻评议

---

[1] Press Council of Ireland. Constitution Memorandum of Association of the Press Council of Ireland: Office of the Press Ombudsman, the Press council of Ireland[EB/OL]. [2022-03-23]. http://presscouncil.ie/_fileupload/PCI%20Constitution%20-%20Updated%20-%20May%202018.pdf,2018:9-11.

[2] Press Council of Ireland and Office of the Press Ombudsman. Online Complaint Form[EB/OL]. [2022-03-23]. https://www.presscouncil.ie/office-of-the-press-ombudsman/online-complaint-form.

第四章 爱尔兰新闻自律机构运行机制及其评析

会的成员媒体;第四,投诉的内容不能是正在进行法院诉讼程序的内容。[1]

新闻监察员办公室以上述四点作为标准对投诉进行初步评估,如果投诉的内容不满足上述任意一条的要求,则判定该投诉是无效投诉。新闻评议会2020年发布的年度报告显示,无效投诉主要有以下几类:一是未授权的第三方提起的投诉;二是超过受理时间的投诉;三是其他监管机构受理范围内的投诉;四是对非成员媒体提起的投诉;五是对UCG内容提起的投诉。[2]

(二) 投诉解决的中间流程

处理有效投诉时,新闻监察员办公室会优先考虑联系媒体编辑和投诉人进行调解。只有双方都同意时,才能采取调解的形式来解决投诉。调解可以被视作媒体编辑和投诉人之间的会议,由案件负责人担任调解员。所有讨论内容都会严格保密,也不会以任何方式被记录。投诉调解的处理时间为4到6周,调解环节旨在快速、有效地解决投诉。

如果投诉人对调解结果不满意,则该投诉将提交至新闻监察员办公室,由新闻监察员审议并核实所投诉的内容是否违反了《业务准则》。新闻监察员办公室可以自行裁决投诉,裁决结果需要分别通知投诉人和媒体编辑。新闻监察员裁决的结果一般有以下四类:支持该投诉(Upheld),反对该投诉(Not upheld),出版方自行和解处理(Sufficient remedial action offered by publication to resolve the complaint),因证据不充分无法做出决定(Insufficient evidence to make a decision)。

同时,新闻监察员办公室也可以将投诉直接转交给新闻评议会。新闻评议会主席可启动新闻评议会的小组委员会审议该投诉。小组委员会由副主席、1名媒体行业成员及1名社会独立成员组成,两位成员是新闻评议会主席依据投诉案件的具体情况选择的。小组委员会的职能是审议并就

---

[1] Press Council of Ireland. Constitution Memorandum of Association of the Press Council of Ireland: Compliants Procedure [EB/OL]. [2022-03-23]. http://presscouncil.ie/_fileupload/PCI%20Constitution%20-%20Updated%20-%20May%202018.pdf,2018:26-28.

[2] Press Council of Ireland and Office of the Press Ombudsman. Annaul Report 2020[R/OL]. [2022-03-23]. https://www.presscouncil.ie/_fileupload/Press%20Council%20Annual%20Report%202020.pdf.

提起的具体投诉做出裁决,每一次组成的小组委员会在裁决投诉之后都会被解散。[1]

(三)对审理结果的上诉与结果公示

如果投诉人和媒体方对于新闻监察员办公室或小组委员会的处理结果不满意,双方均可向新闻评议会提起上诉。上诉必须在新闻监察员做出裁决的10个工作日内,以书面的形式提交。上诉必须满足以下任一理由:第一,做出决定所遵循的程序不符合审议投诉的程序要求;第二,新闻监察员或小组委员会在适用《业务准则》时出现错误。无论是投诉人还是媒体方,都必须说明合理的上诉理由。如果新闻评议会主席认为上诉符合要求,则重新审理上诉。在审理上诉时,新闻评议会中与上诉有利益冲突的成员不能参与讨论与审议过程。通过集体审议,新闻评议会将根据上诉所提供的理由决定是支持或还是不支持上诉。[2]

新闻监察员办公室和新闻评议会做出的所有决定,都将在新闻评议会与新闻监察员办公室的官网上公布。同时,《业务准则》第11条指出,"当新闻监察员办公室或新闻评议会要求媒体在显著位置刊登相关的投诉决议时,新闻媒体应当执行"。此外,未涉及投诉的媒体可自行决定是否要发布这些决定,需要注意的是,如果发布的话,文章的撰写和发布要符合《业务准则》的要求,媒体的立场要公正。

三、爱尔兰新闻自律机构处理问题的规范及焦点

爱尔兰的新闻评议会与新闻监察员办公室为了保证其在运行过程中有参考的依据,对不同的投诉案件进行有效判断,制定了一整套《业务准则》。《业务准则》主要有11项,包括"真实与准确""区分事实与评论""程序公正和诚信""尊重人权""隐私权""保护信息来源""法院报道""偏见"

---

[1] Press Council of Ireland. Constitution Memorandum of Association of the Press Council of Ireland:
Compliants Procedure[EB/OL].[2022-03-23]. http://presscouncil.ie/_fileupload/PCI%20Constitution%20-%20Updated%20-%20May%202018.pdf,2018:26-28.

[2] Press Council of Ireland and Office of the Press Ombudsman. Appeals Procedure[EB/OL].[2022-03-23]. https://www.presscouncil.ie/office-of-the-press-ombudsman/making-a-complaint/appeals-procedure.

"儿童""关于自杀的报道"和"新闻监察员/新闻评议会的决定公告"等。[1][2]

2016—2020年,爱尔兰的新闻评议会和新闻监察员办公室收到的投诉案例中(见表4-1),投诉人主要关注的问题是媒体发布的内容有违真实性与准确性、侵犯隐私。这类投诉所占比例较高,是投诉处理中的焦点问题。[3]

表4-1 近五年投诉人引用准则的比例情况(%)

业务准则	年份				
	2016年	2017年	2018年	2019年	2020年
真实与准确(Truth and Accuracy)	51.2	39.0	20.2	33.9	34.2
区分事实与评论(Distinguishing Fact and Comment)	7.8	5.0	3.3	11.9	9.5
公正程序和诚信(Fair Procedures and Honesty)	5.4	5.5	3.1	5.9	6.1
尊重人权(Respect for Rights)	3.0	4.1	3.3	4.4	8.3
隐私权(Privacy)	16.3	17.9	13.1	18.8	10.3
保护信息来源(Protection of Sources)	0	0	0	0	0.7
法院报道(Court Reporting)	3.6	8.7	3.3	6.5	4.7
偏见(Prejudice)	4.2	14.7	47.9	6.8	10.5
儿童(Children)	8.5	4.6	5.8	7.5	15.2
关于自杀的报道(Reporting of Suicide)[4]14	—	—	—	4.3	0.5
新闻监察员/新闻评议会的决定公告(Publication of the Decision of the Press Ombudsman/Press Council)	0	0.5%	0	0	0

---

[1] 牛静,杜俊伟. 全球主要国家媒体伦理规范[M]. 武汉:华中科技大学出版社,2017:36-39.
[2] Press Council of Ireland and Office of the Press Ombudsman. Appeals Procedure[EB/OL]. [2022-03-23]. https://www.presscouncil.ie/press-council-of-ireland/code-of-practice.
[3] Press Council of Ireland and Office of the Press Ombudsman. Appeals Procedure. Annual Report 2016,Annual Report 2017,Annual Report 2018,Annual Report 2019,Annual Report 2020[EB/OL]. [2022-03-23]. https://www.presscouncil.ie/office-of-the-press-ombudsman/publications-and-press-releases/annual-reports.
[4] 在2019年之前,与自杀报道有关的内容归属《业务准则》准则5的一个小节,因此2016至2018年没有引用"关于自杀的报道"这一准则的数据。自2019年以后,"关于自杀的报道"成为一个独立的准则。

（一）针对违反真实性与准确性内容的投诉

"真实与准确"这一准则作为新闻媒体行为的道德底线,被置于《业务准则》的首要位置。该准则的主要内容有:"报道新闻和信息时,纸媒和网络新闻媒体应当始终力求真实和准确。发布了明显的不准确信息、误导性的陈述或者歪曲的报道或图片时,新闻媒体应及时在报刊的显著位置更正。"[1]2016—2020年新闻评议会发布的年度报告中,根据投诉人引用《业务准则》的情况可知,"真实与准确"在所有准则中的引用率最高。2016年投诉人引用"真实与准确"准则的次数占该年总数的51.2%,2017年这一比例为39.0%,2018年这一比例为20.2%,2019年这一比例为33.9%,2020年这一比例为34.2%。

有一类报道引发的关于"真实性"的投诉较多,即涉及专业性问题的报道。当投诉人对专业性的问题产生怀疑时,媒体和投诉人都倾向于让新闻监察员办公室"主持公道",希望获得更加准确且不具有误导性的回答。如果投诉人能够提供说服力强的调查分析报告,或者投诉的问题属于常识范畴,那么新闻监察员办公室可以就投诉方提供的有效证据做出决定。例如,2019年,《爱尔兰时报》(*The Irish Times*)发表了一篇题为"研究发现东南部地区的工资水平接近全国平均水平的一半"(Wages in southeast nearly half national average, study finds)的文章,这篇文章引用了沃特福德理工学院(Waterford Institute of Technology)研究人员撰写的一篇报告中的数据,该报告显示该地区的失业率是全国平均失业率的两倍多。爱尔兰东南部发展办公室(Ireland South East Development Office)对该文章中所公布的东南部失业率提出质疑,并向《爱尔兰时报》反映了意见。《爱尔兰时报》承认这篇文章使用的失业率数字有误,并对在线版的文章进行了修改,但没有对报纸上的文章进行更正。在线版文章修改后的内容为"2019年第一季度,东南部地区的失业率为6.7%,高出了4.8%的全国平均水平"。此外,《爱尔兰时报》在报纸上发表了爱尔兰东南部发展办公室的来信,并认为这在一定程度上消除了人们对报纸中错误信息的顾虑。但是,新闻监察

---

[1] 牛静,杜俊伟.全球主要国家媒体伦理规范[M].武汉:华中科技大学出版社,2017:36-39.

员办公室裁定,《爱尔兰时报》没有在报纸上及时更正文章内容,这违反了《业务准则》中"真实与准确"准则。[1]

(二) 针对侵犯隐私权的内容的投诉

近几年的投诉中,媒体侵犯公众隐私权的情况相对较多。"隐私权"是《业务准则》中规定得最为详细的一节,其主要内容为:"隐私权作为一项人权,受到《爱尔兰宪法》(*Irish Constitution*)和《欧洲人权公约*》(European Convention on Human Rights*)的保护,并被纳入爱尔兰法律。每个人的私人事务和家庭生活、住宅和通信必须得到尊重。""从处于悲伤或震惊情况下的个人那里获得信息时,新闻工作者必须保持同情与谨慎。在发布这些信息时,新闻工作者应考虑到处于悲痛情绪中的家庭的感情。但这不应该视为限制司法程序报道权的理由。""未经许可而使用个人在私人场合拍下的照片是不能被接受的,除非是基于公共利益这个理由。"[2]

互联网惊人的发展对传统的隐私和数据保护观念提出了挑战。媒体未经允许发布他人信息,是明显侵犯他人隐私的行为。现在人们关注较多的是,媒体机构使用他人在社交媒体上发布的信息是否属于侵犯隐私的行为。新闻媒体往往将当事人在社交媒体上发布的帖子视作公开可用的,然而,新闻媒体可以访问社交媒体中的帖子并不代表着新闻媒体有权利发布这些社交媒体中的图片或信息,新闻媒体不应该在未经当事人同意的情况下,擅自发布与当事人相关的信息,或以新闻报道的形式公开当事人的隐私。2019年,爱尔兰的在线新闻媒体Evoke.ie报道了社交媒体Instagram上某账号发布的内容,该账号用户是一位母亲,她在自己的Instagram上记录了她女儿为克服健康问题所做出的努力,并在帖子中附上了她女儿的照片。Evoke.ie未经这位母亲同意,在一篇文章中刊载了这家人的经历和照片。该母亲向媒体编辑反映了问题,编辑引用了Instagram的服务条款,来证明该文章的内容来源于公共领域所发布的图像和信息,称该媒体的行为是

---

[1] Press Council of Ireland and Office of the Press Ombudsman. Ireland S. E. Development Office and The Irish Times[EB/OL].(2019-10-17)[2022-03-23]. https://www.presscouncil.ie/office-of-the-press-ombudsman/outcome-of-complaints/decided-by-the-press-ombudsman/2062019-ireland-s-e-development-office-and-the-irish-times.

[2] 牛静,杜俊伟.全球主要国家媒体伦理规范[M].武汉:华中科技大学出版社,2017:36-39.

合理的。调解失败后,这位母亲向新闻监察员办公室提起投诉,认为该媒体未经过她本人同意,擅自公开她的个人隐私。新闻监察员办公室裁定该媒体侵犯了这位母亲及其家人的隐私,同时也违反了《业务准则》中有关"公正程序和诚信"以及"儿童"的准则。虽然这位母亲几年前曾参与公共活动并且接受过报纸采访,符合公众人物的身份,但是,《业务准则》的"隐私权"准则指出:"公众人物享有隐私权。然而,当人们担任公职、处理公共事务、从事公益事业,或者他们寻求或获得公众对其活动的关注时,公开他们的私人生活和环境的相关细节是合理的,因为这些被披露的信息与他们的个人行为的正确性、公开声明的可信度、公开意见的价值以及其他符合公共利益的事宜相关。"在此案件中,并不存在以上情况。最后,新闻监察员办公室裁定,该媒体公布投诉人家人照片和报道她家人情况并不符合公共利益,并且媒体未经当事人同意而刊登儿童的信息,因此该媒体的辩解不足以证明其行为的正当性。[1]

四、爱尔兰新闻自律机构的特点评析

爱尔兰的新闻评议会和新闻监察员办公室得到了 2009 年爱尔兰《诽谤法》的法定承认,并被授予处理新闻争端的权力。因此,新闻评议会和新闻监察员办公室在法律和评议会章程的规定范围内可以独立处理新闻投诉案件,是具有较高权威性的新闻自律机构。此外,爱尔兰新闻评议会和新闻监察员办公室强调坚持独立、公正的立场,坚信独立的新闻监管是一种最客观、可信和透明的监管形式。在结构设置上,两者在实际运作中独立于媒体,成员媒体自愿加入并接受新闻评议会的监管,这种监管不具有强制性;在人员设置上,新闻评议会由社会独立成员和媒体行业成员构成,且社会独立成员占多数。同时,新闻监察员由新闻评议会委任,只对新闻评议会负责,不依赖于新闻业界。在处理投诉时,爱尔兰新闻自律机构显示出以下特点。

---

[1] Press Council of Ireland and Office of the Press Ombudsman. A Mother and Evoke.ie[EB/OL].(2019-04-03)[2022-03-23]. https://www.presscouncil.ie/office-of-the-press-ombudsman/outcome-of-complaints/decided-by-the-press-ombudsman/1282019-a-mother-and-evokeie.

(一) 非对抗的协商理念

爱尔兰的新闻评议会和新闻监察员办公室在处理公众对任何成员媒体的投诉时,力求最大限度地避免司法程序所带来的烦琐性和对抗性,强调各方的合作精神,即通过沟通商定最终的解决办法。新闻评议会自成立以来,始终声称为公众提供解决新闻伦理纠纷问题的快速、公正和免费的服务。在提供这类服务时,新闻监察员并非法官,新闻监察员办公室也并非法庭,新闻监察员办公室和新闻评议会进行的是道德上的裁决,涉及违法性案件的投诉是不予受理的。因此,新闻监察员办公室无权强迫当事人披露相关文件或要求证人出庭,不具备执行法定程序和处以罚款的权力,也不具有取消新闻工作者职权的权力。新闻监察员的身份更像是调解矛盾的协调者,目的是让投诉人和出版方有机会就有违伦理规范的问题达成共识。

向新闻监察员办公室提起投诉并寻求最佳的解决方案,对投诉人和新闻媒体来说都是有益的。虽然投诉裁决和最终决定不具备法律效力,但是这能为受害者提供一条不像法庭诉讼那样令人望而却步、缓慢而昂贵的维权道路,并且问题能够较快地得到解决。2009 年爱尔兰《诽谤法》中的一项关键条文是,促进和鼓励媒体酌情为错误道歉,而无须承担高昂的法律代价。该条文无疑强调了新闻自律机构的重要作用,即在适当的情况下,通过投诉人和媒体方的商定,找到令人满意的解决方法,这也体现了爱尔兰新闻自律机构的非对抗的协商理念。

(二) 受理投诉的范围相对广泛

新闻监察员办公室受理投诉的前提要求里尤为重要的一点是,投诉人需要表明本人或者授权人受到所投诉出版物的影响。与瑞典和丹麦相比,爱尔兰的"个人影响"适用范围不那么狭隘,投诉范围更广泛,拥有更高的自由解释度。[1] 这主要体现在以下两点。其一,新闻监察员受理的投诉案件,除了投诉人是直接受到媒体报道影响的本人或授权人外,还可以是间接受到影响的人,即虽然文章中虽未提及投诉人,但是他们能够证明自己

---

[1] Lara Fielden. Regulating the Press: A Comparative Study of International Press Councils[R/OL]. [2022-03-23]. The Reuters Institute for the Study of Journalism, https://reutersinstitute.politics.ox.ac.uk/sites/default/files/2017-11/Regulating%20the%20Press.pdf, 2012:58-59.

受到了影响,这种情况也可以提起投诉。前新闻监察员约翰·霍根(John Horgan)曾举例,在一起对爱尔兰某个地区出现犯罪问题的报道所提起的投诉中,投诉人质疑该报道所公布数据的准确性,并表明他来自文中所提及的地区,因此他受到了该报道的负面影响。像这样的投诉是合理的,可以被接受,因为投诉人确实受到了这篇文章的影响。其二,新闻监察员办公室还受理来自慈善机构、支持新闻评议会的团体等组织提起的投诉。例如,爱尔兰国家预防自杀办公室(National Office for Suicide Prevention)希望尽可能与爱尔兰诸多媒体沟通,以避免关于自杀报道产生的不良影响。在与媒体编辑协商无果的情况下,爱尔兰国家预防自杀办公室也可以向新闻监察员办公室提起投诉。

五、对爱尔兰新闻自律组织的评价

从爱尔兰新闻自律组织的运行方式来看,新闻自律机构应该加强宣传力度,为公众提供更加便捷、快速、有效的新闻投诉渠道,对于已经得到支持的投诉,被投诉的媒体需要以合适的方式将道歉、澄清或相关的投诉决议刊登在显著位置,引起公众对于该事件的关注,增强公众对新闻自律机构的了解。同时,在处理投诉时,新闻监察员办公室需要重视公共利益,在具体的情况下界定公共利益,做到在符合公共利益的前提下保障人们的知情权,尤其是涉及个人隐私、程序公正、尊重人权等诸多方面时,需要将此作为重要的评判标准。新闻自律机构需要制定一套完整的、与时俱进的新闻伦理规范,以此作为评判新闻媒体是否违反准则、超越界限的标准,也应作为新闻媒体行业共同遵循的实践指南和行为准则。

作为爱尔兰新闻自律机构的新闻评议会和新闻监察员办公室,现在也面临诸多困难,如媒体成员收入缩减带来的危机、公众对于投诉规则的认知度不高等。爱尔兰新闻自律机构要着力去解决这些问题,从而继续鼓励并监督新闻媒体承担自身责任,维持最高的新闻标准和道德规范。新闻评议会和新闻监察员办公室两者相互补充,为公众提供快速、公正和免费的新闻投诉渠道。同时,新闻评议会始终坚持与媒体、公众、国家官员保持沟通,为社交媒体时代的伦理问题、会员资格产生的诸多难题建言献策,这在一定程度上能促使爱尔兰的媒体生态良性发展。

第五章
英国独立新闻标准组织运行机制及评析

一、英国独立新闻标准组织概述

2016年3月,英国独立新闻标准组织(The Independent Press Standards Organization,IPSO)接到白金汉宫投诉《太阳报》(The Sun)的信函,这是白金汉宫历史上首次代表皇室投诉新闻媒体机构。[1]

这一投诉针对的是2016年3月9日《太阳报》发表的题为"女王支持英国脱欧"(Queen Backs Brexit)的文章。这篇文章刊登在报纸的头版,引题是"独家新闻:对欧洲公投的爆炸性言论"("Exclusive:bombshell claim over Europe vote"),副标题是"她说,欧盟正在向错误的方向前进"("EU going in wrong direction, she says"),与标题搭配的是女王身着礼服的官方照片。文章称,英国女王在2011年与时任英国副首相尼克·克莱格(Nick Clegg)共进午餐时,与支持英国留在欧盟的克莱格进行争论。女王当时向克莱格表示,欧盟"正在向错误的方向前进"。文章还提到,两位未透露姓名的消息人士声称,女王在两次私人活动中对欧盟发表了批评意见,分别是2011年在温莎城堡为枢密院顾问(Privy Counsellors)举行的午餐会,以及据说"几年前"在白金汉宫为议员举行的招待会。这篇文章的内容还以基本相似的形式发表在网上,标题为"揭秘:女王支持英国脱欧,因为据称她与前副首相在欧盟问题上发生了争执"(Revealed:Queen backs Brexit as alleged EU bust-up with ex-Deputy PM emerges)。

投诉人称,文章的标题暗示女王是即将举行的公投中脱欧运动的支持者,希望看到英国脱离欧盟。该标题具有误导性、歪曲性,并且没有相关文

---

[1] 余广珠.从IPSO看英国新闻业的自律与他律[J].传媒评论,2017(10):77-78.

本的支持。投诉人指出,2016年1月1日,英国独立新闻标准组织通过了对《编辑业务准则》第1条的修订,其中特别提到"不得刊登与正文内容不相符的标题",新闻界不要发布不准确、误导性或扭曲信息的报道。投诉人称,这要求文章的正文既要清楚地确定标题的事实基础,要提供明确的证据证明其准确性。在决定举行欧盟成员资格公投很久之前的一次午餐会上发表的相关评论,不能作为女王对公投观点的证据。因此,该报道违反了《编辑业务准则》的第1条。

该报辩称,报道有关女王观点的猜测是合法的。这篇文章解释说,女王的真实观点是一个"秘密",这一猜测得到了议员雅各布·里斯·莫格(Jacob Rees Mogg)的支持,他说,"如果这是真的,而且女王陛下是脱欧派,他会很高兴"。该报认为,这是一个真正符合公众利益的报道,只要读者不被误导,《编辑业务准则》不应对编辑如何报道强加不切实际的期望。对《编辑业务准则》第1条的修订并不是要阻止报纸发表社论或夸张的标题。

英国独立新闻标准组织认为,这篇文章的标题远远超出了对女王可能的想法的猜测,更像是一个事实断言,即女王在公投辩论中表达了立场,而从报纸头版的标题和呈现方式上来看,没有任何迹象表明这是猜测、夸张或在表达言外之意。

英国独立新闻标准组织的裁决结果是,《太阳报》的标题存在失实问题,应按要求公开英国独立新闻标准组织的裁决。它要求在《太阳报》第二页发布题为"IPSO反对《太阳报》关于女王的头条报道"(IPSO rules against Sun's Queen headline)的内容。该标题还必须刊登在报纸的头版上,引导读者阅读第二页的裁决,并应与头版上的副标题处于同一位置,保证同样篇幅,并划定一个边界将其与该页上的其他内容区分开来。裁决结果也应在网上公布,并在报纸的网站主页上公布裁决结果的链接(包括标题)。如果该报纸打算继续在不经修改的情况下发布这篇文章,裁决的全文也应在该页面的标题下发布。如有修改,应在文章中公布裁决的链接,解释它是英国独立新闻标准组织裁决后修改的内容。

英国独立新闻标准组织的产生离不开英国源远流长的新闻自律历史。1953年,为了使报业保持较高的道德水准,报业评议会(Press Council)成立,这标志着英国新闻媒体进入行业自律时代。[1]尽管报业评议会发行了关于"藐视法庭"(1967年)、"隐私"(1971年)、"诽谤"(1973年)等内容的小册子,公众仍视其为骗局,理由是其过分重视新闻媒体的重要性而非公共利益、新闻操作规则混乱并且不受重视等。[2] 20世纪80年代,一小部分新闻媒体拒绝遵守新闻业最基本的伦理准则,这使国会中大多数议员认为报业评议会并不能有效地运作,要求出台隐私法,赋予报业评议会强制报纸答复的权利等,同时他们认为对新闻媒体实行实际的、强制性的法律处罚会是一种有效的办法。

1991年,在国会要求建立法律机构以强化报业评议会强制报纸的答复的权利和隐私保护的情况下,英国报业迅速反应,联合成立了非法律性质的自律组织——报刊投诉委员会(The Press Complaints Commission,PCC)。不可否认,报刊投诉委员会取得了一定的成就。一方面,它建立了"快速、免费、公正"的投诉服务体系,不仅获取了公众的信任,而且对新闻工作者起着教育和威慑作用。另一方面,它通过调节手段处理了大量棘手案件,如《世界新闻报》(*News of the World*)侵犯黛安娜王妃的隐私权案件等。然而,2007年,英国王子秘书的手机遭到窃听,轰动世界的"《世界新闻报》窃听"丑闻爆发。直到2011年《世界新闻报》关停,报刊投诉委员会也没有充分行使对公众关心的重大事件进行调查的权力,这引起了社会公众对报刊投诉委员会的批评。从效率性来说,报刊投诉委员会作为一个调解者而非监管者,它应该具有高效的投诉体系和争议调节机制,然而其在处理社会重大关切问题时未能及时到位;从独立性来说,报刊投诉委员会无论在资金来源还是执行标准方面,都要完全听命于商业力量,而无实质的独立性可言;从权威性来说,报刊投诉委员会是一个非法律性质的调节者,它缺乏监管者所必要的权威和确立权威的必要手段。[3]

2011年,时任英国首相戴维·卡梅伦(David Cameron)在处理了"《世界新闻报》窃听"丑闻之后,呼吁关停报刊投诉委员会。卡梅伦认为,报刊

---

[1] 李丹林."公共利益""新闻自由"与"IPSO"——英国报刊业监管改革核心问题述评[J].现代传播(中国传媒大学学报),2015,37(08):31-37.
[2] 徐健.英国报业自律机制研究[D].中央民族大学,2007.
[3] 周正兵.走在十字路口的新闻监管:英国新闻自我监管模式比较分析[J].中国出版,2016(03):45-49.

投诉委员会在窃听丑闻中就像是不存在的,完全没有发挥作用,在新闻自律中更是无效、缺乏严密性的。因此他主张完全采用新的制度,即建立新的自律组织,不同于由报纸编辑部门经营的报刊投诉委员会,新的新闻监管机构要做到真正的独立。[1] 面对来自社会的广泛的批评和质疑,2014年9月8日,报刊投诉委员会正式关闭,结束了其20余年的运营历程。

在这样的背景下,2014年,英国独立新闻标准组织成立,这是目前英国对报业和杂志行业进行自律治理的最大机构。英国独立新闻标准组织的主要工作是监督报纸和杂志发表的内容以及记者的行为,处理公众对于新闻行业的投诉。简单来说,英国独立新闻标准组织的工作旨在促进和维护英国最高的新闻专业水准,并且在公众认为新闻工作者违反了职业道德时为他们提供支持。

相对于报刊投诉委员会,英国独立新闻标准组织有很多变化和革新,其中包括签订商业合同,即所有媒体会员都需要遵守5年商业合同期限,在合同期限之内,不论会员对英国独立新闻标准组织的工作持怎样的态度,都需要按合同上的规定对其提供经济支持,以此确保会员不能通过限制资金的提供来对英国独立新闻标准组织施加影响。除此之外,英国独立新闻标准组织可以对其成员进行调查,而成员需要服从指导和调查。不同于报刊投诉委员会直接由它所监管的新闻媒体进行经济资助,为了确保得到可靠的财务支持,英国独立新闻标准组织的资金来源于监管资助公司,其主要负责向新闻媒体征收费用,以资助英国独立新闻标准组织。监管资助公司的成员大多数为行业外人员,以此保证英国独立新闻标准组织的完全独立性,这被视为业界的有效自律向前迈进一步的信号。报刊投诉委员会由于与新闻界有着紧密的关系,对于报刊界有着过于友好的态度,但英国独立新闻标准组织则更加独立和严厉,执行裁决的手段更加强硬。[2]

本章以英国独立新闻标准组织为研究对象,具体研究了英国独立新闻标准组织的内部组成、裁决案例的处理流程、工作流程的特点、案例中反映的伦理问题和英国独立新闻标准组织的不足。通过对这些内容的研究,分析英国独立新闻标准组织运作的特点与问题。

---

[1] BBC News. Phone hacking:Cameron and Miliband demand new watchdog[EB/OL].[2018-05-09]. http://www.bbc.com/news/uk-politics-14073718.

[2] 余广珠. 从 IPSO 看英国新闻业的自律与他律[J]. 传媒评论,2017(10):77-78.

二、英国独立新闻标准组织的结构和工作流程

(一) 成立目标与宗旨

英国独立新闻标准组织是英国报刊业和杂志业的独立监管机构,正式成立于 2014 年。它是在政治压力和社会压力下,英国新闻界捍卫自律权的自我救赎。该组织旨在监督报纸和杂志发表的内容以及记者的行为,处理对新闻界行为的投诉,以保护公众的权利、维持英国新闻的专业水准、维护新闻业的言论自由。

(二) 内部结构和会员构成

首先,英国独立新闻标准组织建立了一个独立的组织——编辑业务委员会(Editors' Code of Practice Committee),并颁布了《编辑行为准则》,其中包括有关准确性、隐私、骚扰等 16 个方面的行为准则。该准则是英国独立新闻标准组织裁决纠纷的依据和媒体行业从业者的行为准绳,它维护了公众的知情权,是新闻自律制度的重要组成部分。编辑业务委员会的成员不仅包括英国独立新闻标准组织的主席和首席执行官,同时也有非正式会员以及全国性或地方性报纸和杂志行业的编辑。编辑业务委员会制定规约,英国独立新闻标准组织依据其规约进行裁决,这类似于将立法机构与司法机构分开,有助于相互制衡,进一步减少了英国独立新闻标准组织对规约修订的影响,从而保证了自律制度的公正运行。

英国独立新闻标准组织的整个组织体系包括理事会、投诉委员会、员工部、独立审核人、任命委员会、咨询委员会六大组成部分。

理事会是权力中心,主要负责英国独立新闻标准组织的监督和战略方向的把握。理事会监督英国独立新闻标准组织的运转情况,并提供建议、支持,或针对其工作提出质疑。他们负责委任投诉委员会,但不就投诉做出决定。理事会有 12 名成员,其中包括英国独立新闻标准组织的主席。理事会成员中大多数人与报纸和杂志行业没有联系,其他人就任期间有丰富的经验,可以为新闻标准领域的问题提供专业知识。[1]

---

[1] Independent Press Standards Organization. What do we do[EB/OL]. (2021-06-17)[2021-10-01]. https://www.ipso.co.uk/what-we-do/people/board/.

投诉委员会和员工部是理事会管辖下的具体执行部门。投诉委员会主要负责对可能违反《编辑行为准则》的投诉进行判断,并决定是否进行裁决。投诉委员会共有12名成员,包括理事会主席、5名非现职的编辑和6名公众人物。员工部有20名成员,细分为投诉团队、行政团队、新闻标准团队和对外事务团队,分别处理投诉和仲裁、提供行政支持、监督新闻标准、开展沟通工作。

独立审核人对投诉的处理进行审查,以确保该过程公平透明。任命委员会是辅助理事会实现其职能的附属委员会,主要负责任命英国独立新闻标准组织的主席和理事会以及编辑业务委员会的独立成员。咨询委员会由读者咨询小组和记者咨询小组组成,其中读者咨询小组负责从公众的角度提供对新闻监管的看法,而记者咨询小组则讨论当前新闻行业面临的问题,分享经验并为英国独立新闻标准组织提供相关指导。

除了内部结构,组成会员也是英国独立新闻标准组织的重要组成部分。英国独立新闻标准组织2019年的年度报告显示,其成员包含全国、地方和专业出版商中的1500家报纸、杂志和1100个网络媒体。它们赞同英国独立新闻标准组织的《编辑行为准则》,并为英国独立新闻标准组织的资金来源——监管资助公司提供资金,服从于英国独立新闻标准组织针对它们的投诉进行的调查和指导,并公布英国独立新闻标准组织的裁决结果。

(三)英国独立新闻标准组织工作流程[1]

英国独立新闻标准组织的投诉处理流程主要分为五步,分别是初步评估、推介、调查、裁决、审查。初步评估主要由英国独立新闻标准组织的工作人员判断接到的投诉是否是他们可以处理的问题以及媒体是否违反了《编辑行为准则》。如果投诉中提及的问题违背了《编辑行为准则》,并且投诉人并未联系媒体,则进行推介。推介主要由投诉委员会的工作人员在投诉人和被投诉媒体之间协调,以求更快速、便捷地解决纠纷。如果协调失败,则投诉委员会的工作人员对投诉进行调查,获取更多信息,投诉委员会之后将根据获取的信息进行裁决。如果投诉人认为投诉委员会的调查流程存在缺陷,可要求投诉委员会对裁决进行审查。

---

[1] Independent Press Standards Organization. Our complaints process[EB/OL]. (2018-02-01)[2019-08-21]. https://www.ipso.co.uk/complain/our-complaints-process/#HowDoesItWork.

1. 初步评估

投诉案件经过初始评估之后,会产生两种结果,即不进行处理和进入推介。

英国独立新闻标准组织的投诉委员会接到投诉后,会根据《编辑行为准则》对投诉内容进行评估,评估内容包括投诉案件是否在英国独立新闻标准组织的职权范围内,以及投诉人所投诉的媒体是否违反了《编辑行为准则》。如果投诉内容不在英国独立新闻标准组织的职权范围内或者投诉委员会认为媒体的行为并未违反《编辑行为准则》,英国独立新闻标准组织将不对投诉进行处理,并写信告知投诉人其做出不进行处理的原因。如果投诉人愿意,英国独立新闻标准组织也可以将投诉人的信转交相关媒体的主编,请他们今后注意这方面的问题。这类投诉,往往一两天内就可以处理完。当然,投诉人也可以要求英国独立新闻标准组织对做出的决定进行审核。如果被投诉的媒体违反了《编辑行为准则》,并且投诉人与媒体还未进行联系,投诉将进入推介阶段。

2. 推介

投诉案件经过推介后,会产生两种结果,一种是投诉人与被投诉媒体自行协商解决纠纷,另一种是投诉人与被投诉媒体无法解决纠纷,要求英国独立新闻标准组织介入调查。

进入推介阶段,投诉委员会会把投诉人的联系方式以及投诉内容发送给被投诉的媒体,并且要求被投诉的媒体与投诉人联系,从而通过协商解决此问题。双方通过协商解决纠纷的前提是被投诉的媒体向投诉人提供了令其满意的解决方案,如公开道歉,提供有关未来新闻报道或行为的规范保证,发布、更正、澄清、删除或修改网络内容等。该过程通常在28天内完成,但是如果被投诉的媒体无法提供令投诉人满意的解决方案,或者编辑认为其新闻报道或行为并未违反《编辑行为准则》,那么双方就无法通过协商解决纠纷,英国独立新闻标准组织将接管该投诉。当然,媒体或者投诉人也可以要求英国独立新闻标准组织直接介入、提前调查。

3. 调查

投诉案件经过调查后,会产生两种结果:一种是双方在投诉委员会工作人员的帮助下,通过协商解决纠纷;另一种是由投诉委员会进行裁决。

在调查阶段,投诉委员会的工作人员会向投诉人和被投诉的媒体提出具体的问题,以获取更多的信息,从而对投诉做出公正的裁决。通常情况下,投诉人和被投诉的媒体有 7 天的时间来回答投诉委员会提出的问题。在这一阶段,如果投诉人或者被投诉的媒体其中一方仍有意愿通过协商解决纠纷,投诉委员会的工作人员仍会尽量帮助双方调解纠纷。

4. 仲裁

在仲裁阶段,投诉委员会将根据调查所获得的信息,对投诉案件进行裁决。为了确保流程的公平,投诉委员会仅会使用投诉人和被投诉媒体提供的信息。无论判定结果如何,投诉委员会均会在官网发布投诉案件的裁决结果。如果投诉委员会判定被投诉的媒体未违反《编辑行为准则》,会在发布的裁决结果中解释做出该决定的原因;如果投诉委员会判定被投诉的媒体违反了《编辑行为准则》,会要求被投诉的媒体公布裁决结果。

5. 审查

如果投诉人认为投诉委员会在调查投诉案件时所遵循的流程存在缺陷,投诉人可在 14 天内要求独立审核人对该投诉案件进行审核。若独立审核人调查后发现流程确实存在缺陷,投诉委员会将对该投诉案件进行再调查并裁决。

英国独立新闻标准组织投诉处理流程如图 5-1 所示。

三、英国独立新闻标准组织实际裁决案例分析

由于公众对于英国独立新闻标准组织工作有了更多的了解与认可,2015—2020 年,英国独立新闻标准组织每年接收的投诉数量呈现总体上升的趋势,从 12278 件上升至 30126 件。在这些投诉中主要涉及的伦理问题包括准确性、隐私、骚扰、对个人不幸或震惊的报道、歧视、对儿童的报道、对罪犯的报道、采用隐蔽设备和手段等。

(一)涉及新闻报道准确性的投诉数量较多

一般情况下,公众对于某一出版物内容的投诉会同时涉及《编辑行为准则》中的多项准则。其中,"准确性"这一准则在实际案件的裁决过程中被使用得最多,被公众投诉违反此条款的内容也最多。新闻报道的准确性和真实性直接影响着新闻媒体的权威性与公信力,但由于部分新闻工作者

第五章 英国独立新闻标准组织运行机制及评析

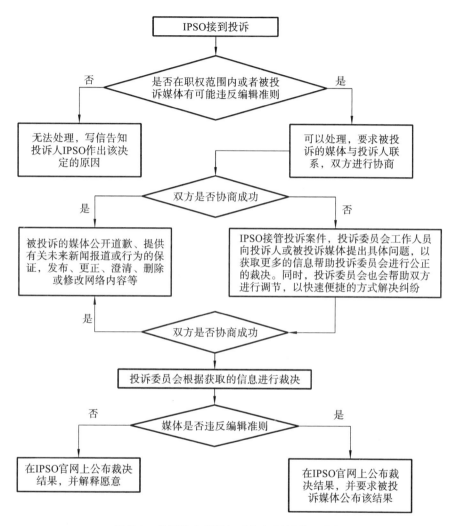

图 5-1 英国独立新闻标准组织投诉处理流程

过分追求新闻的时效性、缺乏专业素养等,新闻报道不真实、不准确的情况时有发生。以下是一则案例。

2017 年 5 月 24 日,出版物《每日星报》(*Daily Star*)发表文章《屠杀无辜者》(Slaughter of the innocents)。戈尔曼·波林(Pauline Gorman)向英国独立新闻标准组织投诉,认为这篇文章违背了《编辑行为准则》的第 1 条("准确性")、第 2 条("隐私")、第 4 条("对个人不幸与令人震惊事件的报道")和第 6 条("儿童")。

2017 年 5 月 24 日,《每日星报》在头版刊登了在 2017 年 5 月 22 日曼彻斯特体育馆的流行音乐会上发生恐怖袭击后死亡或失踪的个人照片。其中一张照片是投诉人戈尔曼·波林的女儿,照片还配以文字说明:"失踪:露西·克罗斯"(MISSING:Lucy Cross)。照片和文字说明发表在报纸第 4 页的一篇报道此次恐怖袭击事件的文章中。投诉人称,她 13 岁的女儿没有失踪,在袭击发生时她一直在家,而且她的名字不叫露西·克罗斯。投诉人认为该报将她女儿的照片与失踪和死亡的人的照片一起公布,这是一种精神伤害,也侵犯了她女儿的隐私权。

在接到投诉通知后,该报承认被投诉的文章是由一家与其合作的自由撰稿机构提供的,该机构在 Twitter 中得知了投诉人女儿"露西·克罗斯"在恐怖袭击中失踪的消息,并获取了她的照片,写下了这篇文章。2017 年 5 月 25 日,该报在头版刊登了一篇道歉的文章,向公众说明了文章中的错误信息,并向投诉人及其家属致歉。

英国独立新闻标准组织认为该报在接收自由撰稿机构提供的文章后,并没有采取进一步的措施来确认文章内容的准确性,如尝试联系 Twitter 账号的用户或当事人的家人,这表明该出版物违背了"准确性"准则中的第 1 条:新闻媒体不能出版不准确的、误导性的或者歪曲的信息或图像,也不得刊登与正文内容不相符的标题。但同时,英国独立新闻标准组织认为该报在第二天的报纸上刊登了道歉声明,更正了错误信息,同时向投诉人道歉,这符合《编辑行为准则》"准确性"准则中的第 2 条:必须及时纠正所传播的不明确的、误导性的陈述或者歪曲的信息,并需要在合适的位置发表致歉声明。

另外,英国独立新闻标准组织还认为该报在未获得同意的情况下,在报纸上发布这些材料以及那些在袭击中失踪或死亡的人的照片,侵犯了投诉人女儿的隐私权,影响了她在学校的正常生活。这表明该报违背了关于"隐私"的报道准则和关于"儿童"的报道准则。但英国独立新闻标准组织不认为该报违背了"对个人不幸与令人震惊事件的报道"准则,因为投诉人的女儿并没有失踪,被投诉文章并不涉及投诉人或其女儿的个人悲痛或震惊这一问题。

最终,英国独立新闻标准组织判定《每日星报》违反了《编辑行为准则》

的第 1 条("准确性")、第 2 条("隐私")和第 6 条("儿童"),并要求其公布裁决结果作为违反准则的补偿措施。[1]

在此案中,由于该篇新闻报道的作者以及接收这一报道的报社编辑没有对消息来源进行核实,导致新闻报道的失实,也进一步导致该报社违背了《编辑行为准则》的第 2 条和第 6 条。假设该报社报道的内容是真实的,那么媒体对恐怖袭击事件的报道有助于提升公众对此类事件的认识,这是符合公众利益的,该媒体的报道就不会违背第 2 条和第 6 条。总的看来,"准确性"是十分重要的一条伦理准则,然而违背准确性的现象在英国新闻行业中却是较为常见的。

(二)新闻报道中对特定团体的歧视受到关注

《编辑行为准则》第 12 条的"非歧视"准则要求"媒体的报道涉及他人的种族、肤色、宗教、性别、性别认同、性取向或者任何身心疾病或者残疾时,必须避免偏见或歧视。避免使用个人有关种族、肤色、宗教、性别认同、性取向或者任何身心的疾病或者残疾的细节,除非它们真正与报道相关"。媒体对不同群体进行区别报道的原因有很多,可能是媒体对不同的群体存在刻板印象,也可能是媒体刻意迎合公众对于这一群体的想象,以下是一个具体的案例。

2017 年 9 月 22 日,《阿尔戈斯(布赖顿)报》[*The Argus (Brighton)*]发表了标题为"一个独腿男人涉嫌儿童色情"(Man with one leg had child porn)的文章。保罗·埃文斯(Paul Evans)向英国独立新闻标准组织提出投诉,认为这篇文章违背了《编辑行为准则》的第 12 条关于"非歧视"的准则。

这篇报道称,保罗·埃文斯承认持有儿童色情照片。文章的标题和正文均提到了投诉人的身体有残疾,文中还配有一张投诉人离开法庭时的照片,从照片中可以看到投诉人的残疾。这篇文章也将基本相同的内容刊发在网上,标题是"来自和平港的截肢者保罗·埃文斯因电脑上的儿童色情照片而面临牢狱之灾"(Amputee Paul Evans from Peacehaven faces jail

---

[1] Independent Press Standards Organization. Gorman v Daily Star. Independent Press Standards Organization. [EB/OL]. (2017-05-25)[2019-08-22]. https://www.ipso.co.uk/rulings-and-resolution-statements/ruling/? id=12629-17.

after being caught with child porn on his computer)。投诉人认为,媒体没有理由在文章的标题和正文中反复提及他的残疾,这与他的罪行无关。他认为媒体提及这些事实是想要羞辱和嘲笑他,并且暗示他的罪行和残疾存在联系。投诉人称由于这篇文章,他在网上遭遇到对他残疾事实的辱骂。

在接到投诉通知后,该报社声明其没有因为投诉人的残疾而对他有刻意的偏见,同时承认投诉人的残疾与该案件无关,不应该被提及。该报社向投诉人提出,如果投诉能够得到协商解决,就删除文章中所有提及投诉人残疾的内容,同时公开道歉或者写道歉信。但投诉人仍然选择向英国独立新闻标准组织提出投诉。在英国独立新闻标准组织的进一步调解下,该报社删除了文章中所有提及投诉人残疾的内容。

英国独立新闻标准组织认为《编辑行为准则》中关于"歧视"的条文"避免使用个人有关种族、肤色、宗教、性别认同、性取向或者任何身心的疾病或者残疾的细节,除非它们真正与报道相关"适用于犯罪案件。在犯罪案件中,媒体倾向于在头脑中建立犯罪的特性和犯罪行为的联系,本投诉案件便是如此。投诉人的犯罪行为与其身体残疾是无关的,因此英国独立新闻标准组织认为媒体在文章中提及投诉人的残疾是具有歧视含义的。[1]

在本案中,新闻工作者将犯罪人员的某一特征与其犯罪行为联系起来,导致投诉人因此遭遇辱骂。由于英国人口组成的复杂性、社会文化的丰富性等,新闻报道中存在种族、肤色、宗教、性别认同、性取向而带来的歧视和偏见等问题,这需要引起新闻工作者的警惕。

(三)对隐私、个人不幸与令人震惊的不当报道及其带来的骚扰的案件数量较多

英国新闻媒体在报道中涉及"侵犯隐私""对个人不幸与令人震惊的事件的不当报道"以及报道带来"骚扰"的案件数目较多[2]。以下是涉及"隐私"条例的一个案例。

---

[1] Independent Press Standards Organization. Evans v The Argus (Brighton)[EB/OL].(2017-09-22)[2019-08-21]. https://www.ipso.co.uk/rulings-and-resolution-statements/ruling/?id=18685-17.

[2] Independent Press Standards Organization. Rulings[EB/OL].(2012-01-21)[2019-08-21]. https://www.ipso.co.uk/rulings-and-resolution-statements/.

2016年5月25日,《OK!》发表了题为"剑桥公爵夫人骄傲地看着乔治王子骑着警察摩托车"(The Duchess of Cambridge proudly watches son Prince George as he rides a police motorbike)的文章。同一天,《快报》(*Express*)发表了题为"妈咪,我现在是个大男孩!凯特微笑看可爱乔治开心地骑警车"(Mummy, I'm a big boy now! Kate beams as cute George enjoys thrilling ride on police bike)的文章。剑桥公爵夫人凯特·米德尔顿和剑桥乔治王子向英国独立新闻标准组织投诉,认为这两篇文章侵犯了他们的隐私权。

文章包含一幅乔治王子和凯特王妃在肯辛顿宫内被拍到的照片,图中2岁的乔治王子坐在警察摩托车上,而他的母亲凯特王妃则微笑地看着他。从照片中可以清楚地看到,王妃和王子以及照片中其他当事人并未意识到他们正在被拍照,而且照片是用长镜头相机偷拍的。投诉人认为,他们当时正身处禁止商业摄影的受保护的私人空间进行私人活动,并且发布这些照片的媒体没有寻求或获得允许拍摄或发布图像的许可,同时,涉事媒体发布该照片是为了获得商业利益。因此,他们向英国独立新闻标准组织投诉,认为《OK!》和《快报》的文章侵犯了他们的隐私权。

然而被投诉的《OK!》和《快报》并不认同凯特王妃和乔治王子的观点,他们认为作为王位的继承人,乔治王子不是一个"普通的孩子",而是一个受到公众关注的皇室成员。作为公众人物,公众有权知道皇室成员在做什么。同时《OK!》和《快报》并不认为应该阻止新闻媒体发布这样无害的照片,而且从公众的角度来看,了解皇室年轻成员如何与警察等公务员互动是符合公众利益的。[1]

英国独立新闻标准组织承认,作为皇室成员,凯特王妃和乔治王子是公众人物,然而它同时指出,照片是在他们毫不知情的情况下拍摄的,被拍到时他们在私人住宅范围内,并且没有执行任何公务。与此同时,乔治王子是一个年幼的孩子,拍摄照片时他与母亲和警察的互动也是私人行为。被投诉的媒体认为公开报道这张照片符合公众的利益,但是英国独立新闻标准组织认为这些图像只是显示了乔治王子在警察摩托车上玩耍,这些图片并不涉及公众利益方面的问题。

---

[1] Independent Press Standards Organization. Rulings[EB/OL]. (2016-05-25)[2018-05-04]. https://www.ipso.co.uk/rulings-and-resolution-statements/ruling/?id=03152-16.

最终英国独立新闻标准组织认为两个被投诉的媒体公布的照片确实侵犯了乔治王子和凯特王妃的隐私权。根据《编辑行为准则》中的条款，两个被投诉的媒体应向英国独立新闻标准组织确认问题所在，并对网上发布的文章进行修改。与此同时，两个被投诉媒体被要求在其主页上公开裁决结果24小时。[1]

在涉及与公共利益有关的社会重大事件的报道中，新闻工作者容易出于维护公共利益的目的，过多地公布个人信息，造成对他人隐私权的侵犯。以下是另一个案例。2018年7月，《瑟罗克独立报》(*Thurrock Independent*)先后发布三篇文章：《传单揭露了倾倒在查德维尔的垃圾的来源，这激怒了居民》(*Flytip reveals origin of rubbish dumped in Chadwell that angers residents*)、《我不知道会发生这样的事》(*I didn't know this would happen……*)、《冷漠、谎言还是无能？》(*Apathy, lies or incompetence?*)。詹娜·科森蒂诺(Jenna Cosentino)向英国独立新闻标准组织投诉，认为这几篇文章违背了《编辑行为准则》第2条关于"隐私"的报道准则和第3条关于不能"骚扰"他人的报道准则。

第一篇文章报道了人们对当地一个非法倾倒垃圾的场所的担忧。文章包含一段视频，视频内容为该报编辑在视察现场时发现的垃圾和投诉人的银行和保险文件，投诉人的姓名、居住地址、账户和信用卡号码以及余额均显示在文件上。第二篇文章是关于非法倾倒垃圾事件的后续报道，文章中引用了投诉人的声明："我请了垃圾处理员，但他们非法倾倒垃圾不是我的错。"文章指出投诉人是使用非法垃圾处理服务的人，并在文章中公布了投诉人的姓名。第三篇文章报道了环保委员会对于非法倾倒垃圾的看法，文章包含从原始视频中截取的静止图像，图像显示了投诉人的文件，但她的银行卡相关信息已被修改。

投诉人认为自己的隐私受到了侵犯，并联系媒体，要求媒体对她的个人信息进行编辑。该媒体提出，如果投诉人向警方说明她的垃圾是如何进入非法的垃圾倾倒场所的，媒体将同意不再继续刊登投诉人的个人资料。因此投诉人联系了警方，对相关问题进行了说明。

投诉人认为，该媒体在未经过投诉人允许的情况下，在发布的文章中

---

[1] Independent Press Standards Organization. Rulings[EB/OL]. (2016-05-25)[2018-05-04]. https://www.ipso.co.uk/rulings-and-resolution-statements/ruling/?id=03152-16.

公布了投诉人的姓名、居住地址、账户和信用卡号码等信息,违背了编辑准则的第 2 条关于"隐私"的报道准则。在投诉人要求媒体不要公布其个人信息时,媒体仍继续发布关于投诉人使用非法垃圾处理服务的文章,违背了《编辑行为准则》的第 3 条关于不能"骚扰"他人的报道规则。

《瑟罗克独立报》并不认为其违反了《编辑行为准则》。该报认为其发布的新闻报道涉及当地的重大公共利益。另外,如果对视频中的内容进行编辑,可能会影响报道的真实性。该报同时指出,视频中出现的是投诉人两年前的文件,投诉人已从文件中显示的居住地址搬离,因此这不属于投诉人的隐私。

英国独立新闻标准组织认为,投诉人的银行资料,包括账户号码和账户结余等信息属于投诉人的隐私。虽然《瑟罗克独立报》关于非法倾倒垃圾问题的报道符合公共利益,但是该报并没有理由在报道中提及投诉人的银行信息,因此该报发布的第一篇文章违背了《编辑行为准则》的第 2 条原则。另外两篇文章指出投诉人曾使用非法垃圾处理服务,这并不属于投诉人的隐私,是报纸对于符合公共利益的报道的一部分,因此另外两篇文章并没有违反第 2 条。最后,英国独立新闻标准组织并不认为《瑟罗克独立报》违背了准则第 3 条的"骚扰"。第 3 条一般适用于记者在收集新闻过程中与公众接触的行为,其目的是避免公众受到新闻界不必要的打扰。该报违背投诉人的意愿,继续就公共利益问题刊登有关投诉人的报道,并不违反准则第 3 条。据此,英国独立新闻标准组织要求《瑟罗克独立报》在网站中公布裁决结果,投诉人的部分诉求得到支持。[1]

四、英国独立新闻标准组织的特点

(一)依据程序审理投诉,重视信息公开

英国独立新闻标准组织的案件处理过程公开透明,案件的裁决结果会在英国独立新闻标准组织的官网中公示。被投诉的媒体违反《编辑行为准

---

[1] Independent Press Standards Organization. Cosentino v Thurrock Independent[EB/OL]. (2018-07-24)[2019-08-23]. https://www.ipso.co.uk/rulings-and-resolution-statements/ruling/? id=04680-18.

则》时,必须在其官网中公布该投诉案件的裁决结果。一方面,强制公开裁决结果的措施使得英国独立新闻标准组织更具权威性,也使得新闻工作者更加重视相关的从业规范和职业道德准则;另一方面,公众能更加清楚地了解到被投诉的出版商违背了哪些新闻伦理和原则,从而提高公众监督媒体、维护自身权利的意识。

另外,作为义务性的要求,成员媒体应向英国独立新闻标准组织提交年度陈述,该年度陈述记录了媒体为遵守《编辑行为准则》而采取的行动。英国独立新闻标准组织的官网中将公布各媒体的年度陈述,从而监督和审查各媒体对《编辑行为准则》的遵守情况。这也有助于媒体在公众心目中建立可信赖的、负责任的形象。

(二)致力于处理投诉与提升新闻专业操守

英国独立新闻标准组织不仅可以有效处理投诉案件,而且致力于监管媒体、提高新闻专业标准。英国独立新闻标准组织对收到的投诉进行数据分析,对媒体进行广泛监督,同时与进行特定主题报道的媒体合作,以提供有针对性的干预措施,达到提高新闻标准的目的。事实证明,英国独立新闻标准组织的监管措施是有效的。根据2017年度英国独立新闻标准组织的研究报告,英国独立新闻标准组织通过监督能及时发现媒体存在的违反准则的行为,为媒体提供的建议,这有效地避免了52起正式投诉。同时,英国独立新闻标准组织还为其成员媒体提供培训,帮助媒体了解英国独立新闻标准组织如何应用《编辑行为准则》有效处理投诉。

除此之外,英国独立新闻标准组织还与非政府组织、学术机构、政治家、媒体评论员等合作,从而向公众宣传英国独立新闻标准组织的工作,如举办座谈会、年度演讲、路演活动等,提高公众的权利意识,让公众知道媒体是可以被监督的,从而督促新闻媒体提升专业水平。

(三)投诉处理过程灵活且高效

在投诉案件的处理过程中,英国独立新闻标准组织如果认为被投诉的媒体有可能违反《编辑行为准则》,并不会马上开启调查并进行裁决,而是要求被投诉的媒体与投诉人联系,促使双方进行协商以解决纠纷。即使在双方调解失败后,案件处理进入调查阶段,投诉委员会的工作人员仍会帮助双方调解矛盾。相较于投诉委员会的裁决,投诉人在双方协调的过程中能够获取更多的解决方案。根据2017年度英国独立新闻标准组织的研究报告,其正式处理的1451起投诉案件中,有381起投诉案件是由投诉人和被投诉的媒体协商解决的,这大大减少了英国独立新闻标准组织的工作时间和成本。

一个新闻自律组织是否高效主要从两个方面进行判断:其一,是否采取有效方式预防破坏新闻标准行为的发生;其二,对已经发生的事件是否实施有效处罚。2018年7月31日起实施的强制性仲裁计划规定,投诉人无须诉诸法院即可向媒体寻求经济赔偿。进行经济赔偿这一处罚规则使得英国独立新闻标准组织更具威慑力,也使得新闻工作者更加重视《编辑行为准则》,还让违反《编辑行为准则》的媒体受到更实质的惩罚。

(四)基于实践逐渐完善指导和准则

英国独立新闻标准组织自2014年9月成立以来在投诉案件处理中不断完善《编辑行为准则》,并根据该准则编写了为编辑和记者提供指导的手册,这更加有效地规范了媒体和新闻工作者的行为。

2015年,英国独立新闻标准组织对《编辑行为准则》进行了较大范围的修改,主要体现在以下几个方面。其一,首次提及报刊不得刊登与正文内容不符合的标题;其二,为了有效防范公众对于报道中的自杀行为的效仿,将"报道自杀"列为独立条款;其三,为了防止公众受到性别偏见报道的影响,将性别列入"歧视"条款涵盖的类别;其四,为了使投诉案件得到快速便捷的解决,准则要求编辑与独立新闻标准组织合作且建立快速解决投诉的程序;其五,明确定义"公共利益"。[1] 2017年,英国独立新闻标准组织根据《编辑行为准则》条例中的"自杀""性侵案件中的受害者""报道死亡"和"社交媒体中数据的使用"等内容,为编辑和记者提供了具体的指导手册,帮助编辑和记者实际应用《编辑行为准则》。[2]

---

[1] Independent Press Standards Organization. Annual report 2015[EB/OL].(2016-07-26)[2019-08-22]. https://www.ipso.co.uk/media/1300/ipso-ar.pdf.

[2] Independent Press Standards Organization. Annual report 2017[EB/OL].(2018-06-23)[2019-08-22]. https://www.ipso.co.uk/media/1569/ipso_annual_report_2017e.pdf.

五、英国独立新闻标准组织的评价

英国是言论自由思想的发源地,边沁和密尔的功利主义理论、弥尔顿的宗教思想、洛克的自然权利学说等,共同构成了英国新闻思想的源泉。同时,英国作为报刊业的发源地,在300多年的发展中,出现了《泰晤士报》《每日邮报》《太阳报》等影响深远的大报。为了使发达的新闻业获得公众的认可,英国报刊业早在1953年就进入了自律时代,先后成立了报刊评议会、报刊投诉委员会和英国独立新闻标准组织。英国独立新闻标准组织根据《编辑行为准则》对投诉案件进行裁决,对监督和指导新闻工作者的行为具有一定的意义。

根据英国独立新闻标准组织年度报告,2018—2020年,英国独立新闻标准组织每年接收到的投诉数量呈现总体上升的趋势,尤其是2020年有较大幅度的增长。2018年,英国独立新闻标准组织共接收8084件投诉,受理了其中的507件投诉,还有7436件未违背《编辑行为准则》的投诉和141件涉及其他方面的投诉。2019年,英国独立新闻标准组织接收9766件投诉,受理了其中的621件投诉,还有8891件未违背《编辑行为准则》的投诉和254件涉及其他方面的投诉。2020年,英国独立新闻标准组织接收30126件投诉,受理了其中的496件投诉,还有29377件未违背《编辑行为准则》的投诉和253件涉及其他方面的投诉。具体如表5-1所示。[1][2]

表5-1 英国独立新闻标准组织接收及处理投诉情况

年份	接收到的投诉总数	受理投诉的数量	未违背《编辑行为准则》的投诉数量	其他情况
2018	8084	507	7436	141
2019	9766	621	8891	254
2020	30126	496	29377	253

---

[1] 表格中的"其他情况"包含积极主动的解决方法、未导致正式投诉的建议、发布隐私咨询通知、正在进行的投诉等几种情况。

[2] Independent Press Standards Organization. Annual report [EB/OL]. [2023-12-18]. https://www.ipso.co.uk/.

第五章　英国独立新闻标准组织运行机制及评析

从前文对相关案例的分析可以发现,英国新闻工作者在新闻报道的过程中,主要违背了以下伦理准则。其一,准确性欠缺。新闻报道缺乏准确性的原因有很多。新闻工作者在强大的竞争压力下,可能会过分地追求时效性而没有验证新闻来源的准确性,或为了吸引公众的注意力而故意歪曲事实等。其二,新闻报道对不同群体的歧视问题较为常见。尤其是报道涉及有关违法犯罪的案件时,媒体常有意或无意地将犯罪者或者犯罪行为与罪犯的某一特征联系起来,如种族、残疾等。其三,英国媒体对于公众隐私、个人不幸信息的侵犯和泄露较多。媒体在报道与公共利益相关的新闻时有时会违反伦理准则。因此,英国独立新闻标准组织的存在是有必要的,它有助于规范新闻工作者的行为。

英国独立新闻标准组织通过一系列措施从实质上改进了英国的新闻自律体系,例如签订商业合同、为记者提供举报热线、要求成员接受英国独立新闻标准组织的调查和指导等。但公众仍对其独立性、有效性、权威性等存在质疑,一些人甚至认为英国独立新闻标准组织只是报刊投诉委员会的翻版。英国独立新闻标准组织的不足主要体现在其缺乏独立性、不能为公众提供便捷公正的救济等方面。

就独立性而言,英国独立新闻标准组织并非真正独立于政府和媒体的第三方。英国独立新闻标准组织并不收取任何政府提供的资金,目的是避免政府的控制,从这一层面来说,英国独立新闻标准组织是独立于政府的,但英国独立新闻标准组织并不独立于新闻业界。一方面,英国独立新闻标准组织的资金来源于监管资助公司,该机构其负责向英国独立新闻标准组织的成员征收费用,所以实质上,英国独立新闻标准组织的资金来源于媒体机构。另一方面,英国独立新闻标准组织依赖于行业中最大的出版集团监管资助公司并受其管理。英国独立新闻标准组织的预算、规章及章程、调查及制裁全部受到监管资助公司的控制。未经监管资助公司同意,独立新闻标准组织不得提供仲裁服务、不得对规章体系进行修改变动,这使得英国独立新闻标准组织严重受制于新闻行业。[1]

英国独立新闻标准组织对新闻行业的约束力不足也是一个不容忽视的问题。英国独立新闻标准组织是一个非法律性质的行业自律组织,它的

---

〔1〕李丹林."公共利益""新闻自由"与"IPSO"——英国报刊业监管改革核心问题述评[J].现代传播(中国传媒大学学报),2015,37(8):31-37.

裁决不具有法律效力。虽然英国独立新闻标准组织通过签订商业合同的方式,要求组成成员在5年的商业合同期内遵守英国独立新闻标准组织的调查和指导,但英国独立新闻标准组织的裁决结果通常只是要求媒体公开道歉、公布裁决结果、更正修改等威慑力较弱的惩罚,这仅仅是一种道德和舆论上的惩罚。虽然英国独立新闻标准组织存在上述不足,但其依然是维护媒体权利和保护公众利益、改善新闻业现状的较好方法。

第六章
新西兰媒体评议会运行机制及评析

一、新西兰媒体评议会概述

一直以来,真实、客观、公正等伦理要求构成了新闻专业性的核心内容。然而,媒介变革与技术迭代引发了更多的伦理问题,个别媒体在新闻报道中进行片面描述、忽视人文关怀,不同形式的媒体伦理失范现象时有发生。在应对伦理失范问题、提升新闻专业性的过程中,媒体内部的行业自律与外部的社会公众监督发挥着重要作用。

2020年6月21日,新西兰Stuff新闻网站和《周日星报》(*Sunday Star-Times*)发表了题为"边境的穿山甲将新型冠状病毒从蝙蝠传给新西兰人类"的文章,报道了海关在新西兰边境缉获部分野生动物尸体的事情。文章着重强调海关查出的部分穿山甲,还配了活体穿山甲的图片。该文章同时公布在Stuff新闻网站的首页头条和《周日星报》"最受欢迎"栏目上。文章刊发后,读者特洛伊·丹多(Troy Dando)将其投诉至新西兰媒体评议会。丹多先生认为该篇新闻标题不符合事实,文章用不准确的信息来吸引读者,违反了评议会拟定的"准确、公平与平衡"(Accuracy, Fairness and Balance)原则及"标题和说明"(Headlines and Captions)原则。该新闻标题暗示了有活的穿山甲正被进口到新西兰,然而这并非事实。另外,丹多先生还指出文章中写到的穿山甲作为中介将新型冠状病毒传播给人类这一点尚未得到证实,他认为在人们对病毒高度关注的时候,这种模糊的措辞是不负责任的。新西兰媒体评议会最终判定这则投诉成立,并要求相关媒体修改或撤销该条新闻。[1]

---

[1] New Zealand Media Council. Troy Dando Against Sunday Star-Times and Stuff[EB/OL]. (2020-07-21)[2020-12-15]. https://www.mediacouncil.org.nz/rulings/troy-dando-against-sunday-star-times-and-stuff.

如果公众发现新西兰新闻媒体如报纸、出版社、网站等发布的内容有违伦理准则，都可以投诉至新西兰媒体评议会。

作为媒体自律组织，新西兰新闻评议会（New Zealand Press Council）在出版商与印刷工业协会（联合工会）的赞助下于1972年成立（2018年改名为新西兰媒体评议会）。该组织旨在以公正适当的裁决去解决公众的投诉，以促进新闻自由，并尽力维持新西兰新闻的专业水准。[1] 这个行业组织属于公共事业，由媒体和工会代表组成。[2] 其监管对象主要是在新西兰发行的报纸、杂志和期刊及其官方网站；同时也包括广播公司的在线平台、含有新闻内容的数字网站、以新闻评论为特色的博客等。2018年3月1日起，新西兰媒体评议会也负责监管加入视频分级系统的视听节目平台成员，包括网飞（Netflix）、毛利电视台（Māori Television）、多媒体公司（New Zealand Media and Entertainment，NZME）等。[3]

除了受理与媒体相关的投诉，评议会还制定了针对新闻行业的《新西兰媒体评议会伦理原则声明》（Statement of Principles）（以下简称《伦理原则声明》），规定了媒体应当遵守的伦理原则，是评判媒体报道是否有违伦理准则的依据。《伦理原则声明》涉及准确、公平与平衡，隐私权，儿童与青少年，图片与图形，评论和事实等方面。新西兰媒体评议会功能的充分实现，有助于新西兰媒体维持高水准的准确性、公正性、平衡性以及公信力。

二、新西兰媒体评议会的构成与投诉处理程序

（一）新西兰媒体评议会的委员构成

针对媒体的公众投诉能否得到重视、投诉问题能否得到妥善解决，在一定程度上决定了评议会的存在价值。公众对评议会的信任是由多种因素决定的，其中评议会委员是否具有足够的媒介素养、能否依照《伦理原则声明》及公共利益对投诉做出公正的评议是至关重要的。

---

[1] 牛静.全球媒体伦理规范译评[M].北京:社会科学文献出版社,2018:478-481.
[2] 陈力丹,任馥荔.新西兰新闻传播业的历史与现状[J].新闻界,2013(12):71-76.
[3] New Zealand Media Council. Membership[EB/OL].(2020-07-21)[2017-12-17]. https://www.mediacouncil.org.nz/principles#membership.

新西兰媒体评议会的委员数量为11~16名,包括1名独立主席、1名执行董事、5~8名公众代表,以及4~6名业界成员。媒体行业人士不能担任主席,这一职位通常由曾在高等法院任职的法官担任。新西兰媒体评议会主席的一次任命期为5年,可终身连任。业界成员通常是新西兰媒体评议会从接受监管的媒体机构中选出的有丰富采编经验的记者或编辑。2017年新西兰媒体评议会年度报告中的委员名单显示,业界成员中有2名是代表报业出版商协会的编辑,他们来自著名的报业集团《新西兰先驱报》(*New Zealand Herald*)和传媒集团费尔法克斯(*Fairfax Media*)。此外,业界成员中还有1名杂志出版商协会代表、2名记者代表和1名来自数字媒体的代表。公众代表则多由律师、商业顾问、独立咨询顾问组成。

至今,新西兰媒体评议会委员中的业界成员来自不同类型的媒体、担任不同的职务;公众代表也会时常发生变动,以保持评议会的权威性和专业性。新西兰媒体评议会的委员构成多样有助于其公正地处理公众的投诉。

(二)新西兰媒体评议会的投诉与评议程序

依照新西兰媒体评议会的声明,公众发起投诉与委员会评议的过程是完全免费和公开的。投诉和评议的程序具体如下。

1. 投诉人与被投诉媒体私下沟通

除非经新西兰媒体评议会执行董事批准,任何公众在向新西兰媒体评议会投诉前,都需要先向他想要投诉的编辑、记者或媒体机构提出书面投诉,相关媒体机构应在收到投诉后的10个工作日内予以回复。在收到回复后,投诉人可在10个工作日内回复被投诉方。若投诉人与被投诉方私下处理与协商成功,则不需要继续投诉至评议会。若被投诉方没有及时回复或者投诉人对其处理方式不满意,投诉人可将其投诉至评议会。

2. 投诉人填写投诉内容

投诉人可选择从评议会办公室获取纸质表单或登录评议会官网填写不超过500字的申诉内容,说明媒体发布的哪篇报道违反了哪些原则。所有投诉必须随附被投诉文章或新闻的完整内容及与媒体的通信副本。如有其他证明材料也可一并附上。

3. 评议会引导双方沟通

评议会查看公众投诉后,会依照投诉内容是否明晰、完整等原则决定是否对投诉进行评议。评议前,评议会会将公众投诉的内容通知相关媒体机构并要求其在10个工作日内回复相关事宜,随后会将媒体的回复转发给投诉人,并通知投诉人可以针对媒体回复提出200字左右的质疑。如投诉人与被投诉媒体在此过程中仍未达成一致,就会准备召开评议会。

4. 评议会表决

一般情况下,召开针对某一投诉的评议会时,主席、执行董事与各位委员都应在场,依照《伦理原则声明》及按照少数服从多数的评判方式来决定对该投诉的处理结果。评议的结果一般有维持投诉即投诉成立(Upheld)、不维持投诉即投诉不成立(Not Upheld)与投诉中的部分成立(Upheld in Part/Part Upheld)等。大多数投诉均以双方提交的文件为依据来做决定,投诉人如欲亲自提出意见,可申请批准出席评议会。

5. 评议结果公示

如果投诉被判定成立,评议结果就会被要求在相关媒体上发表。在判定结果中,评议会及媒体应对被公众投诉的内容进行说明,必要时,媒体应对不当的报道进行修改或撤回。同时,评议的日期、事件、投诉人的投诉理由、被投诉方的回应及评议会的评议与裁决结果等会被总结和编辑成一篇文章发布在新西兰媒体评议会官方网站中。

6. 投诉人可申请复议

如果投诉人有其他新的补充理由需要说明,可以申请复议。[1]

三、新西兰媒体评议会处理的伦理问题焦点

2009—2019年,公众向新西兰媒体评议会提交投诉的数量不断增长。新西兰媒体评议会2009年收到投诉77起,2014年收到投诉156起,2017年收到的投诉已经超过210起,约是2009年的3倍。除去出于各种原因(比如撤回、未按要求投诉等)未能进入评议程序的,新西兰媒体评议会平均每年处理投诉50~120份。2009—2019年,新西兰媒体评议会的评议数量呈现缓慢而稳定的增长态势。公众集中投诉的内容包括报道不够准确客观和虚假报道、内容侵犯隐私、未体现对儿童与青少年的人文关怀等。

---

[1] New Zealand Media Council. Complaints Procedure[EB/OL]. http://www.mediacouncil.org.nz/complaints.

第六章 新西兰媒体评议会运行机制及评析

(一) 对有违"准确、公平与平衡"原则内容的投诉

新西兰媒体评议会官网的案例汇总显示,多数情况下,公众会控诉某一新闻内容违反了不止一条伦理原则,但其中原则1"准确、公平与平衡"在投诉中被提及的次数最多。新西兰媒体评议会拟定的"准确、公平与平衡"原则的主要内容有:"任何时候,媒体都应保证准确、公正与平衡,不得以故意捏造或遗漏的方式来误导读者。在具有争议性或分歧性的文章里,为保证观点的公正,必须呈现另一方的声音。凡事也有例外,一些长期性的议题可能无法做到在每一期报道里都使各方的观点得到合理的呈现,此时若要对相关报道是否具有公正性和平衡性进行判断,依据的应该是前后一系列报道而非某个单一的报道。"[1]

数据显示,新西兰媒体评议会处理的投诉中,2017年进入评议阶段的案例共86个,涉及原则1的有62个,约占72.1%;2018年进入评议阶段的案例有105个,涉及原则1的有72个,约占68.6%;2019年进入评议阶段的案例有118个,涉及原则1的案例占50.8%。这表明,在近几年接受的公众投诉中,有一半以上的案例都与"准确、公平与平衡"相关。

在相关案例中,比较有代表性的是2015年一则刊登在新西兰《豪罗芬努阿纪事报》(*Horowhenua Chronicle*)上的新闻《湖泊治理的新阶段》(New stage of lake management),该新闻描述了豪罗芬努阿湖泊正在进入第二阶段的治理,湖水质量得到了改善。从表面上看,这篇新闻报道似乎是来源于多种素材的:引用三个人的观点且记述了将近20段文字。然而,投诉人发现这些内容和豪罗芬努阿区议会发布的新闻通稿几乎相同,因此公众投诉称该新闻违背了"准确、公平与平衡"原则。经过调查发现,该新闻确实改写自新闻通稿,呈现的三个观点分别来自当地的市长、议会主席及区委员会代表,实际上属于同一种消息来源,并不存在对其他立场及不同意见的采访和描述。因此,对该新闻的投诉得到新西兰媒体评议会的支持。[2]

---

[1] 牛静.全球媒体伦理规范译评[M].北京:社会科学文献出版社,2018:478-481.
[2] New Zealand Media Council. Brendan Moriarty against Horowhenua Chronicle[EB/OL]. (2015-12-11) [2018-12-26]. https://www.mediacouncil.org.nz/rulings/brendan-moriarty-against-horowhenua-chronicle.

新西兰媒体评议会认为,准确、公平与平衡是媒体需要遵循的最基本准则,但如今各类媒体呈现给受众的作品都很难真正做到这一点。新闻报道"失真"的原因也是多种多样的,可能是媒体直接通过网站搜索素材而没有实地考察导致信息不准确,也可能是素材来源单一引起的受众对真实性的质疑。在新西兰媒体评议会2016年的年度报告中,其批判了当今媒体多以新闻通稿代替实地采访的情况:"新闻通稿只是一个人或组织的观点。它可能是准确的,但根据定义,它违背了准确、公平和平衡的原则。简单草率地运用来源单一的新闻通稿可能是由于最近新闻编辑室面临的压力过大。但在目前的媒介环境下,想要在传统新闻面临困境的状态下保持新闻报道的质量,如果抛弃公平、平衡或剥夺受众回复的权利,是永远不可能得到受众认可的。因此,评议会敦促新闻记者多方采访确认事实,以保护公众还存有的对坦诚正直、维护公平的记者的信任。"[1]

(二)对有违"隐私权"原则内容的投诉

《伦理原则声明》的第2条为"隐私权"(Privacy):"通常情况下,每个人都享有个人隐私权、空间隐私权及私人信息隐私权,这些权利应该得到媒体和出版商的尊重。然而,隐私权不应成为对涉及明显的公共利益的重大事件进行报道的障碍。在披露嫌犯亲属的身份信息之前,媒体应保持特别的谨慎,因为嫌犯亲属可能并不与所报道事件有关联。采访报道那些遭受创伤与悲痛的人士时,需加以特殊的关心和爱护。"[2]

投诉至新西兰媒体评议会的涉及"隐私权"的案例数量持续上升。2008年,有6宗与隐私权相关的投诉,从2010年至2018年,有超过上百个案例部分或全部与隐私权相关。

1. 悲剧事件涉及的隐私问题

在"隐私权"的原则声明中,评议会特别强调了"嫌犯亲属""遭受创伤与悲痛的人士"等特殊人群的隐私问题。媒体在采访、报道这些人群及其家属时,不应随意公布其个人信息,这不仅是出于保护其隐私的考量,更是凸显人文关怀的必然选择。但为了追求新闻信息的独家性或爆炸性,个别

---

[1] New Zealand Media Council. 44th Report of the New Zealand Press Council(2016). [EB/OL]. (2016-12-31)[2017-12-27]. https://www.mediacouncil.org.nz/publications.
[2] 牛静.全球媒体伦理规范译评[M].北京:社会科学文献出版社,2018:478-481.

媒体或记者仍然对当事人及亲属过度消费,对他们造成二次伤害。以2016年2月的一起投诉为例,投诉人鲍勃·瑞维特(Bob Rivett)的儿媳在2016年1月的一次踩踏事故中丧生,随后新西兰《新闻界》(*The Press*)的记者一直试图联系和采访瑞维特的儿子。在没有得到他们一家人的允许下,该媒体刊登了其儿媳生前的照片、姓名、职业等警方没有公布的个人信息。新西兰媒体评议会认为,《新闻报》违反了"隐私权"原则,不仅没有保护受害人隐私,还忽视了对其家属感情的尊重。[1]

2. 公共利益与隐私权的冲突

在面临重大公共事件或新闻符合公共利益时,相关的事件应当被报道。在处理隐私权与公共利益相冲突的投诉时,评议会一般会选择维护公共利益。2019年3月,读者罗宾·哈里森(Robin Harrison)将《新西兰先驱报》投诉至新西兰媒体评议会,她认为该报披露国会议员罗斯(Ross)婚外情对象之一的道伊(Dowie)的身份、照片等个人信息的做法是不合适的。但新西兰媒体评议会认为,道伊本人的情况与国会议员罗斯的精神健康、被指控腐败等问题息息相关,而国会议员罗斯的私生活已经影响到了公众对其的评价,其婚外情应被公众知道。另外,道伊也已经开始被新西兰警方调查。因此,公布道伊的一些个人信息是符合公共利益的,并没有违反"隐私权"原则,哈里森对媒体的投诉没有得到支持。[2]

早在2008年新西兰媒体评议会在其年度报告中,便指出了媒体处理隐私问题时所处的困境:"新闻行业面临的挑战是要在侵犯个人隐私空间和完成其所承担的职责之间走一条艰难的路线——在符合公共利益的情况下向公众提供新闻服务。"[3]面对公众对媒体疑似侵犯隐私的指责,新西兰新闻评议会始终试图在协调新闻自由与公共利益的基础上做出公正的决议。

---

[1] New Zealand Media Council. Bob Rivett and family against The Press[EB/OL]. (2016-02-03)[2018-12-26]. https://www.mediacouncil.org.nz/rulings/bob-rivett-and-family-against-the-press.

[2] New Zealand Media Council. Robin Harisson against New Zealand Herald[EB/OL]. (2019-03-25)[2019-12-24]. https://www.mediacouncil.org.nz/rulings/robin-harrison-against-new-zealand-herald.

[3] New Zealand Media Council. 36th Report of the New Zealand Press Council(2008)[EB/OL]. (2008-12-31)[2017-12-27]. https://www.mediacouncil.org.nz/publications.

3. 社交媒体内容的隐私争议

新媒体平台的快速发展加剧了人们对隐私问题的讨论。2014—2017年,新西兰新闻评议会收到的许多涉及隐私的投诉都显示媒体频繁使用了来自Facebook页面的照片或其他内容。人们虽不吝于将自己的生活状态甚至各种隐私信息公布在网络上,却又担忧自己的隐私被泄露或滥用。

社交媒体是大众频繁用于发表观点与分享意见的平台。记者或者媒体是否可以直接使用被公开在网络上的社交信息在新闻业界引起了讨论。在大多数情况下这些页面都是开放的,其内容可供任何公众个体查看。媒体通常认为,页面的公共性意味着该材料属于公共领域,因此无须限制记者对公开内容的使用。

2010年,新西兰新闻评议会首次收到了对媒体使用社交媒体内容的投诉。当年的年度报告总结提出:"在大部分情况下,新闻媒体可以直接获取并使用发布于社交媒体网站上的信息。但需要注意的是,当社交媒体使用者发布的信息被媒体采用时,涉事人隐私也可能被媒体或网民在网络平台曝光,成为公众讨论的对象。"随着越来越多的信息在社交媒体平台上被分享,记者和媒体将会不断地从社交媒体上获取免费信息作为新闻素材,这导致对于侵犯隐私的投诉将继续存在。新西兰媒体评议会认为,确保记者们所发布的新闻符合道德准则的做法之一就是在信息采集过程中尽量使用新的方法、开辟新的途径,并在信息发布前尽量征得有关人士的同意。[1]

(三)对有违"儿童与青少年"及"图片和图形"原则内容的投诉

《伦理原则声明》的第3条原则为"儿童与青少年"(Children and young people):"如果要对儿童和青少年进行报道,编辑必须证明对其进行报道比不报道更符合公共利益。"[2]在新西兰媒体评议会的定义中,儿童与青少年主要指年龄在1~18岁的群体。评议会认为,儿童成长为成年人这一阶段的身心健康十分重要,无论是社会组织还是法律机构都应该对此密切关注,尤其要注重保护其名誉及隐私。年轻群体虽是新闻媒体的合法报道对象,但媒体对其进行报道时,应谨慎平衡公众知情权与儿童、青少年的个人

---

[1] New Zealand Media Council. 38th Report of the New Zealand Press Council(2010)[EB/OL]. (2010-12-31)[2017-12-27]. https://www.mediacouncil.org.nz/publications.

[2] 牛静. 全球媒体伦理规范译评[M]. 北京:社会科学文献出版社,2018:478-481.

第六章　新西兰媒体评议会运行机制及评析

权益。

《伦理原则声明》的第 11 条原则"图片和图形"(Photographs and Graphics)的内容为:"在挑选和处理图片和图形时,编辑应谨慎。任何可能误导读者的技术性操作都应被标示出来并加以解释。在处理一些展现悲痛或可怕情形的图片时,应特别考虑其可能造成的影响。"[1]

"儿童和青少年"原则和"图片和图形"原则提醒媒体需要在某些场合中谨慎选择合适的图像,谨慎考虑是否公布儿童与青少年的照片,因为一旦披露不当便会引发伦理问题。具有代表性的一个例子是 2010 年 12 月新西兰《周日先驱报》(Herald on Sunday)刊登了一幅在上学途中的 5 岁男孩照片,其母亲是近期因被杀害而登上新闻的奥克兰女子卡门·托马斯(Carmen Thomas)。照片中小男孩还身着校服,可以就此辨别其就读的学校。包括儿童委员会专员约翰·安格斯(John Angus)博士在内的至少 8 人都向新西兰新闻评议会提出了投诉,认为这张照片与男孩被杀害的母亲并无关系,该报刊违反了"儿童与青少年"与"图片和图形"原则。新西兰新闻评议会支持了该投诉。[2] 这与 2019 年的一个案例相似:来自英国的一对夫妻由于大声喧闹被新西兰当地人投诉,新西兰媒体在报道中刊登了这对夫妻 6 岁儿子的照片。[3] 新西兰媒体评议会认为,案例中的儿童与实际有新闻价值的内容并无关联,对儿童照片的披露没有表现出任何公共利益,因此判定投诉成立。

新西兰新闻评议会 2010 年的年度报告总结道:刑事案件和社会争端是媒体应当关注的,但相关家属尤其是儿童与青少年的照片不应当被随意公布于公众视野中。评议会认为只有孩子们直接和高度参与到被报道的事件时,媒体才可以考虑公布孩子们的图像。比如在波及一定人群的灾难报道中,报道公布关于受灾的儿童信息或图像能够引起社会的强烈反响,在保证图片不血腥、不过分可怕及令人悲痛的情形下,这样的新闻是有价

---

[1] 牛静.全球媒体伦理规范译评[M].北京:社会科学文献出版社,2018:478-481.

[2] New Zealand Media Council. Rosemary Tobin against Herald on Sunday[EB/OL].(2010-12-26)[2018-12-26]. https://www.mediacouncil.org.nz/rulings/rosemary-tobin-against-herald-on-sunday.

[3] New Zealand Media Council. Sandra Coney against MediaWorks Newshub[EB/OL].(2019-03-12)[2019-12-24]. https://www.mediacouncil.org.nz/rulings/sandra-coney-against-mediaworks-newshub.

值的。即儿童与青少年的图像本身应当具有新闻价值,并旨在增加读者对事件了解或理解时,才具备可公开性。[1]

四、新西兰媒体评议会的特点与局限性

(一)新西兰媒体评议会的特点

1. 评议过程重视公共利益

评议会在判定投诉是否成立时,经常考虑的一个因素是公共利益,即那些与公众密切相关、影响公众生活的事情或现象是需要媒体报道的,如发现或者揭露犯罪和严重的不当行为、保护公共健康和安全、保护公众免于被个人或组织的行为或陈述误导、揭露个人或组织已经发生或可能发生的渎职行为、揭露司法不公。[2] 评议会拟定的《伦理原则声明》共有12条准则,其中明确提及"公共利益"的就有5条,如第7条原则"歧视与多样性"(Discrimination and Diversity)规定:"当性别、宗教、少数群体、性取向、年龄、种族、外貌、身体或精神残疾等事项与公共利益发生关联时,对之进行讨论是合法的,媒体也可以对之进行报道和评论。但是,媒体在进行报道时,不应无端地强调以上事项。"第9条原则"欺骗、隐瞒"(Subterfuge)规定:"通过欺骗、歪曲或不诚实的手段获取新闻或信息是不被允许的,除非该新闻或信息涉及重大公共利益而又无法通过其他手段获取。"[3]这些原则对符合公共利益的公众知情权、媒体自由报道权进行了维护,同时也出于个人权利的保护而限制了媒体权力的滥用。

当申诉人向评议会提起申诉时,可能会引用到《伦理原则声明》中的基本原则。但是,也不仅限于基本原则。尤其当投诉内容涉及其中未详细提及的情况时,公共利益便成为如何进行评议的基本准绳。例如,《伦理原则声明》中未提及如何处理与漫画有关的投诉。但评议会认为,"漫画一般被视为评论性的内容。在评议有关漫画题材的案例时,会暂时把公平和平衡

---

[1] New Zealand Media Council. 36th Report of the New Zealand Press Council(2008)[EB/OL]. (2008-12-31)[2017-12-27]. https://www.mediacouncil.org.nz/publications.

[2] 牛静. 新闻传播伦理与法规:理论及案例评析[M]. 上海:复旦大学出版社,2018:124.

[3] 牛静. 全球媒体伦理规范译评[M]. 北京:社会科学文献出版社,2018:478-481.

第六章 新西兰媒体评议会运行机制及评析

的原则放在一边,因为漫画家经常使用夸张、隐喻及想象的方式来说明问题。但公共利益与准确性的原则依然适用。无论漫画家的作品如何夸张,其实都是对事实与真相的反映与再创作。如果漫画描述的内容既能够不偏激地反映事实,也符合公共利益、适合为公众所了解,评议会便会支持该漫画的公开。"[1]

2. 评议程序公开公正

新西兰媒体评议会一直致力于促进评议过程的公正公开,这不仅是公众对相关信息透明化的要求,也是维持评议会自身独立与自律性的保障。

1)公正性

这有赖于评议会委员构成的多元化、回避制度的执行及评议过程的透明化。一般来说,大多数投诉都是由全体成员召开会议审议的。然而,在某些情况下,可能会有针对某一成员工作单位的投诉,此时,该成员会宣布因为与此案件有利益相关并会退出针对此投诉的审议。无论是投诉人还是被投诉的媒体记者、编辑或机构,都可申请出席评议会并提出意见或为自身辩护。另外,评议会委员的意见也会被完整地记录下来,这些都维护了评议的公正。

2)公开性

评议会要求公开地发表相关评议结果,这使得媒体对评议会的裁决更加重视,也有助于受众更加直接、清楚地了解到被投诉的内容,即文章或出版物中出现的违背媒体伦理之处。大多数情况下,如果经过了评议会的讨论,某投诉被维持(投诉成立),那么被投诉的媒体应当对裁决结果予以公开发表。

同时,针对不同的文本类型,评议会明确制定了详细的评议结果发表规范,比如某纸质出版物的第1~3页上发表了一篇被投诉的印刷文章,则其应将判决直接写在第3页,最多400字。裁决必须在未经二次修改与编辑的状态下进行发表。当被投诉的文本已经传播扩散时,评议会也制定了相应的措施:在网站中发布一个写有裁决内容的链接,且该文章应被标记为违反了评议会的原则;如文本内容已经传播至的其他平台,评议会将发

---

[1] New Zealand Media Council. 40th Report of the New Zealand Press Council(2012)[EB/OL]. (2012-12-31)[2017-12-27]. https://www.mediacouncil.org.nz/publications.

表一份简短的声明,以在每一个已转发了原稿的出版物或媒体上进行说明。[1]

新西兰媒体评议会认为,自我监管是否有效的判定标准之一是公众的看法。因此,要求媒体发表评议结果不仅是对媒体的一种制裁,而且是为了提醒公众新闻界可以而且确实是在接受公众监督的。[2]

(二)新西兰媒体评议会评议的局限性

1. 评议原则不够细致

1999年8月,评议会发布了第一份《伦理原则声明》,2002年又对其做出了轻微的修正。诸多媒体工作者和社会公众认为评议会制定的原则声明过于传统。对于任何裁决机构来说,如果没有一套明确有效的原则来作为判定投诉是否成立的基础,往往很难做出有说服力的裁决。在2007年新西兰新闻评议会的意见收集中,许多人指出评议会制定的原则声明过于模糊,没有针对细节做出详细的规范。对《伦理原则声明》的主要批评和建议可以概括如下。

(1)公众利益的内涵亟待完善,比如对于使用欺骗手段获得真相是否符合公众利益等问题需要加以规定。

(2)有关儿童和青少年的原则过于模糊,基本的指导原则应当是保护儿童和青少年免受有损其福祉信息的伤害。这些原则应该包含一些细节的条款,以平衡言论自由权利和可能在新闻报道中给未成年人造成的危害。

(3)隐私方面的原则应更加具体,可借鉴澳大利亚新闻评议会制定的对于隐私保护的规定。

另外,许多被访者认为应当允许有相关经验的社会公众参与到伦理原则的制定过程中。同时建议评议会时常审查与改进各项伦理原则,并广泛

---

[1] New Zealand Media Council. Publication of adjudications[EB/OL]. [2017-12-27]. http://www.mediacouncil.org.nz/complaints.

[2] New Zealand Media Council. 36th Report of the New Zealand Press Council(2008)[EB/OL]. (2008-12-31)[2017-12-27]. https://www.mediacouncil.org.nz/publications.

征求意见,新闻与传媒学院、业界人士如前资深记者和编辑们也应参与其中,共同商讨并制定更加详细规范的基本原则。[1]

2. 公众对新西兰媒体评议会认知不足

2007年,新西兰高等法院退休法官伊恩·巴克(Ian Barker)与惠灵顿维多利亚大学经济学教授刘易斯·埃文斯(Lewis Evans)主导了一项关于新西兰新闻评议会公众认知的调查,其结果显示公众对评议会认知不足。许多受访者表示不了解新西兰新闻评议会的职责与功能。147名受访者中大部分人从未向新西兰新闻评议会投诉,其中对媒体有过投诉行为的有46人,但通过新西兰新闻评议会进行投诉的仅有17人,占受访者的11.6%。也有一部分受访者认为评议会是由国家权力机构设立的,并过分依赖于出版商或其他媒体机构的资金支援,一旦资金不足,独立性就难以保障,甚至许多媒体相关人士也有同样的看法,而这些看法与评议会的实际运行情况并不相符。部分受访者建议评议会在保证解决公众投诉的基础上增强对自身的宣传,如通过印刷宣传册、参与电视演讲、举办有关媒体问题的公开研讨会等方式强化受众对其职能和性质的认知。

3. 处理投诉与评议流程缓慢

许多人在调查中指出,评议会的决定公布时,被投诉的伦理失范内容已发表许久甚至已广泛传播,即使勒令媒体修改内容做出补救措施,也不够及时。政界咨询人士称在政治工作中尤其是遇到选举等大事件时,针对涉及某位政府官员报道的投诉如果在一周时间内难以得到解决,这甚至可能影响官员的政治生涯。曾向评议会提起投诉的某商业实体企业负责人指出,当注意到媒体发表了对其企业不准确的表述但未得到媒体答复时,他立刻向评议会提起投诉,虽然投诉最终成立,但媒体发表的不准确言论早已使企业遭受严重损失。最终,评议会的决定只会于事无补。截至2020年12月1日的数据显示,从公众发起投诉直至评议会公布结果,需要3~8周的时间。大部分投诉处理时效在6周左右,许多人认为用一个半月解决一件投诉是让人难以接受的。

---

[1] 陈力丹,任馥荔.新西兰新闻传播业的历史与现状[J].新闻界,2013(12),71-76.

五、对新西兰媒体评议会的评价

设立评议会的意义主要在于约束与监督新闻行业,维持媒体专业水准。作为媒体内部自我监管的代表性机构,评议会能够直接接触并面对公众的质疑与投诉,使得媒体行业的自我约束成为政府监管媒体之外的有力补充。新西兰媒体评议会在倾听公众意见、解决针对媒体投诉、监管调和逐渐庞大的媒体机构、促进公众与新闻工作者的沟通方面发挥了重要的作用。同时,新西兰媒体评议会始终重视各种基本媒体伦理准则,仔细考量涉及隐私、准确公平、特殊群体利益等较难以界定的复杂问题,通过规劝性的原则声明对媒体进行了有效监管,尽力在彰显公共利益、维护媒体权益及保障公众个人权利之间取得平衡。

然而,新西兰媒体评议会依旧存在诸如标准模糊、效率低下、监督不全面等问题。新西兰媒体评议会如何变革、如何适应时代发展,是仍需要人们探讨的重要课题。

面临多媒介形态的冲击,尤其是视听新媒体平台如网飞公司(Netflix)等新媒体的发展,新西兰当地纸质媒体发行量和受众阅读量有所下降,公众对媒体的投诉对象也不再局限于报纸、出版社。基于此,新西兰媒体评议会迈出了变革的第一步——为多媒体视频点播系统(Video-On-Demand,VOD)推出一个独立的消费者投诉程序,在评议会下设立单独的委员会专门处理公众对视听节目的投诉,扩展了自身的职责范围。同时,自2018年3月1日起,新西兰新闻评议会更名为新西兰媒体评议会(New Zealand Media Council),这是为更好地解决公众质疑并应对视频等新媒介的发展而进行的变革。

新西兰媒体评议会的运行在实践中不断调整。本章通过介绍并分析新西兰媒体评议会的运行机制、部分案例评议情况,增强新闻业界、学界对新西兰媒体评议会制度的了解,这为理解新闻纠纷提供一个视角。

第七章 澳大利亚新闻评议会运行机制及评析

一、澳大利亚新闻评议会概述

2020年7月30日,澳大利亚《信使邮报》(*Courier post*)发表了题为"国家公敌:青少年瞒报行程致使疫情防控混乱,引起民愤"(ENEMIES OF THE STATE:Outrage as deceptive teens cause COVID chaos)的报道。

这篇报道说:"两名19岁的新冠病毒确诊女孩因前往墨尔本后向当局谎报她们的行动轨迹,每人被罚款4000美元。"文中称,"奥利维亚·温妮·穆兰加(Olivia Winnie Muranga)是帕克兰基督教学院(Parklands Christian College)的一名清洁工,她在生病几天之后于周五打电话请假,尽管如此,她还是继续参加社交活动,去了伊普斯威奇和布里斯班的餐馆和酒吧。目前她所工作的学院已经关闭"。报道中还写道:"她的旅伴戴安娜·拉苏(Diana Lasu)也被检测出阳性。"这篇文章出现在当天报纸的头版,并在标题"国家公敌"下附上了穆兰加和拉苏的照片。

针对收到的投诉,澳大利亚新闻评议会要求《信使邮报》就该文章是否符合评议会的准则做出回应,特别是在文章中使用穆兰加和拉苏的姓名及照片时,是否采取了合理的措施以避免侵犯被报道者的隐私,以及是否采取了合理的措施避免造成重大的实质性伤害、痛苦或偏见。

对此,《信使邮报》表示,新闻媒体发布违反新冠病毒管理规则的个人姓名和照片的情况并不少见,并且在报道此类人员时一贯如此。《信使邮报》指出,穆兰加和拉苏的行为非常令人担忧,因为她们不仅违反了几个州的防疫管制规则,而且从墨尔本返回后她们的新冠病毒检测呈阳性,据称还没有配合警方和政府卫生工作人员的调查。《信使邮报》指出,她们的行为严重危害了昆士兰州的公共利益,因此为了公共利益公布她们的名字是必要的。

关于标题,《信使邮报》表示已经考虑了穆兰加士和拉苏所采取行动的后果及其对社区造成的消极影响,鉴于其行为的严重性以及封锁相关地点对商业和社会的影响,这个标题是完全公平和恰当的。

澳大利亚新闻评议会指出,在出版相关报道时,已经有公开记录表明,这两位女士因未遵守新冠疫情期间旅行限制条例而被指控。因此,评议会认为她们保护隐私的合理要求已被削弱。因此,评议会认为《信使邮报》没有违反《一般准则声明》"隐私和避免伤害"条款。[1][2] 评议会同时承认,该文章使用的语言以及标题旁突出展示的女性形象的照片,使得该文章的标题具有挑衅性。然而,评议会也承认该报道反映的两位女士的行为性质严重,对社区造成了一定的危害,这些并非基于涉事女性的任何个人特点。因此,评议会认为该文章没有违反《一般准则声明》"隐私和避免伤害"条款[3][4]。

澳大利亚的新闻媒体在防止权力滥用、监督政府行为和实现政治民主的过程中扮演了重要的角色。自我约束是澳大利亚传媒业的重要准则。在所有新闻自律组织中,澳大利亚新闻评议会是极其重要的代表性机构,其成立于1976年,负责回应有关澳大利亚报纸、杂志和数字媒体的投诉,同时负责督促媒体践行良好的行为准则,促进涉及公共利益信息的传播,通过媒体促进表达自由。

澳大利亚的媒体行业清楚地认识到了控制媒体治理权的重要性,并且通过解决一个核心问题来达到自我约束的目的,即谁控制媒体的治理权。由此,澳大利亚媒体行业建立了一个混合的问责制度来实现行业自律。这个协调制度已经形成了两个主要的监管机构,即澳大利亚新闻评议会

---

[1] Australian Press Council. Statement of principles[EB/OL]. https://www.presscouncil.org.au/standards/statement-of-principles/.

[2] 澳大利亚新闻评议会《一般准则的声明》的"隐私和避免伤害"条款:"应避免侵犯个人合理的隐私期待,除非这样做是完全为了公共利益。"

[3] Australian Press Council. Statement of principles[EB/OL]. https://www.presscouncil.org.au/standards/statement-of-principles/.

[4] 澳大利亚新闻评议会《一般准则声明》的"隐私和避免伤害"条款:"应避免引起他人或极大地造成他人遭受实质性侵害、痛苦、偏见,或者给他人带来健康方面和安全方面的风险,除非这么做完全是为了公共利益。"

(APC)和媒体娱乐与艺术联盟(MEAA)[1]。澳大利亚新闻评议会主要解决国内出版机构的伦理纠纷,而媒体娱乐与艺术联盟是针对媒体工作者的自律组织。这两个机构存在一个共同特征,即通过一系列道德守则和行为准则来规范媒体组织的出版商和记者的行为。

除此之外,澳大利亚通信和媒体管理局(ACMA)作为一个独立的英联邦法定机构,主要对澳大利亚的互联网、电话、电视、广播媒体进行管制,成为媒体行业以外的政府监管机构。

本章除了介绍澳大利亚新闻评议会的内部组成、裁决案例的处理流程,还在澳大利亚新闻评议会2013—2021年裁决的500余件案例中选取具有代表性的案例,探讨案例反映的伦理问题和评议会面临的问题。这些纠纷案例均来自澳大利亚新闻评议会公布的裁决案例细节和每年发布的年报。

二、澳大利亚新闻评议会的组织结构和工作流程

(一)澳大利亚新闻评议会内部结构和成员组成

新闻评议会的运行离不开工作人员。目前,澳大利亚新闻评议会共有22名工作人员,下设4个部门,包括1名独立主席、1名副主席、8名公共成员、9名媒体机构的提名人、3名独立记者成员。

独立主席由评议会任命,任期由主席和评议会商定。除非理事会另有决定,主席的任期为3年,并可连任1次,任期也为3年。公共成员是与媒体组织没有任何联系的人,此举旨在确保新闻评议会的裁决不会有失公允地偏向媒体、尽力保持客观公正。媒体机构的提名人来自主要报刊发行商及媒体行业从业者工会,他们代表了新闻出版行业的声音,可以在评议会内部与其他代表社会公众的部分力量形成相互制衡的关系。独立记者成员未受雇于任何媒体机构,旨在做出专业性决定,保持客观公正。公众成员和独立记者成员由评议会根据主席的提名任命。媒体机构的提名人由

---

[1] 媒体娱乐与艺术联盟英文名称是MEAA(Media, Entertainment & Arts Alliance),它于1910年12月10日在墨尔本成立,最初被称为澳大利亚记者协会(AJA),目前是澳大利亚媒体从业者的工会和行业的倡导者。

同意支持新闻评议会并接受其投诉制度的媒体机构选出。所有成员都应以个人身份行事和投票,而不是作为任何组织或利益集团的代表。[1]

评议会的日常工作由三个小组完成,分别是裁决小组、资金小组和行政财务小组。裁决小组通常由主席、副主席或小组主席、3名公共成员和3名媒体行业成员组成,他们主要负责审议投诉,并决定是否需要执行主任裁决该投诉。资金小组由主席、副主席和每个媒体成员的1位提名人组成,他们负责评估新闻评议会的整体资金水平和每个媒体成员的贡献。行政财务小组由主席和至少2名其他公众成员、2名出版商成员和1名记者成员或由媒体娱乐与艺术联盟提名的评议会成员组成,负责监督新闻评议会的行政和财务状况。[2]

媒体成员也是澳大利亚新闻评议会的重要组成部分。澳大利亚新闻评议会的媒体成员包括澳大利亚媒体行业中最具影响力的媒体,它们的产品销售额加起来占据澳大利亚所有报纸销售额和杂志销售额的95%,其中还包括大部分主要新闻和时事网站。这些媒体成员同意遵守澳大利亚新闻评议会的准则,并为其提供资金,配合其审议针对它们的投诉,并公布任何由此产生的裁决结果。同时,它们有权选择澳大利亚新闻评议会中媒体机构的提名人。[3]

(二)澳大利亚新闻评议会工作流程

澳大利亚新闻评议会处理投诉的流程主要分为三步,即初始评估、第一级审理和第二级审理。初始评估主要是由评议会工作人员初步判断接到的投诉能不能被评议会受理,如果可以,即转交给第一级审理。第一级审理主要是由评议会在投诉人和被投诉媒体之间协调,以求更快速便捷地解决纠纷,如果调解不成功,则交给第二级审理。第二级审理是由评议会的裁决小组进行裁决,并给出裁决结果,结果由被投诉媒体公布。

在处理投诉的过程中,新闻评议会将按照一定的准则对其管辖范围内的所有媒体进行约束,并对具体的投诉做出解释和处理。具体来说,评议

---

[1] Australian Press Council. APC Annual Report[EB/OL]. http://www.presscouncil.org.au.
[2] Australian Press Council. APC Annual Report[EB/OL]. http://www.presscouncil.org.au.
[3] Australian Press Council. who-we-are[EB/OL]. http://www.presscouncil.org.au/who-we-are/.

会会通过《一般准则声明》《隐私信条声明》等规约为纸质媒体及网络媒体设定需要遵守的实践标准。

1. 初始评估

投诉案件经过初始评估之后,会产生三种结果:案件不成立,不进行处理;移交其他组织处理;开始第一级审理。

在接到投诉后,评议会工作人员需要通过询问获取更多的细节,以便做出初步评估。执行主任处理投诉时需要考虑众多因素,其中包括投诉的案件在不在评议会的审理范围、是否更适合由其他组织来处理、被投诉媒体是否已经解决了这个问题、问题的严重程度是否需要由评议会进行裁决等。

执行主任将决定是否需要对该投诉进行非正式审议(第一级审理)或停止对该投诉的审理。当投诉案件中没有涉及违反评议会实践标准的事实,或者可能的违规行为不足以引发下一步审理时,将停止对该投诉的审理。

如果执行主任决定停止审议,澳大利亚新闻评议会应将相应情况通知投诉人。投诉人可以在收到通知的7天内对该决定提出复审请求。除非有充分理由,否则评议会在审议过程中不会撤销或改变最初的决定。

2. 第一级审理

大多数投诉都是在第一级审理过程中解决的,第一级审理一般会产生三种可能的结果:非正式审议,即评议会从中协调,媒体自行修正,达成双方满意的结果;案件终止;移交裁决小组,开始第二级审理。

评议会的工作人员首先审议投诉问题,并在必要时进行调查,然后决定是否寻求媒体的回应。工作人员可能会与投诉人和媒体进行进一步沟通,以澄清问题,并探讨双方都愿意接受的处理方式。如果投诉人和媒体同意达成和解,和解的可能结果有以下几种:对发表该新闻的原因做出解释;媒体非正式地道歉;发表与原报道不同的报道,以对最初的报道起到平衡作用;商定后发布更正、澄清或道歉;修改或删除网站上的相关材料;承诺未来更加注意对特定人员或问题的报道;承诺日后加强对媒体人员的培训和教育。

执行主任可以决定是否在第一级审理阶段就终止该投诉。对投诉不予审理的原因主要有以下几种:投诉人撤回了投诉,未在合理的时间内对评议会的来信做出回应,由更适合的其他组织进行审理,此事已经得到了充分的解决,纠纷内容不大可能违反评议会的实践标准等。

如果投诉人和媒体未得到成功调解,则由执行主任决定是否将该投诉提交给评议会的裁决小组(第二级审理)。如果投诉未提交给裁决小组,执行主任仍可向该媒体发出正式的建议函。例如,该建议函会告知该媒体,如果今后再发表类似报道,很可能会将其提交给裁决小组进行处理。

如果投诉在非正式审议阶段尚未终止或未得到解决,执行主任将考虑该投诉是否应进入裁决程序。为此,执行主任将会根据投诉人和媒体提供的信息和意见,编写一份"问题摘要",并充分考虑投诉人和媒体提供的材料及意见。"问题摘要"内容包括所涉报道的相关文字部分、评议会实践标准的有关部分、与投诉有关的事实和问题。

"问题摘要"编写后会发送给投诉人征求意见,执行主任在考虑投诉人的有关意见后,会将"问题摘要"发送给相关媒体征求回应。投诉人和媒体在收到"问题摘要"后,可以提出他们认为应该考虑的补充材料。执行主任将审议这些答复,然后决定该投诉是否进入裁决程序。

如果投诉没有提交给裁决小组,执行主任除了可以决定终止这一投诉外,还将给媒体发布一份正式的建议信,其中需要说明发表的有关报道有违反评议会的实践标准的风险。建议信可以指出,在特定情况下哪些因素会增加或者降低违反评议会准则的风险,并就降低违规风险的措施提供建议。为了给其他媒体和公众提供一般性指导,此类建议随后可能会公之于众,当然,在公开时会匿名处理该媒体或投诉人的身份。

如果执行主任决定将投诉提交给裁决小组,秘书处将编写一份"最终问题摘要"(Final Summary of Issues),其中包含了申诉人和媒体的相关意见。"最终问题摘要"和其他补充材料在发送给裁决小组成员之前,会先发送给投诉人和出版商,并给他们一段较短的时间(通常为48小时)进行补充。"最终问题摘要"和其他补充材料一旦发给裁决小组,除非裁决小组主席认为有充分理由允许对问题进行修改或增补,否则投诉人或媒体不能对"最终问题摘要"进行任何后续的修改或增补。

3. 第二级审理

投诉提交给裁决小组之后,裁决小组会有两种处理方式:直接开裁决会议进行裁决;开全面裁决会议与案件双方讨论裁决。裁决后,被投诉的媒体需要公布裁决结果。

如果投诉被提交至评议会的直接裁决程序,该问题将被列入下一次会议内容。直接裁决小组定期举行会议,会议可通过线下或电话进行。小组由主席(评议会主席或其中一位副主席担任)以及同等数量的公众成员和行业成员组成。除非执行主任与裁决小组主席协商,认为在特殊情况下需要口头陈述,否则直接裁决将依据相关文字材料进行裁决。直接裁决小组可拒绝处理其面对的投诉,并要求执行主任将投诉提交全面裁决会议处理。

如果投诉被提交至评议会的全面裁决程序,则裁决小组将为投诉人和媒体设定一个日期,以便与评议会的裁决小组进行讨论。裁决小组一般每月都会举行会议审议事项,由评议会主席或副主席主持,并包括4～6名其他成员,如公共成员和行业成员(未涉及此次投诉的媒体机构成员雇用的记者或前任记者)。

除非小组主席另有决定,否则投诉人和媒体将通过电话会议参与讨论。投诉人可以从朋友或亲属处得到协助。该媒体的编辑人员可以从相关记者或其他撰稿人处得到协助。律师或其他职业代表通常不被允许参与协助。

全面裁决小组通过审议执行主任提交的最终"问题摘要"和其他相关补充材料得出裁决结果。裁决小组还可能会参考申诉人和媒体的讨论,还可能要求执行主任进一步询问当事人或其他相关人员,并要求执行主席在向裁决小组报告之前向当事各方呈现相关材料以征求意见。

裁决小组有权判定投诉案件是否违反了评议会的实践标准。裁决小组的临时裁决将被发送给投诉人。申诉人和媒体可以要求裁决小组在规定期限内修改或复审临时裁决。

裁决结果出来之后,相关媒体必须按照执行主任批准的有关要求进行公布,如标明日期、页数和位置以及标题、附带材料等。如果不遵守批准的要求,媒体需要重新公布直到达标。直接裁决的决定将以简短的摘要形式发布(最多200字)并链接到媒体网站上的完整裁决决定。完整的裁决决定可以全文发布(通常500～800字)或以简短的摘要形式进行发布。每项裁决还会在评议会网站和年度报告中发布,并通过媒体的网站和社交媒体广泛分发。投诉人也可以通过自己的渠道自由公布结果。[1]

澳大利亚新闻评议会具体裁决流程如图7-1所示。

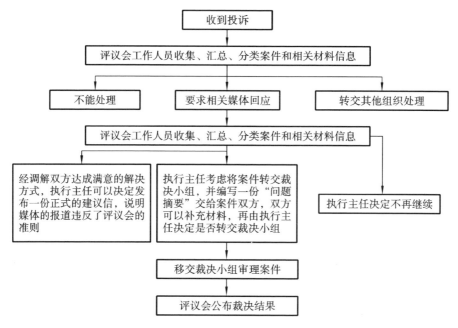

图7-1 澳大利亚新闻评议会裁决流程

(三) 澳大利亚新闻评议会工作流程特点

1. 纠纷处理力求快速便捷

处理案件耗时长曾经是澳大利亚新闻评议会存在的一个严重问题。1998—1999年,澳大利亚新闻评议会收到了58起投诉,然而处理这些案件时间最长的一次用了32周,最短的一次用了5周,平均每起案件用时13周。缓慢的处理进程不仅降低了澳大利亚新闻评议会的工作效率,也被大众诟病。

2013年,澳大利亚新闻评议会提出规定,提交投诉的期限从相关报道发表后的60天内减少至30天内,在某些特殊情况下可以延期。这一规定

---

[1] Australian Press Council. Handling-of-complaints[EB/OL]. http://www.presscouncil.org.au/handling-of-complaints/.

从2014年正式开始实施。这相当于拒绝了超过规定时限的公众投诉,督促人们尽快进行投诉,加速了评议会的工作进程。

2015年,澳大利亚新闻评议会提出增加一个"直接裁决"程序,并在2016年正式投入实施。"直接裁决"可以使裁决小组能够仅根据书面材料做出裁决,并不要求投诉人或被投诉媒体参与该小组的讨论,这提高了处理投诉的速度。对于很多投诉人来说,迅速解决问题是最重要的,"直接裁决"这项程序实现了这一点,在使用较少资源的同时提供了更快的决议方式。同时,2015年,澳大利亚新闻评议会取消了从2013年开始实施的"投诉说明"这项流程,使得投诉处理流程更加简明实用。

总体来说,澳大利亚新闻评议会在逐年改善投诉处理中的各种问题,使案件的处理效率不断提高,程序也越来越便捷。

2. 纠纷案件处理方式灵活、人性化

在案件的处理过程中,澳大利亚新闻评议会收到投诉后不会直接开始裁决,而是首先尝试在纠纷双方之间进行协调,以求在裁决流程开始前解决矛盾。纠纷双方的最终目的不是得到评议会的裁决,而是解决问题,因此,最好用协商的方法解决纠纷,这样一方面可以避免强制执行裁决结果,让纠纷中的一方受到"羞辱性"惩罚的风险,另一方面节省了评议会的工作时间和成本。

除此之外,裁决过程中评议会的执行主任还会撰写"问题摘要"递交纠纷双方,给纠纷双方进行补充的机会并征求双方意见。同时,裁决过程中的完全裁决程序还可以邀请纠纷双方开讨论会,提出各方观点进行交流,推动案件裁决进程。裁决过程对于纠纷双方来说非常透明,评议会也在不断听取双方意见,体现出纠纷处理过程的灵活性和人性化。

3. 监督媒体公开裁决结果

澳大利亚新闻评议会大多数投诉都是在全体会议中审议的,如果经过了新闻评议会的讨论,某投诉被支持,那么相关的被投诉媒体应该对裁决结果予以公开发表。要求发表裁决的规定不仅是对报纸的一种监督,也是为了告诉公众新闻界是可以被批评的。

按照澳大利亚新闻评议会的相关章程,媒体成员有义务遵守公布裁决的要求。例如,出版商必须确保只要评议会对其拥有的出版物做出了裁决,就必须在该出版物中完整刊登裁决结果。裁决结果需要有完整的标题,如"新闻评议会裁决书"或"新闻评议会裁决",附带新闻评议会的图标一起发布,并不得附上编辑的评论。如果是每日出版物,则必须在收到终审通知后 7 天内公布裁决结果。如果裁决涉及网络文章,则必须在网站主页上发布至少为期 24 小时的简要摘要说明,并提供完整裁决的链接。这也使得公众能够更加直接、清楚地了解被投诉的内容,即文章或出版物中出现的违背新闻伦理的内容。

4. 基于实践不断制定更详细的准则

澳大利亚新闻评议会出台的《一般准则声明》是处理案件和裁决案件的基础。基于每年接到的案件中反映的问题,评议会不断颁布新的伦理规范,让准则越来越完善,从而更全面地规范出版物和从业者的行为。

2011 年 8 月,评议会发布了《自杀报道的具体规范》。这一规范强调了正确报道自杀的重要性,以帮助公众了解自杀的原因、发现自杀迹象等。该规范指出不应该公布自杀的方法,以避免引发模仿自杀的行为。规范指出有关新闻报道还应包括自杀求助热线等细节。

2014 年 7 月,评议会发布了《采访病人的具体规范》。该规范的目的是在媒体与医院、护理机构的人员接触时,确保尊重患者及其家属的健康、尊严和隐私。具体来说,该规范旨在防止记者与处于弱势地位的患者进行不适当的接触,防止记者对其他患者和医院工作人员造成不适当的侵扰。

2016 年 3 月,评议会发布了《家庭暴力咨询指南》。该指南并不是为了限制或阻碍有关家庭暴力的新闻报道或评论,而是帮助编辑和新闻工作者对要报道的事件做出判断,如收集哪些信息以及从谁那里收集、如何构思故事,要求记者在报道时考虑责任、文化敏感性等问题。[1]

基于每年接到的投诉以及纠纷案件的审理情况,澳大利亚新闻评议会不断出台、更新涉及不同报道主题的伦理规范,从而督促媒体的报道在伦理要求的范围内进行。

三、澳大利亚新闻评议会实际裁决案例分析

澳大利亚新闻评议会每年接到的投诉有为 500 起左右,每年变化幅度

---

[1] Australian Press Council. APC Annual Report[EB/OL]. http://www.presscouncil.org.au.

不大。这些投诉主要涉及的伦理问题包括:涉及准确性、事实和误导性的问题;公平和平衡问题;造成犯罪、痛苦和偏见;侵犯隐私;利益冲突;纠正措施中的问题;以不公平或欺骗手段获得信息;公布的答复中存在问题。

(一)最大伦理问题——关于报道的准确性和误导性的投诉

澳大利亚新闻评议会《一般准则声明》的"准确性和清晰度"条款内容为:"保证新闻报道中的事实性材料和其他材料准确、不带歧义。新闻报道应当与其他类型文章,如评论区分开来。"一般来说,公众针对某一出版物内容的投诉不只涉及一种伦理问题。其中,"准确性和清晰度"条款在评议过程中被引用得最多,被公众投诉违反此条款的内容也最多。新闻失实的原因是多方面的,可能是新闻编辑直接通过网站搜索素材而没有实地考察导致的事实不准确,也可能是素材来源比较单一。以下是一则案例。

澳大利亚的一个网站(news.com.au)在2016年1月13日发布了一篇题为"创纪录的15亿美元强力球抽奖现已向澳大利亚投注者开放"(Record \$US1.5 billion Powerball draw now open to Australian punters)的文章。这篇文章报道了一家博彩公司Lottoland"为澳大利亚人提供了购买世界上规模最大的彩票的机会——奖金高达15亿美元(合21.5亿澳元)的强力球奖金"。文章引用Lottoland一位代表的话:"现在澳大利亚公民不必离开自己的休息室或办公室,就可以通过Lottoland赢得大型国际彩票,这真是不可思议。"

在接到投诉之后,澳大利亚新闻评议会要求该媒体自查其文章是否违反了实践标准,尤其是文章中所说的"澳大利亚公民能够直接购买通常是美国居民才可以购买的彩票"这一内容。评议会还要求该媒体自查是否已经充分解决潜在的违规行为。

该媒体承认,Lottoland实际上并未向澳大利亚公民提供购买强力球彩票的机会,而是让他们参与押注该彩票的结果。该媒体还表示文章中的信息部分基于Lottoland的新闻稿。该媒体称,它在2016年1月19日发表了一篇后续的解释性文章,标题是"详细说明——为什么您的彩票不是看上去的那样"(It's in the fine print——why your lotto ticket is not what it seems)。这篇文章告诉读者Lottoland不是彩票机构,而更像是博彩公司。该媒体还表示,在得知对原文章的投诉后已经于2016年2月15日修改了该文章,以确保读者不被混淆视听,并在修改的文章上附上一份编者注,告知读者它已被修改。

评议会认为,原文中的信息可能导致读者相信他们可以通过 Lottoland 直接进入美国彩票市场购买彩票,然而事实并不是如此。尽管该网站在 1 月 19 日发表了解释性文章,但原文章中的主要事实错误并未在一周内得到纠正。因此,评议会得出结论,该文章违反了《一般准则声明》的"准确性和清晰度"条款和"公平与平衡"条款[1][2]。

《一般准则声明》规定,在发表的文章明显不准确或具有误导性的情况下,媒体需要采取合理措施发布更正文章或采取其他适当的补救措施。评议会承认,该媒体在收到投诉通知后,于 2016 年 2 月 15 日左右对原始文章进行了修改,但该媒体本应该在 2016 年 1 月 19 日发表解释性文章时就认识到原始文章的不准确或具有误导性。评议会认为,该媒体有义务将 1 月 19 日的解释性文章与原始文章联系起来,以便使这些更正的信息引起读者注意。此外,尽管 1 月 19 日的文章对 Lottoland 和美国彩票的区别做了明确的解释,但修改后的原始文章没有出现在该网站主页的显眼位置,随后的修改和编者注不太可能引起原始文章读者的注意。因此,评议会认为该网站违反了《一般准则声明》的"准确性和清晰度"条款[3][4]和"公平与平衡"条款[5][6]。在此案中,该篇新闻的作者并没有核实信息的准确性,误导了读者,因此违反了评议会的准则。

在评议会每年接到的数百起投诉中,违反"准确性和清晰度"条款的案

---

[1] Australian Press Council. Statement of principles[EB/OL]. https://www.presscouncil.org.au/standards/statement-of-principles/.

[2] 澳大利亚新闻评议会《一般准则声明》"公平与平衡"条款第 1 条规定:"保证事实材料的报道是公平的、全面的,并且作者的观点并非基于明显不准确的事实材料或遗漏关键事实的材料。"

[3] Australian Press Council. Statement of principles[EB/OL]. https://www.presscouncil.org.au/standards/statement-of-principles/.

[4] 澳大利亚新闻评议会《一般准则声明》"准确性和清晰度"条款第 2 条规定:"如果出版的内容有严重的错误或引起歧义,媒体应该进行更正或提供其他有效的补救办法。"

[5] Australian Press Council. Statement of principles[EB/OL]. https://www.presscouncil.org.au/standards/statement-of-principles/.

[6] 澳大利亚新闻评议会《一般准则声明》"公平与平衡"条款第 2 条规定:"如果新闻报道对某人不利,要确保在后续报道中为该人提供一个公平的机会进行辩护,以解决可能违反《一般准则的声明》"公平与平衡"准则第 1 条的问题。"

件多的时候超过一半,少的时候也占到四分之一,由此可见该伦理问题在澳大利亚新闻行业中经常出现。

(二)造成实质性伤害、偏见和痛苦的案例数量较多

澳大利亚新闻评议会《一般准则声明》的"隐私和避免伤害"条款内容为:"应避免引起他人或造成他人遭受极大的实质性伤害、痛苦、偏见,或者给他人带来健康方面和安全方面的风险,除非完全是为了公共利益。"这是对被报道者权益的保护,但在媒体实践中,侵犯当事人权益的行为时常出现。下面便是一则案例。

2016年2月22日,《悉尼先驱晨报》(Sydney Morning Herald)发表了一篇文章,报纸上该文章的标题为"露易丝可怕而不为人知的故事"(The horrifying untold story of Louise),线上版本的标题为"露易丝的故事:我们永远不知道悉尼强奸流行有多严重"(The story of Louise: we'll never know the scale of the rape epidemic in Sydney)。新闻评议会审议了这篇文章是否违反其准则。

该文章报道了一起涉嫌强奸受害人露易丝的案件情节。据露易丝所说,实行强奸的男子讲的是阿拉伯语,并描述其为"雇佣兵"和"中东强奸犯"。文章还指出,露易丝报案时,新南威尔士州的警察没有采取任何行动。

评议会请《悉尼先驱晨报》就该文章是否违反评议会的准则做出回应。《一般准则声明》要求媒体采取合理措施,确保事实材料准确无误("准确性和清晰度"条款),并以合理公平和平衡的方式呈现("公平与平衡"条款)。如果材料严重不准确、不公平报道或产生误导,媒体必须采取合理措施,提供充分的补救措施或给被报道者发布回复的机会("准确性和清晰度"条款和"公平与平衡"条款)。这些标准还要求媒体采取合理措施,避免造成实质性伤害、痛苦或偏见,除非这样做充分符合公共利益("隐私和避免伤害"条款)。

作为回应,《悉尼先驱晨报》承认,自己的新闻报道中包含违反新闻实践标准的行为。但该报称,同一作者随后发表了另一篇文章《露易斯的故事:警方没有理由回答,但我有》(The story of Louise: police have no case to answer, but I do),作者试图回应先前文章中的过失。该报表示,2月24

日,同一作者在新文章中对原文章中提到的最具争议的指控进行了修改,包括删除了对中东团体的诽谤和对新南威尔士州警察不作为的指控,该报于3月1日将原文章全部撤回。该报还指出,它已于2月29日在其纸质媒体、线上网站以及社交媒体上发表了道歉信,并且发表了其他文章对其原文章做出批评。该报补充说,它已经实施了编辑保障措施,以避免或降低将来发生这种错误的风险。

该报承认其文章违反了评议会的准则。该文章出现的错误可能会对澳大利亚的中东社区、新南威尔士州警方、性侵犯受害者和更广泛的中东团体造成实质性的伤害、困扰和偏见。因此,媒体有必要在报道时对露易丝声称其遭到讲阿拉伯语的男子的强奸以及后来警察不作为这两个事实进行核查,以保证真实性。如果进行了进一步的采访和基本的事实核查,所有这些说法都会轻而易举地被驳回,说明该报未履行审核的责任。

评议会由此得出结论,《悉尼先驱晨报》没有遵循合理的步骤来核实或证实报道的准确性,违反了《一般准则声明》中关于准确性和公正性的业务标准。评议会还认为,《悉尼先驱晨报》没有采取合理措施来避免实质性的伤害、痛苦和偏见的产生,特别是文章中露易丝把讲阿拉伯语的男子描述为"雇佣兵"和"中东强奸犯",这些也不是出于对公共利益的考虑。[1]

此案中,被投诉媒体刊登的文章没有采取合理的措施避免种族偏见,容易挑起社会矛盾,评议会接到投诉后当即对其进行了裁决。

(三)未成年人卷入隐私侵犯案件受到关注

澳大利亚新闻评议会《一般准则声明》"隐私和避免伤害"条款规定:"应当避免侵犯个人合理的隐私诉求,除非这样做是完全为了公共利益。"在侵犯隐私的案例中,侵犯未成年人隐私的案件引起了广泛关注。与成人相比,未成年人心理承受能力比较弱,可能会因为隐私暴露感到羞辱,产生较大的心理负担,对其成长造成不良影响。所以评议会强调要特别保护未成年人的隐私。以下是一个典型的例子。

2016年3月26日,《信使邮报》发表了一篇文章,题为"是爸爸做的:谋杀案审判中八岁的关键证人在法庭上说道"(DADDY DID IT: Eight-year-

---

[1] Australian Press Council. APC Annual Report[EB/OL]. http://www.presscouncil.org.au.

old star witness in murder trial,court told),在线文章的题目为"八岁男童成为父亲谋杀案审判的关键证人"(Boy 8, to be key witness at father's murder trial)。

该文章报道了一名被指控谋杀的男子提出的保释申请,检方正在考虑传唤该男子8岁的儿子作为关键证人,而谋杀案发生时这名男孩只有6岁。这篇文章公布了男孩的全名以及被指控的谋杀地点,透露了这名男孩的真实身份,使得人们很容易辨识出他。

评议会要求《信使邮报》就其是否违背了《一般准则声明》"隐私和避免伤害"条款做出回应。《信使邮报》表示这篇文章来自一则合法、公正、准确的法庭诉讼报告。该报同时表示,为了全面准确地报道整个过程,有必要提及这名男孩的身份,不透露他的身份是不合适的。《信使邮报》认为该报道基于这样一个事实,即司法人员没有发布任何禁止公布男孩身份的命令,而且在公开法庭审理的案件中,证人不能有隐私诉求,指出他的身份符合公共利益。同时该报还表示其他媒体已经公布了男孩的名字。

评议会的相关准则要求媒体采取合理措施,以避免出现侵犯个人隐私以及对他人造成实质性伤害、痛苦或偏见,或对他人健康或安全造成重大危险的行为,除非这样做是为了公共利益("隐私和避免伤害"条款)。评议会承认,法院没有发出禁止公布男孩名字的命令,也没有任何其他法律对公布身份进行限制,所以发布名字显然不算是违法行为。然而,除了法律的严格要求外,成员媒体还有责任确保遵守《一般准则声明》。

评议会认为,考虑到男孩的年龄、针对其父亲的指控的性质以及检察官正考虑传唤他作为其父亲的证人这一事实,有理由认为男孩的隐私不应受到侵犯,他的名字不应被报道出来。即使检察官在处理申请保释期间在公开法庭上使用了他的名字,媒体也不应该公布这名男孩的身份信息。评议会认为,在这种情况下,公布他的姓名不符合公共利益,超出了对个人隐私的合理诉求。因此,评议会得出结论,该报道违反了《一般准则声明》"隐私和避免伤害"条款。

评议会还认为,该报未能采取合理措施以避免对该男孩的生活造成实质性伤害、痛苦或偏见,也未能采取措施避免对男孩的健康或安全造成风险。曝光他会使他陷入困境、感到痛苦或者更糟,例如影响其在校园里的正常生活。公布他的名字并没有增加故事的影响力,也不符合公共利益。

因此,评议会得出结论,该报也违反了《一般准则的声明》"隐私和避免伤害"条款。[1]

未成年人由于隐私曝光而深受困扰的案件多次出现。曾经有一个家庭因其孩子的隐私信息遭到不当报道酿成了悲剧,这个家庭向评议会提交报告,要求对记者进行更多、更规范的教育和培训。这使得评议会进一步认识到了问题的严重性。评议会就媒体对儿童和青年的报道进行了广泛的社会咨询,包括开会讨论、单独咨询主要利益相关者、借鉴其他组织的相关经验及阅读广泛的研究文献。评议会以此制定更加具体的准则,规范媒体对未成年人的报道。

四、澳大利亚新闻评议会面临的问题

(一)评议会资金来源反映出的独立性问题

澳大利亚新闻评议会由其媒体成员提供捐款,并且不收取任何政府资金,努力在更大程度上做到真正的新闻行业自律。但由于评议会受到它所评估和监管的对象即媒体成员的资助,因此出现了评议会过度担心失去赞助商而使裁决偏向赞助商的现象。澳大利亚新闻评议会因此承受着来自社会的质疑。

2011年,英国爆发了震惊世界的电话黑客丑闻。在此之后,澳大利亚对本国的媒体监管进行了独立调查。该调查由联邦法院前法官雷·芬克尔斯坦(Ray Finkelstein)负责,因此被称为"芬克尔斯坦媒体调查"。该调查主要是评估媒体行为准则的有效性以及技术变革对传统媒体的影响。

"芬克尔斯坦媒体调查"发现,澳大利亚监管媒体的方式不够严谨,无法确保责任落实且存在透明度问题。同时,"芬克尔斯坦媒体调查"报告还建议成立一个新的法定机构,即新闻媒体委员会(News Media Council)。这个新的机构比澳大利亚新闻评议会更强大,它由政府提供资金支持,资金来源独立于媒体行业,这样就可以避免评议会作为监管机构偏向受监管的媒体。在"芬克尔斯坦媒体调查"质疑了澳大利亚新闻评议会之后,评议会采取了一些措施来回应这些质疑。一方面,媒体同意加强对澳大利亚新

---

[1] Australian Press Council. APC Annual Report[EB/OL]. http://www.presscouncil.org.au.

闻评议会的捐款支持,在2012—2013年,澳大利亚新闻评议会获得的资金从80万美元提高到了160万美元,次年提高到180万美元;另一方面,澳大利亚新闻评议会的媒体成员同意做出3年的捐资承诺,其后的资助承诺至少要提前2~3年商定。媒体成员按照一定的程序提供资金,并遵守评议会的裁决,不会出现突然增加资金或是撤资的情况,由此保证了新闻评议会的独立性。

当时的新闻评议会主席朱利安·迪斯尼(Julian Disney)表示:"媒体的捐资承诺非常受欢迎,此举将大大增加评议会的资源和增强其效力。在未来的三年中,媒体会员的数量继续增加,资助资金大幅度提高,评议会可以实施一项持续的计划,以履行监管纸媒和网络媒体的职责……这一套方案基本上解决了'芬克尔斯坦调查'对评议会独立性和有效性的质疑的问题。"

资金来源影响独立性的问题暂时得到了缓解,评议会努力通过不断地尝试和改进,在动态中寻求完善。

(二)对媒体的约束力有限

澳大利亚新闻评议会对于成员媒体的约束力有限,主要有以下几个方面的原因:其一,澳大利亚新闻评议会是一个非法定的行业自律组织,它本身不受法律保护,裁决不具有法律效力,相比法定机构而言,它在强制力和执行力方面单薄很多;其二,评议会的裁决结果通常是公布对媒体的批评,或要求媒体公开道歉,这样的惩罚措施本身就只是一种"羞辱性惩罚",只在道德和舆论方面对媒体造成影响,而评议会并没有采取具有法律性质惩处的权力;其三,评议会的资金来源于受它监督的媒体成员,虽然媒体成员签订了文件,保证3年的捐资不会变化,以此避免媒体成员因为对裁决的不满而减少资金供给,但这被视作应对质疑的手段,评议会的资金来源制度本身就存在欠缺,难以从根本上解决约束力有限的问题。

(三)主席和评议会工作受到媒体成员质疑

多年来,澳大利亚新闻评议会和它的媒体成员之间始终关系紧张。媒体时常会对评议会的裁决结果表示不满和质疑,而评议会一方面需要坚持自己作为公正公平监督者的身份,另一方面其资金又来源于媒体的捐款,因此处于两难的境地。如《澳大利亚周末报》(The Weekend Australian)与评议会的纠纷受到社会的广泛关注。2014年8月,默多克新闻集团旗下的《澳大利亚周末报》发表了20多篇文章和评论,对评议会的工作和领导层进行了批评。该报指责评议会有越权行为、发布了可疑的裁决。该报在2014年8月9日发表的一篇社论中表示,对澳大利亚新闻评议会主席朱利安·迪士尼失去了信心,并对他所带领的评议会前进的方向感到担忧。该报认为,澳大利亚新闻评议会的裁决程序繁杂,其裁决被其主席的特殊口味和政治偏好带偏,没有起到促进良好新闻实践的作用。从这样的事件中可以看出,评议会的权威受到了挑战和质疑。其媒体成员可以用退出评议会这样的方式来表达不满和威胁,而评议会为了维持其行业自律组织的地位,不能轻易地退让妥协,所以这样的纠纷时常出现。

基于本章以上探讨,总的来说,澳大利亚的新闻业比较发达,国内社会现实比较复杂,新闻生产中产生的伦理问题比较多样。因为与英国的特殊关系,澳大利亚的新闻自律机制受英国的影响,但又根据自身情况进行了调整。澳大利亚新闻评议会根据制定的准则对纠纷案例进行裁决,监督和规范着新闻业从业者的行为。澳大利亚新闻评议会在成立的几十年中,对准则不断地进行修改和完善,使其成为澳大利亚新闻自律的重要依据。

澳大利亚新闻评议会也在不断适应当前的数字化时代。2016年6月投诉管理系统(CMS)的投入使用,提高了评议会准确掌握投诉数据的能力。通过投诉管理系统,新闻评议会可以得出投诉数据的趋势并生成评估报告,以及时地了解报道中出现的违规问题。

澳大利亚新闻伦理涉及的问题主要表现在两个方面。其一,新闻报道不准确,存在误导性内容。澳大利亚媒体出现这样的问题往往是由于作者在没有了解清楚事件经过的情况下进行了报道,或者在竞争环境下媒体为了获得更多的关注而使用带有误导性的表达方式。解决这样的问题,不仅需要评议会这样的监管机构对媒体进行惩罚,更需要对从业人员进行专业教育。其二,媒体内容给人造成伤害和引发偏见。澳大利亚是移民国家,多种族并存,人们对于媒体涉及种族的报道比较敏感,所以此类报道中出现的失误更容易激发偏见、给人带来痛苦。因此评议会制定更加清晰全面的关于种族问题的报道准则是非常必要的。

澳大利亚新闻评议会自身也面临很多问题,除了资金来源问题使其独立性、裁决受到质疑外,最大的问题就是其约束力不强。作为一个行业自律组织,澳大利亚新闻评议会不具有法定权力,对于违背新闻伦理准则的媒体或个人只能通过谴责、罚款、革除会籍等几种有限的方式进行惩罚。在缺乏有效制裁方式的情况下,必然会有媒体不尊重评议会的裁决结果。由此可见,约束媒体和给媒体自由这两者之间的关系非常难以平衡,新闻评议会在不断地寻求动态的解决办法。

下篇
媒体伦理问题的实践反思

第八章
新闻公评人的变革争议与实践价值研究

新媒体技术的应用不仅带来了新闻生产、信息传播方式的变化,也带来了新闻自律实践的革新。2017年5月,《纽约时报》(The New York Times)撤销了自2003年起设立的新闻公评人岗位——公共编辑(public editor),决定开放文章的评论功能,借助社交媒体用户的力量进行媒体监察。此外,包括《华盛顿邮报》(Washington Post)《今日美国》(USA Today)等在内的一批媒体也取消了新闻公评人岗位[1][2],曾经风行的以设置新闻公评人为特征的媒体问责机制一时遇冷。但与此同时,英国《卫报》(The Guardian)、加拿大广播公司等媒体仍然保留了新闻公评人岗位。在社交媒体时代是否还有必要保留新闻公评人岗位成为学界讨论的热点。不同媒体机构截然不同的选择,促使我们探究新闻公评人的功能及运作机制,分析新闻公评人在实践中面临的困境,总结在媒体技术高度发达而媒体伦理失范现象并未减少的情况下新闻公评人的发展路径以及对我国新闻媒体的启示。这些问题构成了本章将要探讨的主要内容。

一、从以媒体为中心到以读者为中心:新闻公评人的设立与运作

(一)新闻公评人的发展轨迹:从区域性媒体设立到全球性组织成立

最早提出"新闻公评人"这一概念的是媒介批评家巴格迪坎(Bagdikian),

---

[1] 新闻公评人(news ombudsman)在不同的媒体机构中有不同的称呼,如公共编辑(public editor)、读者代表(reader representative)、读者拥护者(reader advocate)等。本文正文统一使用新闻公评人,但在引用文献时使用原文献的表达方式。

[2] Starck K, Eisele J. Newspaper ombudsmanship as viewed by ombudsmen and their editors [J]. Newspaper Research Journal, 1999, 20(4):37-49.

他指出该岗位的职责是为报社发声、发挥报纸满足公众利益的作用,以改善公众对媒体的信任。[1][2] 较早将新闻公评人付诸实践的是美国《信使报》(Courier Journal),该报在1967年任命了美国第一位新闻公评人约翰·赫彻罗德(John Hershenroeder)。[3] 此后,欧洲、美洲、亚洲等报纸媒体相继设立了新闻公评人,如美国《华盛顿邮报》(Washington Post)、《纽约时报》、英国《卫报》、加拿大《多伦多星报》(The Toronto Star)、加拿大广播公司(Canadian Broadcasting Corporation)。除此之外,也有国家、媒体自律组织任命新闻公评人的情况。如瑞典的新闻公评人由议会首席监察员、瑞典律师协会主席和新闻协会联合委员会主席组成的委员会任命,受聘于由国家新闻俱乐部、瑞典记者联盟、瑞典媒体出版商协会和杂志出版商协会管理和资助的新闻公评人基金会,任期三年。[4]

国际性的新闻公评人组织——新闻公评人与标准编辑组织(Organization of News Ombudsmen and Standards Editors, ONO)于1980年成立。该机构是一个旨在提高新闻质量,组织世界各地新闻公评人成员讨论相关工作、分享经验的非营利性组织。截至2020年11月9日,该机构有58名会员,这些会员来自美洲、欧洲、亚洲、非洲、大洋洲的媒体机构、新闻评议会、高校等。[5]

(二)新闻公评人的运作机制:以程序化处理读者投诉为核心[6]

新闻公评人作为媒体与读者之间的桥梁,其首要职责是接收并处理来

---

[1] 单波,陈俊妮. 美国新闻公评人制度:新闻道德控制的幻象[J]. 新闻与传播评论,2004(1):77-82.

[2] 刘学义. 大众媒介的自我检视——美、加等国新闻公评人制度探微[J]. 西南民族大学学报(人文社会科学版),2010(3):112-115.

[3] 单波,陈俊妮. 美国新闻公评人制度:新闻道德控制的幻象[J]. 新闻与传播评论,2004(1):77-82.

[4] Instruction for the Press Ombudsman Office[EB/OL]. (2017-05-31)[2019-11-02]. https://po.se/about-the-press-ombudsman-and-press-council/instruction-for-the-press-ombudsman-office/.

[5] ONO Members around the world[EB/OL]. https://www.newsombudsmen.org/regular-members/.

[6] 新闻公评人处理读者投诉的流程综合参考了瑞典新闻公评人、加拿大广播公司新闻公评人和英国《卫报》的新闻公评人——读者编辑(readers' editor)网站的相关介绍。参见:https://po.se/, http://www.ombudsman.cbc.radio-canada.ca/, https://www.theguardian.com/info/2013/sep/23/guardian-readers-editor。

自读者的投诉。新闻公评人在处理读者投诉方面有一套程序化的机制。第一步,对违反媒体标准的新闻内容的投诉进行筛选。新闻公评人只接收那些针对内容违背准确性、保护隐私等伦理标准的投诉,不受理法律投诉、广告投诉、观点争议等类型的投诉,这划定了新闻公评人工作的边界。第二步,新闻公评人针对投诉展开调查。新闻公评人通过访谈记者、编辑及其他相关人员收集事实,评判被投诉的新闻内容是否违背了媒体标准。第三步,新闻公评人将调查结果告知公众,并在需要的时候登载更正和说明。如果读者对新闻公评人的调查结果不满意,还可以向媒体机构的审核小组、新闻评议会等组织提出上诉,申请审核。

除了处理读者投诉,新闻公评人还有另外两项职责。其一,撰写专栏,集中回应公众。专栏的内容包括讨论读者发来的重要投诉和评论、对事实性错误的更正、解释媒体的编辑方针和新闻生产的决策等。其二,评价本媒体机构编辑、记者的工作,以内部报告的形式提交给媒体负责人。

二、媒体变革时代新闻公评人的争议与困境

20世纪60年代以来,新闻媒体掀起了设立新闻公评人岗位、开展新闻自律的热潮。20世纪末21世纪初,一些新闻媒体开始撤销新闻公评人岗位。这样的变化既与新闻公评人岗位设立以来受到的公众质疑有关,也与报业发行量下滑、压缩经费开支有关。同时,随着社交媒体的普及,新闻媒体认为社交媒体用户比新闻公评人监督媒体的效果更好,从而取消新闻公评人岗位,这给新闻公评人的生存带来了新的困境。

(一) 公众质疑:是独立的批评者还是媒体的公关手段

媒体设立新闻公评人是为了增强公众对媒体的信任,但在运作过程中公众对新闻公评人本身产生了质疑。

新闻公评人面临的质疑之一是新闻公评人这个批评者到底是站在读者的立场还是媒体机构的立场。公众之所以产生这样的质疑,一方面与一些新闻公评人受雇于媒体、薪酬由媒体发放有关(新闻公评人从媒体机构获得薪酬,即与媒体机构之间产生了经济利益方面的联系),另一方面与一些媒体机构的新闻公评人是该媒体机构的职员或曾在该媒体工作有关。

根据 ONO 官网上的陈述,大多数新闻公评人都是从他们所监督的报纸或广播公司的高级职员中挑选的。[1] 如《华盛顿邮报》的第一任新闻公评人理查德·哈伍德(Richard Harwood)是该报的国内新闻编辑,之后的两任新闻公评人本·巴格迪肯(Ben Bagdikian)和罗伯特·梅纳德(Robert Maynard)也是来自报社,后来任命的新闻公评人萨姆·扎格利亚(Sam Zagoria)来自美国消费者产品安全委员会(Consumer Products Safety Commission),但他在加入联邦政府机构之前曾长期是《华盛顿邮报》的记者。[2] 再如,加拿大广播公司新闻公评人杰克·纳格勒(Jack Nagler)在被任命之前,曾在该公司的新闻公共责任与参与部担任新闻主任。[3] 新闻公评人曾在供职的媒体从事新闻工作,与其他记者、编辑是"熟人"关系,公众难免怀疑新闻公评人会被同事关系影响,难以成为对媒体展开真正批评的独立批评者。

新闻公评人面临的质疑之二是其发表的内容会被媒体把关,新闻公评人的权力受到制约。有的新闻公评人表示专栏内容在发布之前会交给主编检查,还有的新闻公评人因为总编不喜欢批评的立场,而不撰写或不发表批评报纸的言论。[4] 也有媒体声明保留拒绝刊登新闻公评人来信的权利。可见,编辑喜好、媒体机构的氛围影响着新闻公评人的专栏写作,新闻公评人的独立性面临挑战。此外,新闻公评人没有惩处记者和编辑的权力,令公众质疑其发挥作用的程度。新闻公评人虽然可以针对读者投诉展开调查,要求相关人员做出回复,并向媒体上层汇报读者投诉的调查结果,但对违背了职业伦理、工作出现失误的记者和编辑,新闻公评人并没有处罚乃至开除的权力。新闻公评人在媒体机构中的效力有限,也难免会让公众质疑其是媒体机构的"装饰品"。

新闻公评人面临的质疑之三是新闻公评人在回复读者投诉时更多展现的是媒体的积极作为,对媒体的批评较少,更像在帮助媒体进行公关。有研究发现,新闻公评人较多地对记者进行批评,但很少对新闻组织进行

---

[1] About ONO[EB/OL]. https://www.newsombudsmen.org/about-ono/.

[2] Kenney R,Ozkan K. The ethics examiner and media councils:improving ombudsmanship and news councils for true citizen journalism[J]. Journal of Mass Media Ethics,2011,26(1):38-55.

[3] About Jack Nagler[EB/OL]. http://www.ombudsman.cbc.radio-canada.ca/en/about/.

[4] Evers H. The news ombudsman:Lightning rod or watchdog? [J]. Central European Journal of Communication,2012,5(2):224-242.

批评,而且发布的内容侧重展现新闻组织已采取的积极措施。[1] 一些新闻公评人在网上回复读者投诉时会登载媒体管理层的回应,并以媒体机构的编辑标准作为依据,解释记者的行为没有违背本单位的准则,展现出记者遵循伦理规范的良好形象,这与公关从业者树立企业良好形象的工作不谋而合。

(二)技术冲击:社交媒体挑战了新闻公评人原有机制及其信奉的规范

社交媒体的出现对新闻公评人存在的必要性造成了一定程度的冲击。这一冲击首先体现在新技术改变了公众的阅读习惯,使得报纸的读者流失。报纸不再是公众获取消息的主要来源,保留报纸的新闻公评人岗位显得没有太大必要。其次,社交媒体为公众提供了直接与媒体联系、监督媒体的新途径,无须新闻公评人作为读者的代表对媒体进行监督,这也成为一部分媒体取消新闻公评人岗位的原因。2017年5月31日,《纽约时报》宣布取消新闻公评人岗位,出版商阿瑟·苏兹贝格(Arthur Sulzberger)在备忘录中说道:"我们在社交媒体上的粉丝和网络上的读者可以共同作为现代化的监督者,这比某一个人监督更加机警、力量更大。"[2] 为此,苏兹贝格表示将拓展《纽约时报》的评论平台,并开放大部分文章的评论功能,为读者和《纽约时报》架起沟通的桥梁。同样地,娱乐体育节目电视网(Entertainment and Sports Programming Network)取消新闻公评人岗位的原因是他们认为互联网和社交平台打造了一大批监督者,人们可以直接向媒体提出问题和看法。[3]

新媒体技术下的新闻伦理评判标准需要改变,但不少媒体的新闻公评人仍以传统媒体伦理标准作为评判依据,显得不合时宜。媒体机构一般都会选择具有丰富经验的媒体人作为新闻公评人,即艾特玛(Ettema)和格拉

---

[1] Ettema J S, Glasser T L. Public accountability or public relations? Newspaper ombudsmen define their role[J]. Journalism & Mass Communication Quarterly, 1987, 64(1):3-12.

[2] Owen L H. The New York Times is eliminating the position of public editor: here's the Sulzberger memo[EB/OL].(2017-05-31)[2021-03-21]. http://www.niemanlab.org/2017/05/the-new-york-times-is-eliminating-the-position-of-public-editor-heres-the-sulzberger-memo/.

[3] Elliott C. In defence of the public editor[EB/OL].(2018-05-18)[2019-03-24]. https://ethicaljournalismnetwork.org/defence-the-public-editor.

塞尔(Glasser)所说的该领域的"老手"[1]。琼斯(Jones)认为,这样带来的问题是新闻公评人会将旧的媒体规范应用到当前的新闻业中。[2] 新闻公评人遵循的是基于传统媒体新闻实践而制定的伦理准则,这些准则未必完全适用于当前基于互联网数字技术的新闻传播活动。新闻公评人如何运用评判新闻报道的标准面临挑战。

(三)生存困境:同事关系紧张与媒体机构经费有限

除了公众、技术等外部因素,新闻媒体机构内部的氛围也影响着新闻公评人的运作。新闻公评人面临的一个内部困境是可能遭到同行的不满和孤立,从而影响新闻公评人的调查工作和同事关系等。新闻公评人与记者、编辑属于监督和被监督的关系。新闻公评人是记者、编辑的监督者,负责评估新闻报道是否符合准确、平衡、有人情味、公平等职业伦理标准,定期向媒体高层汇报读者投诉的调查结果和新闻报道的质量,提出改进新闻实践的建议。可以说,新闻公评人介入并公开了新闻工作者的职业活动。对于那些被指控违背新闻职业伦理的记者来说,新闻公评人的工作可能会影响他们的职业生涯,因此他们会对新闻公评人产生排斥、怨恨的情绪,甚至"认为他们是告密者"[3]。这对于维持媒体内部和谐融洽的同事关系是不利的。从理念的角度看,新闻公评人与记者、编辑关系的紧张,反映了社会责任(公评人制度)与自由主义(编辑独立性)之间的冲突。[4] 记者、编辑在采写、编辑新闻的过程中,依据自己的职业伦理观和工作经验,自主决定新闻的信息采集和报道写作,而作为媒体承担社会责任、回应公众关切的代言人,新闻公评人则需要针对读者投诉提出补救措施,纠正记者、编辑的新闻实践活动,这在一定程度上威胁到了记者、编辑的职业权威和管辖权。

另外,媒体经济状况不佳也威胁到了新闻公评人的生存。媒体因为经

---

[1] Ettema J S,Glasser T L. Public accountability or public relations? Newspaper ombudsmen define their role[J]. Journalism & Mass Communication Quarterly,1987,64(1):3-12.

[2] Jones S. The New York Times needs a public editor[EB/OL]. [2017-05-31]. https://newrepublic.com/minutes/142974/new-york-times-needs-public-editor.

[3] Day L A. Ethics in Media Communications:Cases and Controversies[M]. Cambridge:Wadsworth Publishing,2005:49.

[4] Kenney R,Ozkan K. The ethics examiner and media councils:Improving ombudsmanship and news councils for true citizen journalism[J]. Journal of Mass Media Ethics,2011,26(1):38-55.

济压力不得不削减成本,裁员便成为压缩经费开支的一个办法。在经费有限的情况下,新闻公评人容易成为最先被媒体撤销的岗位。部分新闻公评人的反对者所持的观点便是"新闻公评人的成本过于昂贵,紧张的新闻经费花在记者和编辑身上更好"[1]。由于报纸经济状况不佳而取消新闻公评人职位的情况,在美国、荷兰(尤其是地方报纸)均有发生。[2][3]

三、新闻公评人是新闻媒体重塑信任与新闻专业正当性的良器

虽然新闻公评人在实践过程中面临公众质疑、社交媒体冲击和生存困境,但我们不能因此而忽视其存在的重要价值。新闻公评人通过调查读者投诉、解释媒体实践,搭建起新闻媒体、记者或编辑与公众之间沟通的桥梁,使新闻媒体意识到自己的社会责任,令参与其中的三方主体均从中获益。

(一) 缓解新闻媒体机构的信任与生存危机

新闻媒体通过设立新闻公评人岗位,可以在公众面前树立承担社会责任、重视读者反馈的形象,以此挽回公众对该媒体的信任。具体而言,新闻公评人在以下三个方面起到了缓解公众对新闻媒体信任危机的积极作用。第一,新闻公评人接受读者关于新闻报道违背准确、平衡、公正等伦理标准的投诉,对事实性错误、语言和拼写等错误进行更正,提出相应的补救措施,客观上使报道更加准确和公正,树立起媒体注重新闻报道品质、践行传播事实的社会责任的形象。第二,新闻公评人向公众解释信息的采集过程、媒体的编辑方针、决策依据,实际上打开了新闻生产的"黑箱"。设立新闻公评人表明了媒体公开新闻制作过程的态度,有助于提升公众对媒体的信任度。研究者发现,设有新闻公评人的报纸处理读者投诉和争论,对公

---

[1] Meyers C. Creating an effective newspaper ombudsman position[J]. Journal of Mass Media Ethics,2000,15(4):248-256.

[2] Evers H. The news ombudsman: Lightning rod or watchdog? [J]. Central European journal of communication,2012,5(2):224-242.

[3] Paul S. Journalism, not 'cheerleading': An ombudsman's paradigm repair in the JNU sedition case in India[J]. Journalism: Theory, Practice & Criticism,2020,21(3):423-440.

众认知报纸的质量和可信性有积极影响。[1] 第三,新闻公评人重视读者反馈,提升了媒体在公众心目中的形象。研究表明,与新闻公评人联系并对回复感到满意的读者,对报纸的认知比那些没有联系新闻公评人的读者更加积极。[2] 新闻公评人在媒体上发布更正与说明,这种承认错误、主动更正的行为可以提升公众对媒体的好感,使公众感受到媒体对自己的重视,有利于提升媒体在公众心目中的形象。

新闻公评人可以缓解媒体机构的生存危机,这主要体现在减少法律诉讼,避免更大的诉讼开销。新闻公评人向公众提供了申诉的渠道、倾听读者投诉、对错误进行更正、满足读者需求,可以"避免读者向报业评议会和法院起诉"[3]。新闻公评人"将某些可能导致法律诉讼的严重投诉解决于萌芽之中,节约诉讼成本"[4],避免媒体支付更大的诉讼开销,这对媒体的经营而言无疑是有益的。

(二)强化新闻工作者的伦理意识与优化职业分工

设立新闻公评人岗位有助于强化新闻工作者的伦理意识、改进新闻实践。新闻公评人对新闻报道的准确性、公正、平衡等方面进行评估,体现出本机构对这些伦理准则的认可,这反过来强化了新闻工作者的新闻伦理意识,有利于提高新闻报道的质量。相关研究显示,新闻公评人在一定程度上使记者和编辑更重视报道的公平和准确。[5] 设立新闻公评人岗位还能优化新闻媒体机构内部从业者的分工合作,将原本需要编辑和记者各自应对的读者投诉、质疑,统一由新闻公评人进行处理,节省了编辑和记者的时间。

---

[1] McKinzie B W. How papers with and without ombudsmen resolve disputes[J]. Newspaper Research Journal,1994,15(2):14-24.

[2] Hartung B W,JaCoby A,Dozier D M. Readers' perceptions of purpose of newspaper ombudsman program[J]. Journalism Quarterly,1988,65(4):914-919.

[3] Evers H. The news ombudsman:Lightning rod or watchdog? [J]. Central European journal of communication,2012,5(2):224-242.

[4] 刘学义. 大众媒介的自我检视——美、加等国新闻公评人制度探微[J]. 西南民族大学学报(人文社会科学版),2010(3):112-115.

[5] Starck K,Eisele J. Newspaper ombudsmanship as viewed by ombudsmen and their editors[J]. Newspaper Research Journal,1999,20(4):37-49.

（三）向公众提供反馈渠道，增进公众对新闻业的认识

新闻公评人为公众提供了表达意见、维护自身利益的渠道。在设立新闻公评人岗位之前，公众通过读者来信等方式表达对新闻媒体的意见，但不是所有的来信都会收到媒体的回复，不少信件往往被束之高阁，媒体和公众之间的沟通并不畅通。而媒体设立了新闻公评人之后，只要读者投诉的内容属于新闻公评人的管辖范围，新闻公评人就要在申诉程序规定的期限内给予读者答复[1]，读者还可以对新闻公评人的回复进行再次评论。如果读者对新闻公评人的处理结果不满，还可以申请审核或上诉。新闻公评人的设立，为公众提供了一个有效的表达渠道，规范的申诉程序为维护公众自身利益提供了保障。

新闻公评人的实践工作还有助于提升新闻媒体的透明度，增加公众对新闻工作的了解。新闻采集与制作被职业新闻工作者垄断，新闻媒体内部和新闻生产过程不向公众公开，这些原本属于公众无法了解的"后台"，因此新闻内容乃至新闻媒体时常会遭受公众怀疑。新闻公评人在答复投诉时，会介绍新闻采集和制作过程，解释新闻业的理念、职责和规范，这揭开了笼罩在新闻业之上的神秘面纱，增进了公众对新闻行业的了解。

四、社交媒体环境下新闻公评人的发展路径与启示

作为媒体系统内部的修正机制，新闻公评人在媒体面临信任危机时起到了重塑媒体形象、重建公众信任、增强从业者职业伦理意识、加强媒体与公众沟通的作用。社交媒体的出现确实对保留新闻公评人岗位构成了一定程度的威胁，但也要看到，社交媒体用户取代新闻公评人从事媒体批评具有一定的现实局限性。一些媒体已经从聘任、薪酬发放等方面采取措施，并借助新媒体技术完善了新闻公评人的运作方式，这为新闻公评人未来的发展以及对我国新闻业自律提供了启示。

---

[1] 有的媒体会在处理读者投诉程序中注明，如果读者的投诉与之前其他人的投诉属于同一类，新闻公评人可能不会再回复新的投诉。

（一）多种手段确保新闻公评人的独立性

面对独立性缺失的争议，媒体已经从聘任对象、聘任方式、薪酬发放、办公地址等方面采取了相关措施来确保新闻公评人的独立性。在聘任对象方面，媒体会选择曾在其他行业、其他媒体从业的人员担任新闻公评人。如《卫报》曾聘任律师为新闻公评人、《华盛顿邮报》曾聘任前国务院新闻发言人为新闻公评人，在其他媒体单位工作过的经验丰富的记者也会成为聘任对象。在聘任方式方面，新闻公评人不由媒体直接任命，而是通过有媒体、公众代表参与的委员会来聘任。如加拿大广播公司的新闻公评人由有公众参与的遴选委员会选拔。[1] 在薪酬发放方面，新闻公评人的工作薪酬由媒体划拨经费成立的基金会支付，基金会的工作由聘任委员会管理。如瑞典新闻公评人的薪酬由新闻公评人基金会资助发放。[2] 在聘期方面，新闻公评人的工作聘期有年限限制，保证了公评人在职期间不被媒体随意解雇。在办公地点方面，新闻公评人有单独的办公室，如荷兰的新闻公评人在新闻编辑室之外的地点办公。[3] 另外，新闻公评人直接向媒体机构的高层汇报工作，这也可以避免新闻编辑室成员的干预。

未来，确保新闻公评人独立性可采取的路径还包括任命更多类型的、理解新闻业规范的"局外人"，如较早退休的记者，受过新闻教育、在大学学习新闻并在校园媒体工作的人，伦理家以及文化人类学家。[4] 这些人对新闻编辑室的运作有所观察，对新闻业、新闻伦理有所理解，同时能以局外人的眼光进行媒介批评，这样可以保障新闻公评人的独立性和专业性。除此之外，还可以采取新闻公评人与新闻媒体保持一定距离、谋求与新闻评议会合作、以兼职的方式从事公评人工作等措施。里克·肯尼（Rick Kenney）和凯雷姆·奥兹坎（Kerem Ozkan）提出了新闻公评人与媒体评议会协作的模型，由媒体评议会接收公众投诉，并将投诉转交给新闻公评人进行调查；媒

---

[1] Mandate[EB/OL]. http://www.ombudsman.cbc.radio-canada.ca/en/about/mandate/.

[2] Instruction for the Press Ombudsman Office [EB/OL]. [2017-05-31]. https://po.se/about-the-press-ombudsman-and-press-council/instruction-for-the-press-ombudsman-office/.

[3] Van Dalen A, Deuze M. Readers' advocates or newspapers' ambassadors? Newspaper ombudsmen in the Netherlands[J]. European Journal of Communication, 2006, 21(4): 457-475.

[4] Meyers C. Creating an effective newspaper ombudsman position[J]. Journal of Mass Media Ethics, 2000, 15(4): 248-256.

体评议会接受社会捐赠,并用其支付新闻公评人的薪水。[1]这样可以确保新闻公评人在运作方式和经济上不受媒体机构的影响。此外,克里斯托弗·梅耶斯(Christopher Meyers)提议新闻公评人最好有能保证稳定收入的其他工作,在工作之余兼职担任新闻公评人,这将实现新闻公评人有效批评所需的独立性。[2]

(二)借助新媒体技术实现新闻公评人工作的数字化转型

在社交媒体时代,新闻公评人面临是否应该被取消的争议,争议点在于新闻公评人的工作能否被社交媒体的用户取代。虽然新媒体技术为公众监督媒体、与媒体直接联系提供了便捷和低成本的渠道,但社交媒体用户要真正起到新闻公评人的作用,还面临着一些现实的困境。其一,社交媒体用户无法要求记者或管理层必须回答自己提出的问题,更不可能等在新闻办公室门口要求他们答复。[3]其二,用户可以在社交媒体平台上发布针对新闻报道的批评性评论,然而这并不意味着这些用户的评论都是有质量的,特别是当公众被非理性情绪主导时发表的评论。[4]社交媒体用户的评论在多大程度上可以真正发挥监督媒体完善新闻实践的作用是有待考证的。其三,媒体可能会通过删除评论等方式来控制用户发表在社交媒体上的批评,不是所有的批评都会被媒体高层看到。相比之下,新闻公评人可以做到社交媒体用户不太可能做到的一些事情,如向媒体高层汇报读者投诉,并要求当事部门给予回应。从这些方面看,新闻公评人仍能发挥一定的积极作用。

从媒体实践来看,新媒体技术与新闻公评人的工作相结合促成了新闻公评人的转型,为新闻公评人提供了新的发展路径。如《卫报》、加拿大广

---

[1] Kenney R, Ozkan K. The ethics examiner and media councils:improving ombudsmanship and news councils for true citizen journalism[J]. Journal of Mass Media Ethics,2011,26(1):38-55.

[2] Meyers C. Creating an effective newspaper ombudsman position[J]. Journal of Mass Media Ethics,2000,15(4):248-256.

[3] Calderone M. The New York Times is eliminating the public editor role[EB/OL]. [2017-05-31]. https://www.huffingtonpost.com/entry/new-york-times-public-editor_us_592ec472e4b0e95ac1956706?4r9.

[4] Waddell T F. The authentic (and angry) audience:How comment authenticity and sentiment impact news evaluation[J]. Digital Journalism,2020,8(2):249-266.

播公司等媒体的新闻公评人,通过网站接收读者投诉,并发布回应,实现了新闻公评人工作的数字化;这些网站上还发布了新闻公评人受理投诉的范围、评判新闻报道的标准(如新闻媒体的职业规范)。这些举措有利于新闻公评人的工作与新闻业实践更加开放和透明。在社交媒体时代,新闻公评人同样可以将接收读者投诉、公布调查结果、进行更正解释、撰写专栏的工作扩展到社交媒体平台。如《卫报》在 Twitter 上开设新闻公评人的官方账号,新闻评论人可以在账号上发布更正说明的专栏内容、转发新闻伦理的文章、与其他的 Twitter 用户进行互动等。[1]

(三) 新闻公评人对我国媒体自律的启示

我国也有媒体设立了类似于新闻公评人的制度。新疆经济报系旗下的子报《都市消费晨报》在 1999 年建立了新闻督察制度,督察内容涵盖新闻、广告、发行、投诉审核、期刊报纸纠错等。[2]《新疆日报》在 2004 年设立了新闻督察员,听取读者批评建议、开设专线专栏向读者做出答复。[3] 如今,我国新闻业面临新技术的冲击,新闻生产的周期缩短,新闻报道出错、失范的可能性增大。在此背景下,国外新闻公评人的实践经验为我国新闻媒体完善自律机制提供了一定的借鉴。

其一,顺应新媒体技术带来的新闻生产与传播方式的变革,借助新媒体实现新闻自律的数字化转型。如今新闻信息的收集、处理和发布速度增快,新闻报道出现错误的频率增加,媒体对新闻报道质量进行监督与纠错的方式也应有所改变。国外新闻媒体机构将新闻公评人的工作扩展到网站、博客、社交媒体,启示我们可以借助新媒体实现新闻自律运作的数字化、创新工作形式与手段、增强新闻自律工作的传播力和影响力。例如,可以在媒体的官方网站、微信公众号上设立专门的更正与说明栏目,及时更正新闻报道中的错误,解释具体新闻实践的依据,顺应公众数字化阅读的习惯。

---

[1] Guardian Readers' Editortwitter[EB/OL].(2013-07-11)[2017-05-31]. https://twitter.com/GdnReadersEd.

[2] 薛建文. 新闻督察制度建设的实践与思考[J]. 中国报业,2009(3):41-43.

[3] 裴英明. 加大监督力度 自律他律结合 维护党报形象——新疆日报社在"三项学习教育"活动中完善新闻督察专员制度[J]. 新疆新闻出版,2004(6):24-26.

其二，系统建设媒体自律体系，部署新闻自律矩阵。国外新闻媒体的新闻自律实践经历了从成立新闻评议会、制定伦理规范、开展媒介批评到设立新闻公评人的过程，涵盖克劳德·贝特朗（Claude Bertrand）归纳的三类媒体问责制：书面、广播和在线文件（如伦理规范、内部备忘录、批评性博客）；个人、团体和机构（如新闻公评人、读者小组、道德委员会）；过程（如伦理课程、继续教育、错误数据库）。[1] 这启发我们对新闻媒体的自律体系进行系统性建设，统筹部署不同形式的自律实践，形成新闻自律矩阵，例如：制定并向社会公示本机构的编辑指南或伦理规范；推动新闻自律工作的职业化与专业化，构建媒体内部驱动与公众外部监督相结合的新闻伦理治理模式；定期组织在职记者、编辑参与职业伦理培训。总之，多种措施并举，改进新闻实践、提升媒体公信力、激发新闻自律的效能。

五、总结

《纽约时报》取消新闻公评人岗位，引发了国外新闻业界和学界对社交媒体时代是否应该取消新闻公评人这一话题的讨论。实际上，无论是取消还是保留新闻公评人，媒体保持与读者沟通、接受读者问责的理念都在以不同方式得以延续。取消新闻公评人的《纽约时报》直接接受社交媒体用户的监督和问责，在某种程度上让用户扮演着对新闻内容进行建设性批评的角色；保留新闻公评人的《卫报》、加拿大广播公司借助网站和社交媒体接收、反馈用户的质疑，完成新闻公评人的数字化转型。不同媒体的不同抉择背后是对践行新闻伦理、重塑公信力的一致追求。

实际上，新闻公评人可以被视为一个历史概念，它的出现与特定的社会环境有关，并在一定时期发挥了积极作用。新闻公评人让我们意识到新闻业的发展目标不仅是传播内容，还应包括促进社会的对话。媒体应当走出以自我为中心的误区，进行反思。达成这样的目标离不开媒体问责机制的引导。但正如尼尔·尼曼斯（Neil Nemeth）所说的："没有任何一种媒体问责手段——政府对新闻内容的管制、诽谤和隐私诉讼、媒介批评、新闻教

---

[1] Bertrand C J. Media Ethics and Accountability Systems[M]. Presses Universitaires de France, 1997: 44-48.

育、强制性伦理规范、媒介评议会——是完美的。"[1]新闻公评人也不例外。当经济、技术等社会环境发生变化时,新闻公评人的实践方式也应发生改变。正如帕特里克·费鲁奇(Patrick Ferrucci)所说的,"新闻公评人不是一个静态的职位,而是一个多年来持续被形塑、改变和具体化的角色"[2]。社交媒体的出现一方面对新闻公评人的岗位构成威胁,另一方面成为转变新闻公评人工作方式、推动新闻公评人转型的力量。无论是报纸媒体设立的新闻公评人,还是网站、社交媒体平台上的新闻公评人,都是媒体在不同发展时期进行自律的不同实践形式,背后贯穿的是媒体对公众负责、新闻生产过程透明的理念。

新闻公评人的实践过程可以被看作完善媒体自律的过程。新闻自律从来不是他人之事,"如果新闻业试图重建公众信任,如果它希望避免目前面临的来自其他社会机构的更大的外部监管力量,它就必须发展更可信的自我监督"[3]。便捷的媒体技术和公众监督只是外部的辅助力量,真正需要在复杂多变的环境中付诸自律努力的是新闻业自身。

---

[1] Neil Nemeth. A News Ombudsman as an Agent of Accountability [A]. In: Pritchard, D. (eds.), Holding the Media Accountable: Citizen, Ethics, and the Law[C]. Indiana University Press, 2000:64.

[2] Ferrucci P. The end of ombudsmen? 21st-century journalism and reader representatives[J]. Journalism & Mass Communication Quarterly, 2019, 96(1):288-307.

[3] Meyers C. Creating an effective newspaper ombudsman position[J]. Journal of Mass Media Ethics, 2000, 15(4):248-256.

第九章
技术变革下新闻透明性伦理准则与实践的探讨

社交媒体的出现使得媒体从业者与公众进行直接对话越来越便利,那新闻工作者是否有必要向公众解释新闻报道背后的选择逻辑?如果有必要,应当遵循什么样的准则?我们对这些问题进行思考时,都会涉及新闻伦理中一个重要的原则——透明性原则。

在数字时代网络传播技术的变革中,新闻工作者发现那些能够质疑、分析和挑战他们工作的公众正在前所未有地削弱新闻专业的传统权威性与合法性,透明性原则逐渐被视为应对这种挑战的一种解决方案,被视为重塑公众信任的一种策略。作为替代客观性的新伦理准则,透明性对应着一套实践策略,这一伦理准则与实践操作在新媒体环境下有着值得肯定的价值,也面临一定的困境。

一、作为新闻伦理准则的透明性

传统媒体时代的新闻生产流程是封闭型的,公众并不知道新闻人如何报道新闻故事,也不知道编辑室内的工作程序是怎样的。商业模式的变化、传播技术的变革以及公众期待的提高,都要求媒体采取一种更为"开放"的姿态进行新闻生产。新闻业的透明是指"生产新闻故事的决定、方法和来源等都向公众公开,将新闻生产制作过程开放给新闻媒体机构以外的公众"[1]。新闻界呼吁,如果新闻工作者希望自己的工作是有价值的,那么应当展示自己的工作。帕特里克·普莱森斯(Patrick Plaisance)和琼·德帕(Joan Deppa)将透明定义为道德要求,他们认为透明与诚实和公平一样,

---

[1] Koliska M, Chadha K. Digitally outsourced: The limitations of computer-mediated transparency[J]. Journal of Media Ethics, 2016, 31(1): 51-62.

都是信誉的支柱。从这点上来说,强调透明性不仅仅是为了显示新闻的价值,更是一种职业美德。[1]

2013年,凯利·迈克布莱德(Kelly McBride)和汤姆·罗森斯蒂尔(Tom Rosenstiel)在《新闻记者的伦理:21世纪的准则》一书的伦理准则部分,用"透明性"取代了原来伦理准则中的"独立性"[2],将其视为职业伦理思想的核心,并解释了透明性的价值:"透明性可以带来更好的媒体信息传播效果,也可以通过新闻生产的开放性而培育出一种更重要的独立性——公众的智力独立,因为在透明性原则指导下,报道者的主观性认知可以在报道中直接呈现,而不是将报道者的偏见暗含于中立的报道中,这样可以让公众独立判断。"[3]该书解释了透明性准则的内涵,包括以下三点:"展示如何完成报道以及人们为何相信报道,解释消息来源、证据和你做出的选择,揭示你不知道的东西,保持知识上的诚实与谦逊(而不是虚假的全知);无论是基于政治或哲学立场而争取独立或是获取信息,都需要清楚地阐释你的新闻工作方法,展示出这些内在因素是如何影响你的报道的,包括如何选择报道主题及消息来源等;承认错误,快速更正错误,并鼓励公众对错误信息进行反馈。"[4]美国新闻工作者职业协会(SPJ)的伦理准则于2014年进行了修订,增加了"透明性准则",其内容为:"要负责任和保持透明性。有道德的新闻业意味着新闻工作者要对自己的工作负责,并向公众解释报道者的决定。新闻工作者应该向受众解释道德选择和流程,鼓励与公众就新闻实践、报道和新闻内容进行对话;快速回答有关准确性、清晰度和公平性的问题;承认错误并及时高调地更正错误,仔细清楚地解释、更正和澄清;揭露包括组织内部在内的新闻业的不道德行为;遵守那些新闻工作者

---

[1] Stearns J. Why journalists should use transparency as a tool to deepen engagement. mediashift[EB/OL]. (2015-08-31)[2019-02-26]. http://mediashift.org/2015/08/why-journalists-should-use-transparency-as-a-tool-to-deepen-engagement/.

[2]《新闻记者的伦理:21世纪的准则》一书指出,传统媒体时代指导新闻工作者在新闻实践中做出道德决策的三大伦理准则是"真理、独立和最小化伤害",现在应当修正为"寻求真相并尽可能充分地报告、保持透明性、将社交媒体传播作为目的而不是作为一种手段"三大新的伦理准则。

[3] Rosenstiel T. Why 'be transparent' has replaced 'act independently' as a guiding journalism principle. Poynter[EB/OL]. (2013-09-16)[2019-02-26]. https://www.poynter.org/reporting-editing/2013/why-be-transparent-is-now-a-better-ethical-principle-than-act-independently/.

[4] McBride K. The New Ethics of Journalism: About this blog. Poynter[EB/OL]. (2013-06-09)[2019-02-26]. https://www.poynter.org/reporting-editing/2013/about-this-blog/.

第九章 技术变革下新闻透明性伦理准则与实践的探讨

期待他人履行的高标准。"[1]理查德·范德沃夫(Richard van der Wurff)和克劳斯·肖恩巴赫(Klaus Schönbach)运用德尔菲(Delphi)方法对60位荷兰新闻工作者、新闻研究者进行了调研,研究他们认为哪些新闻规范很重要。研究发现,除了传统的真实性、公正性等伦理准则外,透明性也成为一种伦理准则,对透明度的强调,表明现在的记者必须比过去更加重视受众。[2]

在过去的媒体伦理准则中,透明性准则也会被提及,但只是作为"真实性准则"或"客观性准则"的一部分,今天,透明性准则被提升到一个与"真实性"相同的重要位置,比尔·科瓦奇(Bill Kovach)和汤姆·罗森斯蒂尔(Tom Rosenstiel)对此表示:"人们可以知道什么时候才是越来越接近正确,即当消息来源是权威时、当研究是详尽无遗时、当方法是透明时。"[3]透明性甚至被视为"新的客观性"。丹尼尔·温伯格(David Weinberger)写道:"过去我们相信,是因为我们相信记者是客观的,今天我们相信,是因为我们可以看透使记者处于某种立场的来源和价值。"[4]

二、作为新闻操作实践的透明性策略

透明性是一种规范性结构,与公共责任和实践正当性密不可分。透明性是一种"增强公众知识、参与和揭开新闻实践的神秘面纱、澄清新闻价值的策略"。[5]媒体从业者不断地利用新媒体技术进行提升媒体透明性的尝

---

[1] SPJ Code of Ethics. Society of Professional Journalists[EB/OL]. (2014-09-06)[2019-02-26]. https://www.spj.org/ethicscode.asp.

[2] Van Der Wurff R, Schönbach K. Between profession and audience: codes of conduct and transparency as quality instruments for off-and online journalism[J]. Journalism studies, 2011, 12(4): 407-422.

[3] Kovach B, Rosenstiel T. The Elements of Journalism: What News People Should Know and The Public Should Expect[M]. New York, NY: Grown, 2007.

[4] Weinberger D. Transparency is the New Objectivity[J/OL]. Joho the Blog, 2009(19). [2019-07-19]. http://www.hyperorg.com/blogger/2009/07/19/transparency-is-the-new-objectivity.

[5] Ziomek J. Journalism, Transparency and the Public Trust. A Report of the Eighth Annual Aspen Institute Conference on Journalism and Society [C/OL]. [2019-02-26]. https://www.aspeninstitute.org/wp-content/uploads/files/content/docs/cands/JOURTRANSPTEXT.PDF.

试。20世纪90年代初,史蒂文·史密斯(Steven A. Smith)呼吁结束"堡垒式新闻编辑室"模式,并在2005—2008年担任《美国日报》(USA Today)发言人评论的主编职位期间提出了"透明新闻编辑室"倡议。他在网上直播了编辑会议,并在博客中揭示了这种决策的原因。2016年,《华盛顿邮报》的大卫·法伦特(David Fahrenthold)在报道特朗普慈善基金交易事件时,同时在Twitter上发布了他的报道进展,向公众展示了他采访慈善机构的笔记本照片,这种开放性得到了公众的支持,其他记者也向他发送了一些信息,如特朗普用慈善机构的钱买了一张自己的肖像,挂在佛罗里达州一家度假村的墙上。[1] 在瑞典,SVT公共广播公司的Aktuellt新闻杂志于2007年启动了提高透明性的计划,其每天在互联网上发布几个编辑会议的视频片段和其他内部讨论,负责人伊娃·兰达尔(Eva Landahl)说:"我们让用户参与我们的编辑过程,对话是我们项目的基础。"[2]

如今,记者正在迅速完善提高透明性的基本框架,以适应数字平台极其丰富的信息来源。维姬·克鲁格(Vicki Krueger)提出了在新闻的事实核查中提高透明性的九种方法:其一,上传用于撰写新闻稿件或进行事实核查的文件、副本、数据或其他材料,如果记者、制作人和编辑可以看到它,那也应当让公众看到它;其二,所有信息来源都需要用到超链接,如果使用注释会更好;其三,需要更正时,应当在线上和线下立即更正,同时更正社交媒体中的错误;其四,作为事实核查的一部分,向公众公开组织的伦理准则;其五,完善选择事实和制作新闻的标准方法,并与公众分享此方法;其六,准确解释某个事实被选中并进行检查的原因,以及它为什么具有重要意义;其七,确保披露所有利益冲突,无论它们看起来多么微不足道;其八,通过调查表、社交媒体、评论或邮箱等形式,与公众进行沟通,让他们知道你想要他们的想法和反馈;其九,登记公众的批评,在收集大量的公众意见

---

[1] Blanding M. Can "Extreme Transparency" Fight Fake News and Create More Trust With Readers? [J]. Nieman Reports, 2018, 72(2): 34-41.

[2] Meier K. TRANSPARENCY IN JOURNALISM: Credibility and trustworthiness in the digital future [EB/OL]. (2009-09-10) [2019-02-26]. https://www.academia.edu/11543629/TRANSPARENCY_IN_JOURNALISM_Credibility_and_trustworthiness_in_the_digital_future.

后,应当寻求解决这些问题的方法。[1] 有研究者认为透明性包括两个相互关联的方面。一方面是指新闻报道者可以解释并公开新闻选择与生产方式等,这种被称为披露性透明(disclosure transparency),如上面提到的标注超链接、在发生错误时将更正后的信息与原始信息一起发布来承担责任等;另一方面是指在新闻生产的不同阶段可以邀请用户参与进来,通过各种方式让受众参与新闻制作过程,这种被称为参与性透明(participatory transparency)。[2]

不同的组织机构也在围绕提高透明性而努力,美国新闻协会(API)于2014年制作了一份题为"通过透明性建立信誉"的报告,其中包括提高透明性策略的五个方面,包括向公众显示新闻报道和相关来源、与公众合作、负责任地组织信息、进行信息披露和有价值的陈述、有效地更正网站和社交媒体的错误,并对每一个方面的透明性策略进行了详细的说明(见表9-1)[3]。

表9-1 美国新闻协会新闻生产中的透明性准则与策略

透明性准则	透明性策略
向公众显示新闻报道和相关来源	1. 运用超链接显示新闻报道中的各种信息来源 2. 呈现新闻报道的修订历史,显示内容自首次发布以来的变化
与公众合作	1. 邀请公众对新闻选择与生产过程提出建议 2. 鼓励公众参与互动 3. 在社交媒体上回应 4. 与公众、其他机构进行大规模合作 5. 鼓励公众对错误进行反馈
负责任地组织信息	1. 汇编大量新闻稿件时应标识注释或设置超链接,避免"洗稿" 2. 使用他人的内容时应当获得许可

---

[1] Krueger V. 9 ways to improve transparency when fact-checking. Poynter[EB/OL].(2016-09-13)[2019-02-26]. https://www.poynter.org/educators-students/2016/9-ways-to-improve-transparency-when-fact-checking/.

[2] Silverman C. The best ways for publishers to build credibility through transparency[J/OL]. American Press Institute,2014,22;2019.[2019-02-26]. https://www.americanpressinstitute.org/publications/reports/strategy-studies/transparency-credibility/.

[3] Karlsson M. Rituals of transparency:Evaluating online news outlets' uses of transparency rituals in the United States,United Kingdom and Sweden[J]. Journalism studies,2010,11(4):535-545.

续表

透明性准则	透明性策略
进行信息披露和有价值的陈述	1. 披露报道者与报道中提到的来源、组织或事件的关系 2. 披露报道中提到的信息来源、组织或事件的链接 3. 披露报道中所使用的数据或材料的不足之处 4. 使用非常规方法收集信息时，应当披露 5. 当对消息来源有不寻常的安排时（例如使用它们时保持匿名或使用假名），应当解释
有效地更正网站和社交媒体的错误	1. 更正应当人性化 2. 更正应当准确，而非模糊 3. 更正应当放在突出的位置 4. 更正的目的是传播真相

不同的机构运用了多种方式、实施不同的项目提升新闻透明性，其中值得注意的是由美国加利福尼亚州圣克拉拉大学马库拉（Markkula）应用伦理中心牵头的信任项目。该项目与75家媒体的新闻编辑制定了一套透明性标准，其中的指标被称为"信任指标"，其中提升信任的8个核心"信任指标"与透明性相关，如不仅要告诉公众署名作者是谁，也要告诉公众作者的详细信息，包括他的专业知识等；对于信息进行标签化分类，使公众知道哪些是意见、哪些是事实、哪些是广告、哪些是获得赞助的宣传等。值得注意的是，该项目已是众多社交媒体网站和搜索引擎（包括Facebook、Twitter、Google和Bing）的合作伙伴，这些网站同意使用这些指标，以便用户衡量文章的可信度。[1][2]

三、新闻透明性伦理准则的价值

（一）通过践行透明性准则增强公众对新闻的信任

新闻媒体要接受公众全方位的审视，稍有不当便容易受到诸多批评，

---

[1] 该项目提出的信任指标主要包括新闻媒体的最佳实践标准、记者信息介绍、新闻与其他体裁的区分、引用与参考数据的标注、新闻生产方法介绍、本地消息源呈现、多元化声音的努力与重视公众的反馈。

[2] The Trust Project. Frequently Asked Questions[EB/OL]. https://thetrustproject.org/faq/#indicator.

第九章 技术变革下新闻透明性伦理准则与实践的探讨

公众对新闻媒体的信任也会不断下降。奈特基金会相关报告显示,近年来,大多数美国成年人对新闻媒体失去了信任,在信任新闻媒体的原因方面,除了准确与无偏见,透明性成为一个重要因素,71%的人表示媒体对透明性的承诺非常重要,提供事实核查资源与链接也很重要,69%的人表示如果媒体采取行动,自己可以恢复对新闻媒体的信任。[1] 所以,对于媒体来说,回应公众信任危机的方法之一是让公众看到新闻报道生产的过程,一旦他们看到这个过程,他们就会理解报道者是如何做出新闻决策的,进而建立对新闻媒体的信任。比尔·科瓦奇(Bill Kovach)和汤姆·罗森斯蒂尔(Tom Rosenstiel)强调媒体从业者与他们所服务的社会群体之间的基本信任是非常重要的,对于媒体从业者和新闻媒体来说,赢得公众信任的最重要方式之一是让他们透彻地了解新闻工作者以及他们的工作。温伯格(Weinberger)认为,在"链接时代",透明性可以使我们看到影响新闻报道以某种方式呈现而不是以其他方式呈现的那些价值观、原因等,透明性使公众相信新闻报道,而不是相信那些建立在权威之上的客观性主张。[2] 理查·范·德温(Richard van der Wurff)和克劳斯·肖恩巴赫(Klaus Schönbach)提出了包括透明性在内的新闻伦理准则,并指出,"在新闻专业化被全面怀疑的现在,透明性是确保现代新闻质量的重要措施,如果记者不愿或无法在这些专业准则上达成一致,那就无法期望获得相应的专业自主权"[3]。

一方面,维持新闻的透明性,意味着新闻媒体不是凌驾于公众之上的绝对权威机构,意味着新闻媒体需要更多的自我反思,从而与公众建立平等且密切的关系来建立可信度。这种平等与交流对于新闻媒体赢得公众信任来说是重要的。新闻媒体不应将更正当作耻辱,而应当将其视为透明

---

[1] Jones J M, Ritter Z. Accuracy, Unbiasedness, ransparency Foster Media Trust[J/OL]. Gallup. (2018-09-11) [2019-02-26]. https://news.gallup.com/opinion/gallup/242066/accuracy-unbiasedness-transparency-foster-media-trust.aspx?g_source=link_NEWSV9&g_medium=SIDEBOTTOM&g_campaign=item_243665&g_content=Accuracy%2c%2520Unbiasedness%2c%2520Transparency%2520Foster%2520Media%2520Trust.

[2] WeinbergerD. Transparency is the New Objectivity[J/OL]. Joho the Blog,2009(19). [2009-07-19]. http://www.hyperorg.com/blogger/2009/07/19/transparency-is-the-new-objectivity.

[3] Van Der Wurff R, Schönbach K. Between profession and audience: codes of conduct and transparency as quality instruments for off-and online journalism[J]. Journalism studies,2011,12(4): 407-422.

性准则下的道德要求,更正不是破坏信任,而是强化从业者履行负责和透明职业义务的一种方法。另一方面,维持新闻的透明性,也是对虚假信息的一种反击。越来越多的人通过社交媒体获取信息,但很多信息披着新闻的外衣,在真实性方面大打折扣,而坚持新闻的透明性可以让公众看到新闻报道产生的过程等,让公众可以判断哪些信息是新闻、哪些信息是真实的、哪些媒体是值得相信的。

可以说,透明性至少能在两个方面发挥功能:其一,它有助于获得公众的信任;其二,对于记者而言,它可以作为一种问责制度。因为公开了新闻媒体的工作,媒体从业者就会更加清楚地意识到他们对于公众责任的重要性,这有利于媒体道德的改善。

(二)提出透明性准则以维护新闻职业的管辖权与合法性

新闻本质上是一种知识资源,新闻职业要获得专业地位,必须取得对事件信息进行收集和传播的排他性管辖权。[1] 对于曾经的新闻业来说,客观性作为一套职业规范,充当着帮助新闻业发挥与其他职业争夺管辖权的策略性工具。然而这种客观性面临诸多质疑,正在失去作为新闻规范的主导地位,所以记者们可能不得不寻找其他规范作为职业专业性和合法性的基础,而透明性正是记者们找到的规范。[2] 如今的透明性可以视作网络技术下新闻业主张专业地位的一种宣言。简·辛格(Jane Singer)关注了以透明性为中心的专业管辖权争夺战。正如她所说的,对于传统记者来说,重要的是如何保证真实性,对于博主来说,重要的是透明性,诸多博客的伦理准则中有透明性的规定,这些是在传统媒体的伦理准则中很少提到的。[3] 传统新闻媒体通过透明性来应对新媒体的挑战,并加强它们在社会中的地位。如今不同类型的媒体均增加了对透明度的兴趣,主要是为了宣称自己的专业管辖权。

迈克尔·科利斯卡(Michael Koliska)和卡莉亚尼·查达(Kalyani

---

[1] 夏倩芳,王艳.从"客观性"到"透明性":新闻专业权威演进的历史与逻辑[J].南京社会科学,2016(7):97-109.

[2] Vos T P, Craft S. The discursive construction of journalistic transparency[J]. Journalism Studies, 2017, 18(12):1505-1522.

[3] Singer J B. Contested autonomy: Professional and popular claims on journalistic norms[J]. Journalism studies, 2007, 8(1):79-95.

第九章 技术变革下新闻透明性伦理准则与实践的探讨

Chadha)基于新制度理论分析提出,新媒体技术冲击下,透明性准则提出的动因是重塑新闻媒体的制度神话与组织合法性。制度神话的塑造往往是通过组织实践、规范和价值观等来实现,它们塑造了组织成员的共同价值观,也塑造了公众对该组织的看法与认可。透明性准则被视为塑造新闻媒体制度神话的策略,组织成员在认可透明性准则的同时,也再次认可了他们的职业身份,也让公众在理解与接受透明性准则的基础上重新理解新闻行业。[1]

反映在制度神话中的价值观可以被概念化为仪式价值观(行为的意识形态标准)和工具价值观(有效的行为标准),为人们提供被赋予特定意义的制度来保持社会结构的运转。[2] 在实践中,这些价值观并不是静止的,而是随着环境变化而变化。透明性可以被理解为伴随着新的新闻实践而出现的观念创新。

四、停留于仪式的透明性的新闻实践

新闻媒体支持透明性准则,提出了一系列提高透明性的规范,希望以此塑造媒体良好的外部形象。马克·杜泽(Mark Deuze)指出,在当前的数字媒体环境下,实现新闻生产和决策流程的透明性是可行的,因为在线用户可以轻松地核查事实、提出批评建议和与新闻媒体互动。[3] 然而,透明性理念与透明性措施之间有着巨大的鸿沟,即使新闻媒体似乎已经"拉开幕后",并让观众感觉他们可以进入新闻流程,但媒体很少真正透露新闻报道背后的方法与动机。新闻媒体似乎坚持传统规范,在新闻行业内部,客观性仍然是一个主要的标准,因为它有一套可操作性的流程。在新闻业日常实践中并没有很好的透明性措施,正如莱亚·海默勒(Lea Hellmueller)、蒂姆·沃斯(Tim Vos)和马克·波佩尔(Mark Poepsel)所发

---

[1] Koliska M, Chadha K. Digitally outsourced: The limitations of computer-mediated transparency[J]. Journal of Media Ethics, 2016, 31(1): 51-62.

[2] Bush P D. The theory of institutional change[J]. Journal of Economic issues, 1987, 21(3): 1075-1116.

[3] Deuze M. What is journalism? [J]. Journalism, 2005, 6(4): 442-464.

现的那样,坚持客观性而不是透明性仍然是美国新闻编辑室普遍存在的业态。[1]

同样,迈克尔·卡尔森(Michael Karlsson)对美国《纽约时报》、英国《卫报》、瑞典《每日新闻报》的头版新闻报道(335篇)的内容进行分析后发现,这些媒体的大多数新闻报道的生产方式都是传统新闻报道的制作方式,新闻制作(包括报道和编辑)的重要部分没有用户参与,没有解释如何或为什么要制作这些报道,也没有披露记者的个人偏好;用户对新闻生产过程的参与往往局限于对已发布的新闻报道进行评论。因此,在线新闻未呈现出以透明为核心的开放性。[2] 卡莉亚尼·查达(Kalyani Chadha)和迈克尔·科利斯卡(Michael Koliska)对来自《纽约时报》、《华尔街日报》、《华盛顿邮报》、美国全国公共广播电台(NPR)和美国有线电视新闻网(CNN)等几个媒体的记者进行了深入访谈,大多数受访者表示透明性在报道过程中不是一个重要的考虑因素,在新闻编辑室或编辑讨论中也并不会经常出现。事实上,查达和科利斯卡发现了一种分离——尽管新闻媒体机构声称他们对透明性的承诺,但记者似乎并未将透明性视为日常实践的重要价值标准。作者认为,这种分离导致了一种情况,即新闻媒体只将有限的新闻制作领域向公众开放,重点是引入新技术下的在线沟通功能,使新闻组织能够参与某种类型的低风险的"管理透明"。[3] 换句话说,新闻媒体使用一些新技术使新闻实践看似透明,但媒体成员并没有在很大程度上采用透明性规范。透明性只停留在仪式的透明性上。

新闻界将透明性视为一种伦理准则和道德实践标准,希望公众可以全面了解和观察新闻媒体和工作者的内部工作方式,从而督促媒体进行自我反思,提升公众对媒体的信任度,所以透明性准则被强烈地推崇,希望新闻工作者以一种积极、自愿的方式进行透明性实践。但如何使媒体从业者基于透明性理念有效地开展透明性实践呢?

目前看来,新闻界应当探讨透明性准则的具体伦理条文内容,由媒体

---

[1] Hellmueller L, Vos T P, Poepsel M A. Shifting journalistic capital? Transparency and objectivity in the twenty-first century[J]. Journalism Studies,2013,14(3):287-304.

[2] Karlsson M. Rituals of transparency:Evaluating online news outlets' uses of transparency rituals in the United States,United Kingdom and Sweden[J]. Journalism studies,2010,11(4):535-545.

[3] Chadha K,Koliska M. Newsrooms and transparency in the digital age[J]. Journalism Practice,2015,9(2):215-229.

第九章 技术变革下新闻透明性伦理准则与实践的探讨

机构、媒体自律组织等出台相关的伦理规范,从而对新闻行业起到一定的指导作用,鼓励媒体从业者自觉自愿地遵守。规范代表了媒体组织机构的专业价值和最高理想。虽然媒体伦理规范在媒体实践中存在一定有限性,但它们可以充当为新闻工作者提供指引的标志。[1] 如可以在"透明性准则"下面设立"超链接指南",呼吁媒体在新闻报道中增加超链接以提升透明度。回到本章开篇提出的问题,如果将网络上的信息组合成为一篇新的文章而没有给出注释或者增加超链接的话,那就违背了透明性原则。超链接提供了一种简单而有效的方式来指向在新闻报道中起作用的消息来源和信息,链接是提供证据的有效方式,发挥着脚注的作用,同时不会破坏叙事作品的流畅性,这应当成为媒体从业者进行新闻报道时的惯例。科利斯卡和查达给出的建议是,为了使透明性成为指导日常新闻实践的规范,它必须内化成为新闻实践中的新闻惯例,并以与准确性或平衡性相似的方式融入新闻报道和新闻叙事。[2] 透明性需要由媒体从业者有意识地实施,并且始终如一地评估他们工作的透明程度。因此,重点是改变机构的每个成员开展日常工作的方式,而不是依赖对透明性准则的技术修正。只有这样,透明性才能有效提高媒体公信力。

---

[1] Anderson D A, Leigh F A. How newspaper editors and broadcast news directors view media ethics[J]. Newspaper Research Journal, 1992, 13(1-2):112-122.

[2] Koliska M, Chadha K. Digitally outsourced: The limitations of computer-mediated transparency [J]. Journal of Media Ethics, 2016, 31(1):51-62.

第十章
数字时代新闻记者的伦理实践困境研究

一、研究背景与问题提出

当下,无论是业界还是学界,在分析新闻业及其生产实践时,数字技术都已成为不可忽视的时代背景。大多数人在探讨新闻生产面临的问题时,都会将其置于数字化语境进行讨论。数字技术的发展已经改变甚至颠覆了传统的新闻业态,这主要体现在以下三个方面:首先,新闻实践的主体不再以记者、编辑等专业的新闻工作者为中心,而是从过往的新闻工作者拓展到普通的受众乃至人工智能;其次,新闻产品的边界逐渐模糊,传统的硬新闻市场越发狭小,取而代之的是新闻叙事以及基于部分新闻事实生发的非虚构写作;最后,内容生产呈现"情感转向",新闻掺杂情感化表达,并对受众的交往和价值观体系产生影响。[1]为了应对这种变化,新闻业正在进行变革,人们正在探索全新的新闻产品的分发模式、传播机制、新闻机构的运作方式;新闻工作者的雇佣制度以及评价机制等都处于不断调整中。这些构成了当下数字时代新闻业的生态图景。

在这样的数字新闻业变革实践中,新闻记者成为被关注的焦点。作为新闻生产的主要承担者,新闻记者在工作过程中都需要遵循伦理规范准则及要求。然而,囿于现实情境,记者往往难以始终严格遵循既定的职业规范,可以说,技术变迁给新闻实践带来了新的伦理问题。数字技术的介入使得新闻业的实践主体由原先的机构媒体发展为行动者网络,但因为不同的行动者在数字新闻业所处的位置不同,所以无法形成具有共识的实践共

---

[1] 田浩.反思性情感:数字新闻用户的情感实践机制研究[J].新闻大学,2021(7):33-45,120.

同体,导致"洗稿"问题[1]、新闻真实问题[2]等层出不穷。社交媒体等替代性媒体的出现,也使得传统新闻伦理面临约束失灵的风险,进而导致虚假信息、偏向信息肆虐滋生。[3] 与此同时,新闻工作者也在遭受平台霸权与流量掠夺。尽管各个平台都宣称要建立具有公共性、信息民主的新闻平台,但其运行仍然以商业逻辑为主。[4] 从新闻生产层面来看,这种商业逻辑改变了新闻记者的"做新闻"流程,"流量"对于当下新闻工作者而言具有重要的意义,其不仅冲击了新闻工作者对新闻专业的认知,也规训了新闻工作者的劳动过程。[5] 新闻工作者绩效制度也发生了改变——从"挣工分"到"挣流量",并由此带来整个新闻市场的改变,而新闻工作者往往也会陷入数据控制中,最终沦为"信息劳工"。[6]

在数字新闻时代,我国新闻业面临生产实践层面的数字技术重塑,业界惯例规则与观念正在改写,新闻行动者情感经验与行为逻辑也随之变化。这直接作用于新闻记者的工作模式和工作体验。新闻生产流程发生了一系列变化,这在一定程度上也增加了记者面临伦理实践困境的可能。基于此,本文提出了以下几个研究问题:第一,数字新闻时代,新闻记者在新闻生产实践各环节中是否遭遇伦理层面的危机与困境,如果有的话,具体有哪些表现形式;第二,面临数字新闻时代的记者实践困境,各主体应采取何种应对策略。

二、研究方法

本文运用半结构化访谈方式,围绕新闻伦理实践这一特定主题,与20名记者展开了自由、真诚的交流。本研究受访者既有男性记者也有女性记

---

[1] 朱春阳,毛天婵."洗稿"该当何罪:数字新闻业共同体的消解与建构——基于《甘柴劣火》事件的考察[J].新闻大学,2022(8):61-77,123.

[2] 白红义,王嘉怡.数字时代新闻真实的消解与观念重构[J].新闻与写作,2022(7):14-25.

[3] 黄雅兰,陈昌凤.自由的困境:社交媒体与性别暴力[J].新闻界,2013(24):58-61.

[4] 常江,狄丰琳.数字新闻业的平台化:演进逻辑与价值反思[J].编辑之友,2022(10):22-30.

[5] 余沐芩,宋素红.流量指标意味着什么?——数字时代新闻从业者的劳动控制与自主性研究[J].新闻记者,2022(6):17-29.

[6] 刘战伟,李嫒嫒,刘蒙之.从"挣工分"到"挣流量":绩效制度下的市场、共谋与流量锦标赛[J].国际新闻界,2022,44(6):130-153.

者,既包括新人记者也包括资深记者,既有省级媒体记者也有地市级媒体记者。表 11-1 列出了 20 名受访者的基本信息,包括 9 名男记者和 11 名女记者。在 20 名受访者中:30 岁以下的有 5 人,30(包含 30 岁)~40 岁的有 11 人,40 岁及以上的有 4 人;学历均在本科及以上,从业时长在 5 年以下的共 7 人,5(包含 5 年)~10 年的共 6 人,10 年以上的有 7 人,其中最长的为 25 年,最短的为 1.5 年。在他们的回忆与叙述中,笔者聚焦记者的伦理实践挑战与困境,探究伦理困境的纾解路径与对策,以期描绘更全面的记者新闻实践图景。

表 11-1 受访者信息

序号	编号	性别	年龄	学历	专业(本/硕)	从业时长	现工作地区
1	F1	女	26	硕士	新闻/新闻	1.5 年	广州
2	F2	女	25	本科	播音主持	2 年	武汉
3	M1	男	30	本科	中文	4 年	北京
4	M2	男	31	硕士	新闻/新闻	6 年	北京
5	F3	女	40	硕士	新闻/新闻	11 年	北京
6	M3	男	47	本科	新闻	25 年	武汉
7	F4	女	27	本科	新闻	4 年	北京
8	F5	女	32	本科	新闻	9 年	武汉
9	F6	女	35	硕士	新闻/新闻	6 年	湛江
10	M4	男	34	本科	新闻	11 年	肇庆
11	M5	男	40	本科	新闻	18 年	肇庆
12	M6	男	38	在职研究生	法学/新闻	16 年	武汉
13	F7	女	26	本科	新闻	3 年	北京
14	F8	女	28	本科	新闻	3 年	武汉
15	F9	女	30	本科	新闻	5 年	上海
16	F10	女	31	硕士	汉语言/新闻	4 年	上海
17	F11	女	32	硕士	新闻	7 年	北京
18	M7	男	36	本科	新闻	12 年	广州
19	M8	男	33	硕士	中文/新闻	8 年	上海
20	M9	男	41	硕士	新闻/新闻	13 年	北京

第十章　数字时代新闻记者的伦理实践困境研究

三、数字时代下新闻生产流程中伦理实践困境的呈现

基于访谈的材料,笔者发现,数字化的媒介环境冲击着记者采访、制作、分发新闻的各阶段,使记者不得不多次思考新闻价值、新闻伦理等问题。

(一)信息买卖:采访实践环节的实践问题

1. 诉诸用户的"信息贴补"冲击新闻真实

社会化媒体构建了内容生产平台,各种主体突破原有壁垒,进入新闻生产领地,形成了全民参与的新闻生产景象。全民参与的新闻生产主要有以下两种典型情境:一是偶然的、非制度化的参与,二是以自媒体形式进行持续性参与。[1] 有时,因地理位置受限,加之新闻生产讲求时效性,记者在无法及时到达现场采访的情况下,会向用户"求助"以期获得"信息贴补"。这种信息贴补的来源主要有两种:一是网络用户直接在媒体后台留言,二是网络用户通过社交媒体平台公开发布相关内容。

"现在线上取材是一个较为常见的现象了。如果有突发事件发生,而我们的读者又恰好在现场,他们有时会通过公众号留言、微博私信等渠道联系我们,提供第一手资料,并且就算没有这种主动供给,我们记者也会在社交平台上搜索,然后直接与这个人取得联系。"(F2)

无论是网友直接在媒体后台留言,还是用户在社交媒体平台上公开发布相关内容最终为记者所用,其本质都是向媒体记者免费提供信息,这在一定程度上节省了记者收集素材的时间和精力。但是,不同于政府与官方信源,并不是所有的网络用户都能真实准确地传达信息,这就给记者的取材工作带来了一定的挑战。M3就介绍了这样一件事:

"我们记者报道某个工厂的火灾事故,配的图片是一个很大的蘑菇云,这个图是我们读者提供的,记者核实了,但核实的是'是否有火灾发生',没有核实图片的真假。报道发出来之后,遭到对方投诉,对方说图片上不是我们工厂,后来上级要求我们做说明。这没办法说明,就是自己工作出错

---

[1] 彭兰.数字时代新闻生态的"破壁"与重构[J].现代出版,2021(3):17-25.

了,这个记者也受到了相应处分。"(M3)

在这件事中,记者因为过于相信读者提供的材料,未对全部信息进行验证把关,进而导致了虚假新闻的产生。

2. 诉诸平台的"信息采集"侵犯隐私边界

随着社交媒体的出现,越来越多的人通过网络平台主动分享生活,因网络平台具有公开性,搜索、围观个体用户及其相关数据变得相对简单。基于此背景,部分记者在采访时会利用网络平台进行信息挖掘,F8便表示:"在采访前后,我会在网上输入当事人的名字,有时候还会有一些意外发现。"这种行为在一定程度上可为记者采访"查漏补缺",M6就提到:"这种信息搜索就好像在顺藤摸瓜,一旦搜到你的社交媒体账号,我们就有可能知道你某一天在什么地方干了什么事情。"但与此同时,这使得记者面临侵犯他人隐私的风险。

传统隐私保护"赋权个人",强调隐私主体对个人信息的控制与不被观察的权利。[1] 但如今各种智能设备、信息技术实现了对个人的实时观察,个人分享的信息一旦进入社交网络,用户很难再控制其流向——这使得网络空间无隐私,意味着个体信息控制权在无意识中被不断"克减"。

在新闻生产流程中,记者遭遇的伦理争议在于平台用户发布的信息能否被直接使用,受访者M4表示自己曾在微博上搜索到了当事人账号,并摘取了他的微博内容作为报道补充,"当时我看他也没有设置权限,那说明大家都能看到,就直接使用了,但后面他说要起诉我,说我侵犯了他的隐私。"

在数字生态下,人们如何对"隐私"进行界定,与其对媒介空间属性的理解有着较为密切的关联。[2] 在M4的叙述中,他认为进入大数据时代,个人发布在平台上的信息已无法被框定在个人隐私边界内[3],具有公共性和公开性,因此可以直接使用,但当事人则认定所发布内容仍为个人隐私,正是这种认知差异导致了记者可能面临实践争议与侵权纠纷。

---

[1] 牛静,莎木央金.智能时代个人隐私的保护困境与社会性视角转向[J].社会科学辑刊,2023(1):229-236.

[2] 常江,潘露.元伦理的重建:人工智能时代的个人信息隐私问题研究[J].南方传媒研究,2022(4):46-51.

[3] 顾理平,杨苗.个人隐私数据"二次使用"中的边界[J].新闻与传播研究,2016,3(9):75-86,128.

(二)亦步亦趋:内容制作环节的实践问题

1. 娱乐化倾向:受众需求导向下的内容表达

新的媒介技术不仅改变了新闻生产与消费的模式,也改变了信息的传播方式,即信息出现在网络上哪个空间以及以怎样的方式出现,将成为能否被受众注意、接触、转发、互动的关键。[1] 许多媒体便围绕如何吸引受众注意力这一问题展开了竞争。

如今人们希望利用碎片时间获取一些短、平、快的消息,因此在使用社交媒体时,更愿意浏览轻松、较短的娱乐话题。受众对娱乐化信息的追求反过来影响了新闻内容生产,这体现在部分媒体工作者会以情绪化或夸张的标题代替平实标题,以期获得受众注意,也体现在部分记者在撰写新闻时有意迎合受众的倾向,受访者 M1 就提到:"我们组在做抖音视频的时候,知道用户喜欢看哪些明星的信息,比如说八卦的东西,他的什么离婚啊、财产之类呀,如果有这样的内容的话,我们会把它放在比较突出的位置来呈现。"

在此过程中,记者也会被担忧、矛盾等情绪裹挟。一方面,对于新闻娱乐化现象,他们认为这不是优质的新闻内容,认为如果要绞尽脑汁去让某个新闻事件变得搞笑等,就会违背做新闻求真求实的初衷。

"虽然我们说取标题是一种艺术,但如果大家把控不太好的话,我怕形成一种'恶果',受众越想看什么你就越写什么。我有一点担心的就是,低俗的、娱乐化的东西多了,其实是会导致社会整体的审美下沉的。"(M2)

另一方面,在各种压力下媒体工作者会屈从于制作娱乐化新闻。M3 就有切身体会:"没有哪家媒体是靠自己就可以活得很好的,都需要平台,平台方现在也需要靠标题来吸引受众,小编也有考核压力,他们就会有做'标题党'的想法,我们纠正了几次纠不过来。"这涉及怎样合理把握新闻价值尺度的问题,也表明在压力之下记者可能会做出专业妥协。

2. 过度煽情:记者情感介入限度难以把握

传统的新闻实践规范强调客观性是新闻报道的基本特征,这种严厉而

---

[1] 涂凌波.互联网传播中"标题党"现象的根源、影响与规范[J].编辑之友,2017(4):44-48.

又冷峻的理念一直要求记者在进行新闻生产时将自己的情感隐匿起来。[1]但数字时代下的新闻学并不继续将情感视为非理性的冲动,新闻业正在进行"情感转向"。

数字平台和社交媒体的可供性使得情感的重要性显著提升,数字时代媒体的情绪化叙事已成为"新常态",且这种情感叙事更能使受众产生共鸣并采取行动。[2]在新闻生产实践中,不少受访者就提到他们会在组稿时加入情感化表达,以帮助受众更好地理解新闻内容。

"虽然我不会刻意去追求人性温度,但我挺重视以有限的作者身份去完成个人化的真诚表达,我觉得这种表达的运用要么可以体现我的情感动机,要么能调节叙事节奏、贴近受众。"(F4)

但也有部分记者会反思报道情感叙事与受众情感共鸣之间的关系,谨慎对待为满足受众情感需求、吸引受众关注而进行的过度煽情报道。如F10就曾因为要报道的当事人境遇过于悲惨,从而面临是否增添与报道主题无关内容的抉择:"我是很感性的,当时真的很同情他,所以有考虑把他的个人情况做一点文字加工,从人道主义来说我觉得没问题,但从职业道德来看,这就是违反要求的,我要做的其实是客观报道,但放了那些内容的话,就会对整个导向产生影响。"F6在遇到与女性受侵害相关的社会事件时,承认其增加了更多的情绪性表达、以第一视角描述了当事人的伤情,她说:"部分夸大描述了,因为把事情说得严重点,舆论的声音大起来了,大家才能够更加关注这类事件。"但这种过度的情感介入也容易导致新闻脱离原本的事实真相,甚至会误导读者。

(三)身份降格:分发传播环节的实践问题

1. 平台审核与算法推荐机制对记者的冲击

近年来,人工智能技术不断发展,并融入新闻生产的各个环节,新闻聚合平台依托算法技术完成了智能化转向。如字节跳动就推出了机器审核与算法推荐机制,这对新闻记者的传播技能提出了新的要求,也形成了质

---

[1] 凯伦·沃尔·乔根森,田浩.数字新闻学的情感转向:迈向新的研究议程[J].新闻界,2021(7):25-32.

[2] 常江,田浩.介入与建设:"情感转向"与数字新闻学话语革新[J].中国出版,2021(10):9-16.

量优先和速度优先两种新闻生产思路之间的矛盾。[1]

考虑到算法推荐机制能使信息快速触达更多用户,记者会被迫做出适应技术变革的选择,但有时也会带来一些新的问题。F4便表示:"我们就是在抢那个'首发',对于发生概率比较大的事件,我们都会提前编好内容,卡点发,但一个不小心,可能就会造成超前发送。"

记者还面临身份迷思与权利让渡。[2] 以往的新闻传播以人为本位,记者完成内容制作后,只需经过分管领导、编辑把关审核;但现在,"我们发布内容还需要经过平台审核,人要听机器的,机器给修改意见后,平台的工作人员才会和我们联系"(F9)。记者往往会有内化的价值标准,但为了能让内容顺利发布,他们有时不得不顺应平台要求,"其实我们也不知道机器的审核标准到底是什么,有时候莫名其妙就被判定说是抄袭、假新闻、暴力什么的,我们申诉后,经过人工审核又给放出了,审核有时候还会特别慢"(F9)。

在传统媒体时代,记者是新闻的把关人,一旦记者开始报道,这些被报道的新闻便会为大众所知悉。但现在,记者发出的新闻报道,有时会受到平台审核机制的把关或者算法限流,甚至会被平台删除,从而使得记者需要揣摩平台的推荐标准或审核标准,有时不得不为了迎合平台的审核机制而进行自我审查,或者发布一些刺激大众感官的低质量新闻。

2. 新行动者参与导致潜在的伦理失序

在数字时代,许多新行动者参与了新闻生产与传播的过程,这让传统新闻伦理面临深层挑战:众多新行动者参与了信息的发布与传播,公众获得了越来越多的传播渠道,成为信息传播新节点,他们通过微博、头条号等渠道发布内容。数字技术对公众的赋权,催生了大量的非专业传播者,使得原先针对训练有素的职业从业者确立的新闻伦理规范难以发挥作用。[3] 如自媒体用户会对信息进行"二次加工",从而引起伦理失范,F1就介绍了一段经历:

"当时一个报道里面涉及政府给农场主提供低息贷款和补贴,那个农

---

[1] 常江.身份重塑:数字时代的新闻从业者职业认同[J].编辑之友,2019(4):91-97.

[2] 赵双阁,岳梦怡.新闻的"量化转型":算法推荐对媒介伦理的挑战与应对[J].当代传播,2018(4):52-56.

[3] 陈昌凤,雅畅帕.颠覆与重构:数字时代的新闻伦理[J].新闻记者,2021(8):39-47.

场主是不介意把他的名字写上去的,而且我们也没考虑写名字会产生什么影响,因为这并不是重点。结果一个自媒体转载了,报道署名还是我,但他加了个标题,写的是'朝阳黄××贷款 200 万元!!!',转发量很高,还有人添油加醋。最后当事人找到我说能不能联系一下把那个删了,因为他的个人信息被放大后,朋友们看到那篇文章都在问他是不是遇到了资金困难。"(F1)

在这则案例中,自媒体的编辑带来了更为复杂的伦理问题,他们忽视新闻伦理规范,通过对新闻报道的二次加工,突出本不重要的个人信息,且添加新标题,转载时并没有抹去被报道者的姓名,这不仅会对报道当事人带来不必要的困扰,更增加了无辜记者遭遇道德指责的可能。受访者 F1 表示:"我会有迟疑和犹豫,是不是要慎重再慎重地去写一些人的具体姓名,在事情发生前这根本就不算问题,但它发生后,我就害怕写了之后还会发生类似情况。"由此可见,记者在后续把握信息披露限度时,会感到委屈与困惑,甚至对自身职业产生怀疑。

四、纾困之道:伦理实践困境下的多主体能动实践

(一)意识为本:管理机构重视伦理建设

如今众多用户通过自媒体拥有了发声的权利与渠道。媒体管理机构无法要求所有用户遵守传播规范,但可以对职业的媒体人提出要求,要求其遵守相关的伦理准则。

其一,要求记者负责任地发布内容,避免误导公众。一些伦理原则需要不断地强调,比如:记者应当以负责任的态度发布信息,坚持真实性原则,不仅要重视对事实本身进行核查,还要对相关的佐证信息进行核查,如信息提供者的身份,以及佐证事实的视频、音频、文字等信息,以此来保证新闻事实的准确性;在发布事实性消息时应确保内容的真实准确;当发布的内容被证实有误或有误导倾向时,应当立即进行更正。

其二,尊重个人的隐私权和情感、维护个人的权利。新闻记者在引用爆料人或者用户的信息时,要谨慎,遵循"告知同意"的相关规则,即在使用、处理个人相关信息时,应该告知信息主体其处理信息的目的与方式,在

获得信息主体的同意后,才能够在相应的范围内使用其信息。对于一些影响力较大的媒体来说,在注重用户隐私的前提下,更要告知其可能产生的后果以及完善相关的撤回机制,以更为全面地保护用户的隐私。同时,记者需要对娱乐化、煽情的报道保持警惕,特别是在报道灾难事件、悲剧事件时,新闻记者要对报道对象及相关当事人持关怀和同情的态度,避免发布的内容给他人带来二次伤害。

记者应当遵守的伦理规范是多方面的,这里只提及两个重要的原则。除此之外,记者还需要遵守报道的平衡与全面、内容的非歧视、遵守公序良俗等伦理规范,从而尽可能地传播高质量的新闻。

(二)准则分野:媒体机构差异化报道

公众的信息需求是多方面的,以新闻报道为主的机构性媒体也应当考量公众多方信息需求,不能用统一的、绝对的报道标准来规范不同事件的报道。不同的记者需要在当下的媒介环境中发挥自身优势,寻找到适合自己的报道模式,同时,记者也需要根据不同的新闻类型进行差异化的报道:在对待政治新闻、时事新闻以及重大社会事件新闻等严肃新闻时,需要严格恪守传统的客观、真实、全面的报道准则;但是对于一些非严肃新闻,如比较接地气的民生新闻、娱乐新闻等,可以通过灵活地采取一些不违反底线的报道准则,突出其亮点。

(三)与时俱进:记者群体增强算法素养

在当前的媒介化社会中,用户必须增强自身的媒介素养,这样才能具有较好的信息辨识能力。对于记者来说,同样需要具有较高的媒介素养,这其中,应当包括算法素养,即积极利用当前的算法来为自身的工作服务。

记者不仅需要意识到算法的存在、在一定程度上理解算法的运行规律,还要具备对算法及其推荐内容的批判能力和调节能力,能够利用算法相关的知识和技能,解决新闻实践中的问题。如很多媒体要求记者报道的新闻吸引一定的流量,并规定了最低点击量等,这时,记者就需要理解流量指标这一数字是如何产生的,哪些因素会影响用户的点击率与阅读率,平台的算法和推荐机制是什么样的,什么因素影响着新闻稿的转发、点赞与留言等。掌握这些算法知识有助于提升记者对公众选择的理解度。当然,具有算法素养并不意味着记者一定要"数据至上",记者并非完全依附于数据,而是以一种独立的视角来看待数据。

总的来说数字技术的推动使得新闻业的生态发生了巨大变化,而其中作为实践主体的记者也因为行业生态的改变,不断调整自己的报道思路和工作模式。在数字时代,记者在新闻生产各环节都面临一定的挑战:记者报道过程中有报道失实新闻与侵犯隐私的风险;记者在制作内容时呈现泛娱乐化、煽情化倾向;平台机制及用户参与也导致记者的主体地位降低。解决这些问题,需要重新强调伦理规范的重要性、进行差异化的报道实践、提升个人的算法素养等。当然,记者在数字时代面临的问题是动态的、不断变化的,也并非所有困境都是可以马上突破的,应对和解决问题是一个需要包括算法平台、媒体机构、记者个人等在内的各个主体共同努力的过程,后续的研究可以基于平台技术、媒体机构等对记者的实践困境进行更全面的分析,从而推动新闻学研究的深化。

附 录
新闻自律组织的伦理规范

加拿大记者协会新闻道德原则[1]

记者有责任和特权查找并报道真相,鼓励公民辩论以建设我们的社区,并为公众利益服务。我们坚决捍卫《加拿大权利和自由宪章》所保障的言论自由和出版自由。我们会以负责的态度履行我们的职业责任,尊重公民的权利,以回报社会的信任。

一、我们力求准确和公正

(1)我们会避免因为我们的偏见而对报道产生影响的情况。
(2)我们会披露关于利益冲突的问题。
(3)我们会在报刊出版前,为报道中受到批评的个人、企业和组织提供发表观点的机会。
(4)我们尊重公民的权利,包括隐私权和公正审判权。
(5)我们不会通过篡改图像、视频、音频的方式误导公众。

二、我们是独立且透明的

(1)我们不会给广告商和特殊利益集团提供优惠待遇。
(2)我们不会接受或索取来自我们可能报道的对象的礼物或恩惠。
(3)我们不会报道与我们经济利益相关的主题。
(4)我们不会参与我们所报道的运动和活动。
(5)编委会和专栏作家或评论员可以支持政治候选人或政治事业,但是记者不可以。
(6)我们通常不会隐匿身份。极少数情况下,记者为了公众利益而进行"隐性采访"时,我们将给出明确的解释。

---

[1] The Canadian Association of Journalists. Principles for Ethical Journalism[EB/OL]. https://caj.ca/wp-content/uploads/principles.pdf.

三、我们遵守承诺

(1) 我们会确认消息来源,除非有一个需要保护匿名者的明确而紧迫的理由。

(2) 当决定隐匿消息来源时,我们会解释所做决定的必要性。

(3) 我们会独立确证匿名消息来源所提供的事实。

(4) 如果我们承诺保护提供消息人士的身份,我们将会遵守承诺。

四、我们尊重多样性

(1) 我们会试图在报道中注意社区中人们的多元价值观、观点和生活方式。

(2) 我们会避免对种族、性别、年龄、宗教、族群、地域、性取向、性别认同、残疾、外貌和社会地位等问题产生刻板印象。

(3) 除非与报道相关,否则我们不会提及他人的种族、肤色或宗教信仰。

五、我们是负责任的

(1) 我们会就我们的报道和行为向公众负责。

(2) 当我们犯错误时,我们会及时、主动地纠正,并根据错误的严重程度选择合适的纠正方法。

印度新闻评议会伦理准则[1]

(2020年版)

引言

媒体具有塑造公众舆论、民众观念和信仰的巨大力量。媒体的职责在

---

[1] Norms of Journalistic Conduct [EB/OL]. https://www.presscouncil.nic.in/Archieves.aspx?Archieve=DocumentsOfPCI&Title=Previous%20Norms&Section=Norms&After=3

于确保从可验证的信源获取信息,赋予人们合法权力并引导他们做出明智的选择。

2020年是充满挑战的一年,在这一年里,新冠疫情在全球范围内传播,全世界面临前所未有的严重危机,一切都停滞不前,人类自身的未来也笼罩在阴云之下。在这个关键时刻,提供公正、真实的信息并教育民众,是媒体比以往任何时候都更重要的责任。为履行"自由且负责任"的使命,评议会修订并更新了《印度新闻评议会伦理准则》(2020年版),其中包括新冠疫情媒体报道指南和记者安全保护措施指南,以及根据评议会在该年度发布的裁决、声明和公告所更新的准则内容。[1]

我相信,《印度新闻评议会伦理准则》(2020年版)将启发、鼓励和指导有关媒体人士和有志向的媒体工作者重视新闻的可信性并将其付诸实践。

法官钱德拉穆里·库马尔·普拉萨德(Chandramauli Kumar Prasad)
印度新闻评议会主席

一、伦理准则

新闻业的根本目标在于以公平、准确、公正、严肃、得体的方式为大众提供有关公共利益的新闻、观点、评论和信息。为此,新闻媒体应以普遍认可的专业标准来要求自身。以下所阐明的一般标准以及针对不同情况而附加的相关指南,将有助于新闻工作者进行自我管理和自我规范。

1. 准确性和公正性

(1)应避免报道不确定、无根据、不雅的、有歧义的或是扭曲事实的内容。没有根据的谣言和推测不能被当成事实来报道,但与核心话题或报道对象相关的各个方面的内容都应被客观地报道出来。

(2)报纸有责任积极应对因谣言而导致金融机构公信力受损的危机。

(3)尽管新闻媒体有责任揭露社会生活中的不端行径,但此类报道必须基于确凿的事实和证据。

(4)报纸应该牢记其职责是收集新闻并正确呈现新闻,而不是创造新闻。

---

[1] 关于新冠疫情、医疗报道、孩童权利保护等具体议题的规范指南在《印度新闻评议会伦理准则》的B部分,因篇幅所限,本文仅为A部分内容。

（5）无论何时，新闻界基于《第一信息报告》(First Information Report，简称 FIR)的内容发布对任何人的声誉持批评态度的新闻时，报纸或期刊必须在同一篇新闻报道中明确说明该报道的来源为《第一信息报告》，且《第一信息报告》说法的真实性必须由法庭判定。报纸也应该发表声誉受到影响一方的说法。

（6）报纸不应该误解或错误引用领导人的陈述，该报道中引用的陈述时应该反映领导人试图传达的真实含义。

（7）以同时代事件为基础来分析和解释历史的文章不能被视为不道德。

（8）当报纸正在跟进某一事件并就与该事件主体相关的问题进行系列报道时，其无罪的新闻也应该以与以前的系列报道同样显著的方式公布。

（9）报纸有承担其根据缺乏凭据的信息发表的令人惊恐或耸人听闻的新闻报道标题而造成破坏性影响的责任。

（10）如果说流言蜚语会传到少数人的耳朵里，那报纸的报道将会传到十万人的耳朵里，因此新闻界对社会需要承担更重的责任。

（11）媒体必须克服新闻报道的琐碎化和淫秽庸俗化，努力建立社会公信力，以赢得读者的信任。

（12）言论自由并不意味着报纸有权报道有关机构或个人相关的虚假内容，即使在相对而言不那么重要的注释中也不能有虚假内容。

（13）不得将性质严重的历史性错误言论归咎于个人。

2. 广告

（1）与社会、经济或政治信息一样，商业广告也是信息。广告对于公众态度和生活方式的塑造的影响并不少于其他类型的信息和评论。新闻伦理规范要求广告必须与新闻内容清晰地区分开来。

（2）任何直接或间接地促进烟酒等麻醉性商品生产或销售的广告应一律禁止刊发。

（3）报纸不应刊登任何有伤害集体或社会阶层宗教情感倾向的广告。

（4）违反 2002 年修订的《药品和神奇疗法（异议性广告）法》及其他成文法案的广告均应被禁止。

（5）报纸不应刊登任何违法或有悖公众礼仪、良好品位及新闻伦理准则和行为规范的广告。

附录　新闻自律组织的伦理规范

（6）新闻职业规范要求报纸上的广告必须与新闻内容明显区分开来。报纸在刊登广告时要注明所收金额。其背后的缘由是广告商需要向报纸缴纳广告费，但当广告费高于正常标准时，相当于广告商向报社提供了津贴。

（7）报社刊登既未缴费也未经广告商授权的虚假广告，甚至针对此类广告提出相关管理办法，是违背新闻伦理规范的。

（8）有意在报纸的某些副本中漏掉某个广告是有悖新闻工作者伦理基准的严重失职行为。

（9）对于所收到的广告是否合法得体，广告部和编辑部之间要做好协调和交流工作。

（10）对于特定的广告，尤其是对那些内容淫秽或低俗的广告，编辑应坚持行否决权。

（11）报纸在刊登征婚广告时，应附带如下警示语："读者在采纳征婚广告的信息前，宜对广告内容进行适当的、详尽的调查。对于广告中所声称的征婚对象的身份、年龄、收入等内容，报社不担保其真实性或准确性。"

（12）编辑要对报纸上的一切信息负责，包括广告。如果编辑不承担这一职责，必须提前加以明确说明。

（13）报纸上刊登的电话交友类广告往往涉及邀约普通公众拨打特定号码来进行"娱乐"聊天，并且往往会玷污青少年的心智、助长不道德的社会风气。对于此类广告，新闻媒体应该予以拒绝。

（14）使用不雅语言、进行隐蔽性引诱的保健类分类广告是违反法律和道德的。报纸应该采用适当的机制来审查这类广告，以确保隐蔽性引诱的广告不被刊登。

（15）考虑到印度的社会环境和所珍视的传统价值，避孕类的以及相关的商品广告是不合乎伦理道德的。报纸具有教育民众如何预防艾滋病的神圣职责，并且应该对社会福利组织发布的此类广告表现出接纳、支持的远见。

（16）相较于广受信赖的政府工作招聘广告，报纸在刊登私人机构的招聘广告时应更加慎重。

（17）刊登教育机构的广告时，报纸应确保该广告带有强制性声明，即相关机构受到相关法律的认可。

（18）广告在塑造当今社会的价值观上起着非常重要的作用。随着越来越多的非常规事物开始被社会宽容，广告可能会加速公众对非常规事物的接纳度,但其相应的代价则是人们需要考虑的核心问题。我们应该牢记于心的是,在全球化的浪潮中,我们不应抛弃为印度赢得独一无二地位的、为全球所认可的道德和伦理准则。

(19)发布关于收养未出生婴儿的广告不仅是不道德的,而且是非法的。媒体在发布之前应仔细审查广告。

(20)对于广告代理机构代客户发布涉及法律纠纷的广告,报社不承担广告发布责任。

(21)为了公众利益,作为广告或促销性内容发布的所有材料应明确地被标注。

(22)根据1867年《报纸和图书出版登记法案》(The Press and Registration of Books Act,PRB)第7节,考虑到编辑对包括广告在内的所有内容所承担的责任,报纸和期刊应从法律和伦理角度仔细审查广告来源。经济创收不能也不应该是唯一的目标,新闻界要承担更大的公共责任。

(23)不能发布寻求自愿肾脏捐赠的内容。

(24)记者/编辑应披露广告商或广告投放者的身份。

(25)报纸不得刊登任何试图以新闻媒体发布的印度总统和总理的姓名和照片作为传播内容的广告。

(26)报纸在发布类似于新闻的广告/软文时,应以粗体对标题中的"广告/软文"进行标注,其字体大小与页面中出现的副标题字体大小一致。

(27)如果发布的招聘广告只有联系电话,没有任何其他细节,包括工作性质所需的职员特征和雇主身份等,是违背伦理规范的,媒体不应发表此类广告,因为其可能导致"人口贩卖"问题的出现,很多不知情的民众将成为受害者。有意刊登此类广告的报纸应注明该招聘广告的工作性质,以避免宣扬违背伦理和道德规范的行为。同时,在此类广告中,报纸发表的"免责声明"并不能免除其相关责任。

3. 占星预测

对占星预测和迷信活动的传播可能会扰乱受众的心绪甚至引起人们反感。大众报刊的编辑人员如果致力于弘扬科学精神,反对迷信和宿命论,就应该避免出版占星预测方面的内容。对占星术感兴趣的读者可自行选择此方面的专门出版物来阅读。

4. 种姓、宗教或社会关系

(1)一般情况下,新闻媒体应避免披露他人或特定社会阶层的种姓信息,尤其是在报道的上下文里含有贬低这一种姓的关联性内容的时候。

(2) 报纸尽量不要使用"贱民"或"神的子民"(指印度社会最底层的人)这一类让部分人反感的词语。

(3) 当被告或受害人的种姓与社会身份信息同犯罪事件毫无关系或被告的身份鉴定对案情调查毫无帮助时,媒体也不应将其加以披露。

(4) 报纸不得发表任何虚构文章来歪曲或描绘宗教人士或社会名流,因为此举会致其处于不利境地、冒犯那些尊重他们并视其为高尚品德象征的部分社会人士。

(5) 以预言家或神灵之名进行商业逐利的行为,不仅违背了新闻伦理准则和大众品位,还令人憎恶。

(6) 报纸有责任确保行文的基调、精神和用语不带煽动性,不令人反感,不损害国家的团结统一,不违背宪法精神,不含有煽动性的、破坏社会和谐的内容。报纸同样不得发表煽动国家巴尔干化(即分裂割据)的文章。

(7) 记者的工作之一就是引起公众对社会弱势群体的关注,应该扮演好社会弱势群体的守护人的角色。

(8) 社会规范在时代发展中不断变化,媒体也应避免出版一些可能会伤害公众情感的刊物,特别是在具有特殊意义的日子里。

(9) 为维护社会和谐、维系国家结构,媒体在公布任何声称参与恐怖活动的组织名称时都应该更加谨慎。

(10) 以技术性错误为借口来为挑衅性声明或断章取义的声明辩护,是不负责任的新闻报道。

(11) 以神的漫画来描绘相关时期的政治情景,不能被视作令人反感的新闻报道。

(12) 基于书籍发布的新闻可能与某一宗教组织成员的信仰不一致,但仅凭这一点,不能将新闻视为非法的和不道德的。

(13) 道德所适用的领域远大于法律所覆盖的领域,行为道德与否需要从普通人的角度进行判断。因此,新闻媒体既不得刊登可能有损宗教人物形象的文章,也不能发表冒犯社会上信仰该宗教的大部分人群,以及可能具有宗教敏感性的内容,因为这些宗教人物被一些社会成员赋予了崇高的道德品质。

(14) 报刊应利用其权力来促进和维护社区和谐。

(15) 社区的结构非常微妙。报刊在不同地方、不同语言中使用不同意义的词语时要十分谨慎。

(16) "达利特"一词或相关意思的表述不得用于挑衅或贬低社区。

5. 避免诽谤性文字

(1) 报纸不得刊登任何有损个人或集体名誉的言论,除非在反复核查后,有充足的证据来证实所刊登言论真实准确且其发表对社会发展有益。

(2) 当新闻内容不涉及公共利益时,其真实性不能成为对公民个人进行贬损或毁谤性报道的抗辩理由。

(3) 只有在极少数牵涉公共利益的情况下,才能发表对已故人员的负面评价,因为已故之人无法对评论做出任何反驳。

(4) 新闻媒体有通过将有疑问的人物和事件呈现在公众面前的方式来为公共利益服务的责任、权利和自由,同时也有保持克制和谨慎的义务,避免因为给他人贴上"骗子""杀人凶手"等污名化的标签而使其处于危险的境地。其根本原因在于,一个人有罪与否应建立在被证实的事实而非被告品德不良的证据之上。当新闻工作者热心于揭露事实真相时,不应逾越道德伦理和公正评论的底线。

(5) 新闻媒体不得以个人先前的不良行为作为参考,来评判他现在的行为。如果出于维护公共利益需要这些内容,媒体机构应在出版或发表前,向相关部门咨询个人不良行为的后续情况。

(6) 当原告对致其声誉受损的报道进行质疑时,被告有责任证明相关报道真实有据或是出于善意和维护公共利益的需要。

(7) 报纸不得以"八卦"或"恶搞"的栏目名义去诬蔑任何享有特殊保护或豁免权益的人和实体。

(8) 一家报纸发布了诽谤性新闻不意味着其他报社可以转载或重复相同的新闻或信息。即使多家媒体同时报道相关的类似信息也不能表明该信息的准确性。

(9) 新闻媒体应意识到自身对于社会的责任感是非常重要的,因为新闻媒体享有与公众直接沟通互动的特殊社会地位,所以应该借此让社会变得更美好、国家更富强,而不是纵容耸人听闻的谣言肆意传播。新闻媒体,尤其是规模较小的地方媒体也应学会清晰地区分公共利益和公众感兴趣的事情之间的区别。即便有些小道传闻或流言蜚语可能会使公众感兴趣,但只要它们并不具有公共价值或公共利益,那么新闻媒体就需要谨慎地避免将宝贵的新闻资源浪费在此类事情上。

(10) 应避免插入与上下文毫无关系且可能损及他人或特定团体声誉的不合适声明。

(11) 尽管报纸有报道政治活动的自由甚至责任,但此类报道不得有政治倾斜。拥有媒体权利并不意味着报纸可以报道虚假、诽谤性的内容去诬蔑政治领导或是损毁其政治生涯。

(12) 新闻媒体须牢记:民主制度所珍视的言论自由和表达自由虽为第四权力所享有,但也需谨守相关责任和义务。报纸不得将自身视为伪造证据的工具,并利用伪造的证据在报刊上进行虚假宣传。

(13) 新闻媒体对行贿以影响新闻报道的不良现象进行曝光的行为应该受到表彰,并且这种揭发和曝光不会被视为诽谤。

(14) 诉讼资格。在涉及个人指控或批评的案件中,只有当事人享有诉讼权或主张答辩权。但是,组织或团体的代表人有权针对直接批评其领导者的媒体提出诉讼。

(15) 公共利益和公共实体。作为公共利益的监管者,新闻媒体有权曝光公共机构中腐败堕落和违法乱纪行为,但这些内容必须建立在证据确凿的基础上,在询问并核实相关信息源且获取各当事方的说法后才可发表。报纸评论应该避免尖酸刻薄的话语表述和讽刺性的行文风格。新闻媒体的目标是督促社会机构去改善它们的工作,而不是降低它们的公信力与员工的积极性或是摧毁它们。当然,媒体所承担的相应责任要求它们进行公正、平衡的报道,而不受任何无关因素的影响。

(16) 媒体和权力机关是民主制度的两个极为重要的支柱,为使政府能更好地为公共利益而成功运作,媒体时刻保持警惕、牢记自身责任是必要的先决条件。

6. 批评司法行为的注意事项与关于法庭审理的新闻报道

1) 批评司法行为的注意事项

(1) 除了法庭不公开审讯或直接禁止旁听的案例,报纸均能以公正、准确、合理的方式报道未决诉讼。但报纸不得报道任何具有下列属性的内容。

① 可能对正当司法程序造成直接、即刻的阻碍,以及延滞和损害的

内容;

②具有当场连续述评或辩论性的内容,或者对处于审判期的问题进行猜测、思考和评论从而可能损害庭审效果的内容;

③对刑事犯罪中受指控的被告进行个人性格分析的内容。

(2) 在被指控人已经被逮捕且被起诉后,案件就已由法庭接管,此时报纸应非常谨慎,不得对调查性报道所搜集的材料进行公布或评论。报纸也不得披露被指控人的供词或对其进行评判。

(3) 报纸可以出于公共利益的需要而对司法行为或法院判决进行合理的评价,但不得因不正当的动机或个人偏见对法官进行恶意诽谤,或对法院或司法部门进行整体性诽谤,也不得以欠缺专业能力或不廉正、不诚信为由对法官进行人身攻击。

(4) 报纸应特别注意避免对与法官司法行为毫无干系的事情进行毫无根据、含沙射影的批评——即便这样的批评并不能严格地视为刑事意义上的藐视法庭罪。

2) 关于法庭审理的新闻报道

(1) 在发表有关法院诉讼的新闻之前,记者和编辑应查阅相关记录以核实其真实性、准确性和可靠性。对法院诉讼进程提供错误事实或信息的相关人员需对其自身行为负责并可能被定罪。

(2) 如果法院的诉讼程序是公开进行的,报社记者在审判现场,那么报社就没有必要在报道发表以前获得许可证明。

(3) 记者在听审期间的观察通常是试图搜集信息,而不只是记录或完成报道程序的一部分,记者需要了解这两者的不同,以正确报道。

(4) 媒体不应报道处理该案的法律执业者或相关法官的姓名。

(5) 解释法院判决时,报纸应该合理而不是有选择地引用,应清楚地确认选用的部分。

7. 保护机密

如果所收到的信息来自秘密的信源,媒体应保守其机密性。新闻评议会不应强制要求记者透露消息来源。但如果在诉讼程序中,记者自愿披露该消息来源以抗辩针对自身的诉讼,那么此举不得被视为违背新闻伦理准则的行为。本规定认定报纸有权不披露其秘密信源,但不适用于以下情况。

①征得了信源的同意；
②编辑通过添加适当注释的方式来声明，尽管此信息是"不宜公开报道的"，但由于涉及公共利益而特别加以公开。

8. 猜测、评论和事实

(1) 报纸不得将猜测、推断或评论性的内容当作事实来传播或夸大。所有此类内容均应在准确核实后方可发表。

(2) 具有幽默风趣的描述风格的卡通和漫画应被置于特殊的新闻专栏并享有更大的自主空间。

(3) 虽然讽刺是一种公认的文学作品形式，但不应以此为作诽谤性陈述的幌子。

(4) 需要在政治评论中反复审核诸如"无能"之类的表述，以确定其冒犯性。

9. 更正

(1) 一旦发现报道有误，报纸应该第一时间以显著的方式进行更正，在情况严重的时候还需向公众致歉。

(2) 更正和致歉，应在报纸同版面上发表，并应有适当的显著性。

10. 报道社会争议和矛盾

(1) 有关社会矛盾或宗教冲突的新闻、观点或评论在对事实进行充分核实后方可发表。同时，发表时应采用一种谨慎、克制的呈现方式，应有助于营造和谐、友善、和平的社会环境。要避免那些耸人听闻、挑拨刺激和令人恐慌的头条新闻。避免以可能削弱民众对国家法律和社会秩序信心的方式来报道社会暴乱或恶意破坏行为。同时，媒体应避免以可能激发狂热情绪、加剧紧张态势或凸显特定社群及宗教团体之间紧张关系的方式来报道社区骚乱或意外事件。

(2) 新闻记者和专栏作家有促进本国社会和谐友好发展的特殊职责。他们的作品不仅仅是自我情感的表达，在很大程度上还有助于塑造整个社会的情感和氛围。因此，对于新闻记者和专栏作家而言，谨慎而克制的表达至关重要。

(3) 在类似于古吉拉特邦大屠杀这样的危急状况下，新闻媒体的角色是调解者而非教唆者，是问题的解决者而非麻烦的制造者。新闻媒体在古吉拉特邦的危机中应扮演促进社会和平、和谐发展的高尚角色。任何直接或间接阻碍这一发展趋势的行为都是反国家的行为。新闻媒体肩负努力促进民族团结与社会和谐的重大道德责任，并且应谨记其在独立之前的崇高地位。

（4）新闻媒体作为明日历史的记录者，无可辩驳地对未来承担着以简明真实的事实来记录事件的职责。对事件的分析和对事件的评论是两种截然不同的新闻体裁，因此，对二者的处理方式也应有很大的区别。在危急状况下，新闻媒体简明扼要、不加修饰、怀着相应的关怀与克制对事件真相进行报道，这在情理上是无悖于民主体制的。评论性文章的作者要对自己所发表的文章承担责任。评论的作者要确保自己的分析不仅没有受到个人爱好、偏见或观念的影响，而且是建立在准确的经过核实的事实基础之上的。评论性文章不得有意挑起种姓、社区或种族之间的敌意和仇恨。

（5）虽然新闻媒体打破"公共围墙"、促进社会和谐与维护国家利益的角色功能和责任不应受到削弱，但与此同时，公民享有言论自由权也非常重要。印度新闻媒体有必要对这两者进行判断和平衡。

11. 对公众人物的批评/音乐评论

（1）演员或者歌手在公共场合的表演会自然地受到公众的评判，此类评判与艺术家的表演水准有直接联系，不能被视为诽谤。但是，评论家应该避免写出任何可能导致艺术家个人信誉受损的评论。

（2）作者不能质疑读者对一本书的批评性评论，除非他是完全出于恶意，因为一些编辑和学者对这本书表示赞赏并不意味着其他批评者无权表达相反的观点。

（3）评论文章构成了作者的观点，从与评论直接相关的书籍中大量复制而得的作品不能被视为侵犯版权。

12. 编辑的自由裁量权

（1）编辑在撰写评论的时候，享有充分的自由度和裁量权。编辑有权在不违反法律、不违背新闻规范的前提下自行选择评论的主题及合适的用语。报纸上的社论和观点，应使用严肃庄重、社会认可的语言进行表达。

（2）新闻报道、报纸文章以及读者来信内容的选择取决于编辑。编辑有责任确保在相关争议性事件中各方观点都得到了平等对待，以便人们能依此形成独立的观点。

（3）在相关新闻报道或文章的真实性不明确的时候，编辑不应将其发表。编辑应该删除报道或文章中存疑的部分,这建立在他确信其余部分内容真实且有益于公众的基础上。

(4)决定哪条新闻放在报纸上的显眼位置是编辑的特权。

(5)牢记"新闻报道"与"意见文章"两者存在明确区别,编辑可以自由编辑文章,但这种自由并不意味着可以未经作者许可,删除重要部分或核心内容,这样可能会扭曲文章背后的意图、目的和意义。

(6)应该根据对读者的即时性影响仔细评估标题。

(7)编辑对报纸上印刷的所有事实负责。

(8)发布细节不足的岗位招聘广告时,编辑应牢记其对社会的责任,进行调查后再发布,因为不当的招聘广告可能会导致人口贩卖。

(9)社论是受印度宪法保障的编辑观点的一种表达,其神圣性不取决于任何个人是否同意。

13. 对外关系

媒体在引导社会舆论和增进国家间了解的过程中起着重要作用。客观公正的报道才不会破坏友好的双边关系。

14. 欺诈行为

报纸、期刊或杂志通过关停其出版物来欺骗公众并获取订阅的订金,是管理层的不道德行为。如果出版物的关停难以避免,应该将刊物的订金返还订阅户。

15. 有关性别的报道

新闻界应该在消除长久以来的性别偏见,因为新闻报道可能会导致这种偏见延续,阻碍社会平衡与发展。

16. 避免赞美或鼓励社会丑恶现象的报道

报纸不得允许其下专栏刊登赞美或鼓励诸如殉死、邪教庆典之类社会丑恶现象的内容。

17. 新闻头条

(1)在通常情况下,特别是报道社会纠纷或冲突的语境时,媒体创作标题时要注意以下内容。

①应避免具有挑衅性或耸人听闻的标题;

②标题必须反映并证明正文内容;

③包含指控内容的标题应指明指控的主体、消息来源,或者至少带有

引号。

（2）新闻报道/评论性文章或其他新闻栏目的标题的选择是一个人的决定。在选择标题时，标题应注意反映原文内容。

18. 媒体报道艾滋病病毒（HIV）与艾滋病（AIDS）的行为规范

媒体应告知并教育民众，而非警告或惊吓他们。

（1）保持客观、真实、敏感。

（2）持续跟进快速演化的病情。

（3）使用恰当的、不带污名化的用词和术语。

（4）确保标题是准确且平衡的。

（5）有责任感；描述事物的各个方面；使用艾滋病患者与艾滋病病毒携带者的话语来进行报道。

（6）消除关于艾滋病预防和传播的错误观念。

（7）揭露奇迹化治疗的"神话"和关于感染预防的非科学性断言。

（8）在不淡化问题严重性的前提下，突出正面的、积极的报道。

（9）保护病毒感染者及其家庭、同事和其他相关者的私密信息。

（10）确保所发表的照片不会泄露相关人员的私密信息。

（11）确保图片说明的准确性。

（12）报道时应保持性别敏感，避免刻板印象。

（13）从官方获取消息和数据。因为不准确的报道会对病患抵抗疾病的士气造成不利影响，甚至可能加剧相关人员的耻辱感。

（14）记者有责任确保受访者知晓披露其个人信息可能导致的风险。

（15）在可能的情况下，获得被报道者书面的知情同意书。

（16）对艾滋病病毒感染者自杀或遭受歧视的负面事件进行平衡的报道，例如提供联系热线服务电话和咨询中心的方式。

（17）扩大新闻报道的影响范围，以探究疾病传播对经济、商业、政治和发展等问题所带来的影响。

（18）当有报道疑问时，可咨询当地的积极群体或国家艾滋病防治协会，或查询现有的术语使用指南。

（19）确保所提出的问题不是非常隐私的或带有指责性的。

（20）以一种积极的方式报道艾滋病病毒感染者，将其视为单独的个体而非"受害者"。

(21) 不要做耸人听闻、煽情性的报道。

(22) 不要对艾滋病病毒感染者进行价值判断并意图对其进行谴责。

(23) 不要使用"祸害"一类的词语形容病毒感染者,或将艾滋病病毒携带者描述为艾滋病携带者、娼妓、吸毒者、艾滋病患者或艾滋病受害者。

(24) 不要将报道重点聚焦在艾滋病病毒感染者是如何感染病毒的这类无关紧要的事情上。

(25) 即使是在当事人同意的情况下,也不应通过披露其姓名或公布其照片的方式来暴露未成年感染者的身份。

(26) 不要使用隐藏式拍摄设备。

(27) 即使在征得同意的情况下,也不要通过姓名或照片来识别受艾滋病毒感染和受影响的儿童。

(28) 避免对病患和濒死之人进行危言耸听的文字和图像报道,因为此举会传递一种绝望、无助和孤立的情绪。

(29) 不要使用颅骨、骷髅头、蛇或其他类似的视觉形象来制图。

(30) 避免提及种姓、性别或性取向之类的信息。

(31) 不要强化人们对于性取向少数派——包括女同性恋、男同性恋、双性恋者及变性者(LGBT)的刻板印象;不要将感染者描述成受害者、犯错者或被可怜的对象。

(32) 不要助长与艾滋病病毒、性传播疾病、皮肤病、结核病以及其他机会性传染病相关的误导性广告的传播。

(33) 不要泄露自愿接受检测的志愿者的私密信息。

19. 非法复制

(1) 新闻媒体不得以任何形式从禁书中复制或摘录冒犯性的内容。

(2) 报纸应该对报道中所刊登照片的摄影师给予应有的名誉尊重。

20. 内部纠纷

(1) 管理者与编辑人员之间的关系。

无论一家媒体的建制采用何种命名方式,其编辑和记者团队同经理、执行人员以及行政人员之间总会存在公认的区别。编辑人员和管理人员的职责和义务是不同的,尽管两者常被要求进行协调与合作以高效地出版刊物,两者的功能和定位应保持独立。一旦报业主制定了相关政策作为通用指南,那么无论是他自身还是他的任何代表人都不得插手其下编辑和记者团队的日常工作。新闻自由本质上是确保人们能自由获取关于所有话题、问题、事件和发展动态的准确而充分的信息。在履行编辑职责时,编辑的地位是至高无上的,甚至超过了报业主。报业独立的最重要一点,是编辑能独立行事,不受任何内外因素的制约。除非编辑享有这一自由,他才能为报纸上的一切内容承担法律责任,否则他很难履行对人民最基本的职责。在报纸的运营中,报业的管理、行政和销售部门必须同编辑部门区分开来,且不得凌驾于编辑部门之上或干涉其日常事务。这一预防措施在报业主兼任编辑的情况下同样适用。报业主不得因其商业利益和个人利益而操控或干预报纸运行、阻碍报纸履行其对于人民的义务。这也是报纸的管理者有责任挑选专业过硬、品格正直、思想独立的人来担任编辑的原因。

归根结底,报纸的成功取决于管理层、编辑人员、记者以及所有忠实地为报社工作的人员之间的相互理解、合作和诚意。如果包括编辑部门在内的不同部门之间的协调关系受到了管理方的影响,且经营管理方对新闻和评论的发布与否、文章的长度或内容细节、文章的措辞和发表的版面位置以及文章应不应该被加以凸显等施加了影响,那么这样的协调关系就实实在在地侵犯到了编辑人员的编辑自由。同时,无论编辑人员选取材料的自由以何种方式被影响,都无疑是对编辑自由的侵犯。

报业主在任何情况下都不应要求编辑人员为其私利服务。要求编辑迎合报业主的私利,不仅有损编辑的职责,还侵犯了他作为新闻方面的社会委托人的地位。在任何笃信新闻独立自由的国家,报业主如果将编辑当作其代理人,试图利用他们来为自己谋取私利或者强迫他们按自己的意愿来进行报道,都是令人憎恶且应该受到谴责的。任何编辑和记者如果接受此类指令或屈尊去做了这些事情,那么将不仅使自身蒙羞,还会使新闻业蒙羞,有负于新闻这个职业。因为他们辜负了为公众提供公正、客观、全面的新闻和观点的社会信任。

(2)管理层与记者之间的工作关系。

报业的管理者如果要求新闻记者承担行政类或商业类而非新闻事务类的职责,是不道德的行为,且此举会侵犯记者的独立性,有损管理者与记者之间正当的工作关系。

21. 调查性新闻的规范和标准

(1)调查性新闻具有三个基本元素。

①调查性新闻由记者而非采访对象来完成;
②报道主题应该为读者感兴趣的社会热点话题;
③以循循善诱的方式披露被遮蔽的事件真相。

(2)遵循调查性新闻由记者而非采访对象来完成的规范。

①记者进行调查性新闻报道时应基于自身经过调查并核实的信息,而非道听途说或从第三方获取、未经自身核实、间接或虚假的内容。

②调查性新闻报道中存在信息公开和信息保密的矛盾,调查性新闻的记者应该将公共利益置于最高处,在报道中平衡好两者的关系。

③调查性新闻的记者不应急于求成,不应在信息不完整且未经全面核实的情况下进行报道。

④报道中应严格避免出现虚构的事实或主观猜测的内容。事实是至关重要的,在发表之前应反复多方核实。

⑤对于公正报道和事实的准确性,报纸应采用严格的标准。调查发现应以客观公正、不夸大、不歪曲的方式报道出来。只有这样,才能在可能遭遇的诉讼中站稳脚跟。

⑥记者不得把自己视为诉讼案件的起诉人或原告辩护律师来介入正在调查的案件。记者的介入性调查必须是公正、准确、平衡的。对于所有已经审核过的核心信息,无论是正面的还是反面的,都应该清晰地加以陈述,不受任何片面推断或不公正评论的干扰。报道的口吻、基调以及用语应该严肃冷静、端庄得体,避免不必要的、冒犯性的、刻薄的、嘲讽的或斥责性的内容,尤其是当对被评论对象的指控仍处于调查阶段的时候。新闻调查的记者也不得以法庭自居,对待审案件的嫌疑人自行做出有罪或无罪的判断。

⑦在包括调查取证、情况陈述和报告发布的所有环节,报纸都应遵循刑事法学的首要原则——除非对一个人的指控已由独立可靠的证据证实,否则此人应被视为无罪。

⑧他人的私生活,包括公众人物的私生活,都具有私有性。不得暴露或介入他人隐私或个人私生活,除非有明确证据证明他人存在不良行为及滥用其公共身份与公共权力的行为对公共利益造成了不利影响。

⑨虽然刑事诉讼法的规定在条文上并不适用于新闻记者的调查行为,但其基本原则可以作为他们进行公正的、合乎道德和良心的报道的指南。

⑩新闻媒体不应在官方做出权威发布之前发表任何信息的说法,有悖于调查新闻业的基本精神,甚至可能有悖于新闻业的宗旨。

⑪若要基于光盘的内容或其他设备拍摄的内容在报纸上发表可能会影响某人人格的新闻作品,应首先由法庭的专家确定此类证据的真实性。

22. 读者来信

(1) 编辑在编辑有关争议性话题的开放性专栏时,并没有义务发表所有收到的相关信件。他有权筛选并发表部分信件的全部内容或主旨大意。然而,在行使这项权利时,他必须尽力避免所发表内容的片面性,尽可能对围绕争议性主题的正反观点平衡地呈现。

(2) 在争议性问题的交流过程中,编辑有其自由裁量权来根据交流的态势决定什么时候结束讨论。

(3) 编辑有权编辑"读者来信",但编辑过程中不能偏离读者原意。

23. 报纸可以揭露外交豁免权的滥用行为

媒体应尽其所能地构建起印度同其他国家之间展开友好合作和相互理解的桥梁。同时,对滥用外交豁免权的行为进行揭露也是报纸的职责所系。

24. 报纸不能唯利是图

(1) 虽然报纸享有通过各种合法方式来保障或改善其财务状况的权利,但新闻媒体不得以有悖于高标准职业道德和良好品位的唯利是图的方式来进行商业竞争。

(2) 在报纸中展开掠夺性的价格战或商业竞争、相互诋毁对方的出版物并凭空指责对方有不公平的交易行为,是违背新闻伦理准则的。对于是否存有不道德的商业行为的判断,需取决于具体案例的具体情况。

(3) 编辑在记者任职期间向其收取保证金的行为是不道德的。

(4) 媒体机构应坚持客观公正的原则,不得屈从于媒体公司的其他商业利益。当媒体机构的个体利益和媒体的公共义务发生冲突时,将二者进行明显的区分不仅是合乎情理的,更是必要的。

25. 报纸应避免暗示有罪

(1) 报纸应避免通过联想的方式暗示有罪。当被判决或被指控有罪的人的家人、亲戚或相关人士清白无辜且与事件毫无干系时,报纸就不应对他们进行报道。

附录　新闻自律组织的伦理规范

(2) 在争议性事件中,报纸对争议的任何一方表明其反对或支持的态度都是有悖新闻准则的。

26. 不退还主动提供的材料

(1) 报纸不一定要退还那些主动提供给报社用于发表的材料。但是,当所提供的材料中有已贴邮票的空信封时,报社应尽量返还。

(2) 如果不给投稿人的稿件付稿酬,报社应事先制定好不支付酬劳的协定并加以遵守。

27. 新闻摄影规范

图片或以视觉呈现的新闻与单纯的文字新闻相比,会在读者和观众的脑海中留下更强烈、持久的印象,因此摄影记者和其他视觉新闻的生产者必须更为谨慎负责地履行其职责。他们必须确保新闻的高标准,所呈现的内容应符合公共利益且能保持公平、准确、公正、严肃和得体。

摄影记者和其他视觉新闻的生产者应该注意以下几点。

(1) 图像应准确、全面,并在合适的语境下呈现主题。

(2) 维护所有主体的尊严,使其受到应有的尊重。对弱势群体给予特别关照,对犯罪或悲剧的受害者给予同情。只有在出于公共利益有必要加以公开时,才可报道他人的悲剧。

(3) 在编辑视觉资料时,编辑应确保其内容及语境的完整性。不得以添加或更改声音的方式来篡改图像资料从而误导受众或诬蔑被报道者。

(4) 在同报道对象打交道时,应保持谦和自然的态度。

(5) 尊重摄影定格瞬间的场景完整性。

(6) 图片不应该反映任何淫秽、粗俗或冒犯公众品位的内容。

(7) 努力确保公共事务在公开的环境下进行。捍卫所有新闻记者的访问权。

(8) 争取全面地、不受限制地接触采访对象;在时机和场合受限制时,提出替代性的方案。

(9) 寻求多样性的观点并展示被忽视的看法。

(10) 以身作则、保持本准则所阐释的职业精神和职业水准。当遇到不明情况时,可向具有最高职业水准的人士寻求帮助。

(11) 拍摄报道对象时,不得有意改变或试图改变或影响原本事件。

(12) 他人的隐私不应被介入或侵犯,除非是出于真正至高无上的公共利益而非病态窥视欲的需要。

（13）在报道恐怖袭击、公共骚乱或其他暴力行为时，不要展示血肉模糊的尸体或其他可能引起受众不适、导致恐怖氛围或激发社会及宗派激情的图像。

（14）不要被有意策划的场景左右。

（15）不接受那些意在影响报道的人的礼物、馈赠或经济报酬。

（16）不要卷入损害或可能损害新闻工作者职业独立性的政治行为、市民活动、商业往来或就业状况中去。

（17）禁止用金钱或物质奖励来换取消息来源或报道对象的信息。

（18）新闻作品中不能有任何形式的偏见。

（19）不得故意破坏其他新闻记者所做出的努力。

媒体通过呈现一个警方官员站在隐蔽赌场附近的照片，来强调警察忽视赌博的危害，只是为了象征性目的，不能被视为违反新闻伦理规范。

"死亡的尊严"是公民社会广泛遵守的原则，除非此类事件的图片描述直接影响公共利益或目的，否则媒体应该避免。

28. 避免淫秽、粗俗的报道

（1）报纸和新闻记者不得刊发任何淫秽的、粗俗的或者冒犯公众良好品位的内容。

（2）报纸不得刊登粗俗的广告，或通过描绘裸体女性以及摆出性挑逗姿态以引诱男性等内容的黄色广告。

（3）判断图片是否淫秽的检验方式有三种：一是它的内容是否淫秽下流；二是它是否为一件单纯的色情作品；三是它是否有意通过在青少年中传播并挑逗其性欲来赚钱。换句话说，它是否属于旨在谋求商业利益的不健康行为。其他的相关判定因素还有该图片是否与杂志的主题相关，也就是说，该图片的出版是否出于艺术、绘画、医学或性行业改革等社会目标或公益主旨。

（4）照片和绘画属于艺术作品，艺术家享有艺术创作的自由。然而，它只能作为艺术品由鉴赏家或内行来评价和欣赏，这样的作品也可能并不适合出现在报纸的页面上。

（5）全球化和自由化并不意味着媒体可以滥用新闻自由去降低新闻媒体的社会价值。新闻媒体担负着重要的社会责任，需引导其他行业和企业来提升商业素养。正是出于这一功能定位,媒体肩负着继承并发扬印度的传统文化和社会价值的重要使命。

(6)报纸上诸如"私人情感"之类的回答个人问题的专栏,不得含有可能损害公共风俗或败坏公共道德的低俗内容。

(7)新闻媒体应尽力确保其报道遵守了社会的总体规范而非个别规范。媒体也有责任保护传统文化、提高道德标准,并利用其社会影响力来提升社会的精神文化素养。

(8)印度读者有着良好的新闻鉴赏力。从长远来看,通过促进所谓的"自由放任"来照搬西方做法的行为,会背离新闻传播的初衷。

(9)报纸可以通过发表文章来披露公共场所的不道德行为,但对于所用到的文字和影像证据要进行严格的把控。

(10)报纸在发表有关性的文章时,应该适当考虑人们的情绪。

29.有偿新闻

(1)报纸应在增刊/特刊上明确提及"市场营销",以使其区别于新闻报道。

(2)报纸不应曲解或错误引用领导者的发言内容。社论中所引用的陈述应反映它们试图传达的内容的真正意义。

(3)在特定新闻栏目中,大量标识基于种姓的选民姓名和特定政党候选人的支持者姓名,或以特定文字基调进行呈现的,可构成有偿新闻。

(4)在不同的竞争性报纸上发表的内容相似的政治新闻报道可构成有偿新闻。

(5)两家报纸在选举日一字不差地发布同一条新闻并非偶然,很显然此类新闻的发布主要是影响选民的。

(6)新闻栏目以支持特定政党以及呼吁为特定政党提供投票支持为主要呈现方式的,可构成有偿新闻。

(7)预测被提名的候选人成功当选的,可构成有偿新闻。

(8)因电影明星出席活动引发民众热情以及有关竞选活动的新闻报道不构成有偿新闻。

(9)在报道大选相关新闻时,报纸在对候选人进行采访和内容发布的过程中需要确保报道的公平性。

(10)在选举过程中,根据印度选举委员会的规定,只要没有建立在试图影响选举的基础上,报纸可以自由地对候选人或政党的前景进行切实评估,此类新闻报道不构成有偿新闻。

(11) 未经核实,报纸不得刊登任何调查新闻来预测任何政党的胜利。

30. 新闻媒体对于职业进行评论的标准

任何报纸/专栏作家都不得以印度宪法保障的言论/表达自由为幌子辱骂任何职业,因为言论自由并非绝对的自由。

31. 新闻媒体对公务人员的行为进行评论的标准

(1) 中央政府、地方政府和履行政府职能的其他实体和机构不得因媒体对其行为进行批评性报道而以诽谤的名义对其提起诉讼,除非他们确认该报道内容罔顾事实。但是,司职处罚藐视法庭行为的司法部和分别受印度宪法第105条和194条保护而享有特权的国会和立法机构不受此规则的辖制。

(2) 中央和地方权力机构无权以诽谤的名义就批评其工作行为的文章或报道提起民事或刑事诉讼。

(3) 在发表关于公职人员的调查行为的新闻、评论或消息时,不应带有助长犯罪或妨碍预防犯罪、犯罪侦查和罪状检控的倾向。调查机构也肩负着不向外界透露相关信息或纵容错误信息误导民众的相应责任。

(4) 尽管没有法律授权国家或其官员查禁新闻媒体或对其进行事前限制,但1923年出台的《官方机密法》(*The Official Secrets Act*)和其他具有法律效力的成文法律法规对新闻媒体具有同等的约束力。

(5) 身负公职且因其履职行为而遭到批评的人,不得作为对此批评进行申诉的意见听取对象。

(6) 讽刺、嘲笑和诋毁国家总统的评论是不可取的,且忽略了公平新闻评论的要求。

(7) 虽然每个人都有对公共部门或公务人员的工作做出批判性评价的义务和自由,但此类评价必须基于适当的文件和证据。

(8) 提供公共服务的机构必须接受对其运作的严格审查。

32. 国家利益至上

(1) 依据印度宪法第19条第2款项,法律有权对言论和表达自由做出合理限制。因此,作为一条自律原则,在发表任何可能危及或损害国家和社会至高利益的新闻、评论或其他信息以及可能侵犯他人的正当权益的新

附录 新闻自律组织的伦理规范

闻时,媒体应保持谨慎和克制。

(2)发布错误的或不准确的地图是严重的违规行为。此举会给国家领土的完整造成负面影响,一旦出现,应即刻以显著的方式撤回并致歉。

(3)尽管媒体通常不得披露消息来源,但如果受指控中的事项与国家利益和安全有关,则新闻界有责任、有必要强制要求确认信源所提供信息的真实性。

(4)没有经过全面核实,不得发表涉及国家敏感问题且可能诋毁国家的新闻。报纸和通讯社应在发表前核实其真实性。

33. 抄袭

(1)在未注明来源的情况下使用或仿冒他人的文章或观点,是违背新闻伦理准则的行为。

(2)侵犯版权的行为也构成违反新闻工作者职业规范。

(3)在不注明原著出处的情况下改写文章并刊登的行为也违反了新闻伦理守则。

34. 正式出版前核查

(1)当有关公共利益的稿件包含针对个人的指责和评论时,除了核对信源的真实性,编辑还须谨慎地核实其内容的真实性和准确性。必要时,向相关人士或机构搜集该稿件的所需信息、评论和意见反馈。当事件信息量不足时,应在文后附加补充说明。

(2)重要的考试被取消或竞选中的选举人退出选举之类的新闻,必须经反复核查和多方确认方可发表。

(3)任何一个已发表新闻稿件的源文件都需要保存至少六个月。

(4)报纸应该在确定真实性后发布新闻稿,且应具有授权人的签名和部门印章。

(5)由流言蜚语构成的或对个人品行的反复打探的新闻报道不值得发表。

(6)个人的仇恨不应反映在新闻报道中。在没有任何材料或仅在表面上证实了新闻内容的情况下发表新闻,以期恶意诽谤他人的,构成不作为和犯罪。

(7)错误地把历史上不正确的、性质严重的言论归咎于政治领袖,产生严重影响的,应以媒体未尽职调查做严厉处置。媒体应该在出版前核实这种陈述的来源。

（8）有关嫁妆骚扰的指控应受到法院的详细审查,根据《新闻评议法》规定,媒体在此类报道中应更加敏感,避免公布被告的照片,编辑在这种情况下也应核实被告的立场。

（9）因贪污贿赂而解雇一名官员是可经证实的事实,报纸应该进行核实求证。随后的澄清不能减轻对其的损害。

35. 公众人物隐私权

（1）隐私权是神圣不可侵犯的人权。然而,隐私的范畴因人而异、因情况而异。作为公众代表而受万众瞩目的公众人物不能期望享有和平常人一样的隐私权。公众人物的一举一动都事关公共利益（这里的"公共利益"不是"有利于公众"的意思）,因此即使是公众人物私下的个人行为也有可能通过新闻媒体呈现在大众的面前。然而,对于公众人物具有公共利益属性的言行举止,新闻媒体也负有通过正当的渠道获取信息、充分核实信息且保证相关报道真实准确的责任。新闻工作者不得采用监控设备获取公众人物与大众无关的信息。新闻工作者不得以纠缠不休的方式来获取公众人物私人谈话信息,而公众人物也应尽量配合新闻媒体的工作,让他们能履行其职责,向公众告知其代表人物的所作所为。

（2）如果对于公众关注的事件中相关公众人物的采访、陈述或争议性报道是准确无误的,那就不应被视为侵犯个人隐私。对于公众人物来说,公共生活和个人隐私的界限相对模糊,因此公众人物对外界评论应有充分的心理准备。

（3）报纸批评官员是被允许的,因为官员的行为举动关系着公共利益,前提是批评他们并非为了宣泄私人恩怨。

（4）公众人物的家人不应被媒体曝光,当涉及未成年人时更是如此。如果因公共利益需要采访未成年人,须事先征得其父母的同意。

（5）个人如果在公共平台自行曝光其隐私,则应视为该人主动放弃其个人隐私权。

36. 渎职

（1）通过报纸专栏诽谤他人进行威胁从而敲诈勒索的行为严重践踏了新闻职业规范。

（2）报纸不应让记者参与营销广告的工作。

（3）使用其他媒体机构的标题并拒绝采取纠正措施的行为,违反新闻职业伦理和道德规范,应该受到谴责。

（4）发表的内容与投稿人提供的内容有实质上的不同的行为违反了新闻职业伦理和道德规范。

37. 职业竞争

报纸专栏不得被滥用于商业竞争中的私人攻讦。

38. 录音访谈和电话交谈

（1）新闻媒体不得在未经他人知情或同意的情况下私自对谈话内容进行录音,除非此举是保护记者行为合法的重要证据或记者另有其他令人信服的理由。

（2）新闻媒体应在公开传播前,删除对话中出现的带有攻击性的绰号。

（3）报道必须给出政治领袖所作声明的背景,但不得自行赋予其含义。

39. 不同报道类别的一些具体规范

（1）关于精神疾病患者的报道。未经患者同意,媒体不得发布在精神卫生机构接受治疗的患者的照片或其他信息。

（2）关于自杀的报道。报纸和通讯社在报道自杀案件时,不得有以下举措。

①在版面显著位置发布自杀案件报道,并过度重复此类故事；

②运用使自杀正常化或激进的语言,或将自杀描述为对问题的建设性解决方案；

③明确描述自杀案件所使用的方法；

④提供自杀案件发生位置的详细信息；

⑤使用耸人听闻的标题；

⑥使用照片、视频片段或社交媒体链接。

（3）关于自然灾害的报道

①有关自然灾害或传染病的传播状况的事实和数据,只有在全面核实其真实的信息来源后,才能以不煽情、不夸大的方式进行发布；

②社会管理机制的疏漏可能使得自然的或人为的危险演变成灾难。这种灾害性的影响可以通过包括媒体在内的利益相关者以积极预防的方式降至最低；

③新闻媒体应该广泛宣传灾害发生时什么该做、什么不该做以及减灾

的潜在益处,以便社会群体学会在灾难前、灾难中和灾难后遵从媒体的引导。民众应该知晓行动指南的详细内容。同时,媒体应审慎处理灾中和灾后与妇女儿童等弱势群体相关的问题;

④新闻媒体有必要同所有官方及非官方的组织保持全面合作。它们之间协调合作的程度,决定着灾难预防和灾难应对的效果。

40. 对立法进程的报道

报纸有如实报道国会和议会立法进程的职责。同时,报纸也不能因对任何民事或刑事庭审的进程性报道而受罚,除非该报道被证实是出于恶意。但是,对于国会、立法议会或国家机关不对外公开的活动或信息,报纸不应加以报道。

41. 答辩权

(1) 对于因报道或评论受到责难的人以信件或便笺的形式寄给编辑部的答复、情况说明或反驳意见,报纸应在第一时间免费以全文或摘录的方式在显著的位置加以发表。如果编辑对该答复、情况说明或反驳意见的真实性或准确性存疑,他有权在文后添加简短的编者按以质疑相关内容的准确性。但是,只有当编辑的质疑是建立在证据确凿无疑的基础上或编辑拥有其他佐证材料时,此种添加编者按进行质疑的行为才可取,此举属于只在少数情况下才能谨慎使用的特许权利。

(2) 当相关答复回应、情况说明或反驳意见是遵照新闻评议会的要求而发表时,报纸编辑也可以附加类似的编者按语。

(3) 新闻发布会的媒体内容不得要求反驳权,因为报道会议内容与否属于编辑自由裁量权范围。

(4) 读者有知晓任何与公共利益相关内容的权利。因此,编辑不得因个人判定所发布的内容为既定事实就拒绝发表相关的回复或者反驳意见。属实与否应交由读者来进行判断,编辑不得理所当然地忽视读者的这一权利。

(5) 新闻工作者要谨记,在任何调查中自身并非法官,应以个人无罪为原则指导报道行为,除非被指控的罪行有独立可靠的依据作为证明。因此,即使篇幅有限,媒体也要尽可能地揭露事实,使公众能在完整且准确的舆论引导下拥有独立观点。民主社会里媒体所享有的权利,可以自然而然地延伸为读者对于任何具有重要性的公共问题享有知情权。

42. 隐私权

（1）新闻媒体不得侵犯他人的个人隐私，除非是出于更高的公共利益的需要，而非满足淫秽或病态的窥视欲望。但是，一旦相关信息成为公共事件，隐私权保护就不再有效，新闻媒体的相关评论也会变得合法。对可能使女性蒙上污名的报道，应特别谨慎。（包括个人住址、家庭情况、宗教信仰、健康状况、性取向、个人生活乃至私生活在内的私人事务均属于"隐私"的范畴而受到保护，除非这些信息与公共利益相冲突）

（2）谨防身份指向性信息公开：当发表强奸、诱拐或绑架女性，性侵儿童的犯罪事件或发表涉及女性贞洁、生活作风以及个人隐私等问题的报道时，可能导致受害人身份泄露的姓名、照片以及其他与其身份相关的内容均不得公开。

（3）对于在性虐待、"强制婚姻"或非法结合的情况下所生的后代，不得进行身份指认或拍照。

（4）要避免拍摄人们处于悲痛中的画面。除非记录事故或自然灾害中受害者的状态。

（5）报纸不应对违反1956年《防止不道德行为法》[$Immoral\ Traffic\ (Prevention)Act$]的分类广告视而不见。

（6）新闻媒体应谨慎判断，不要披露涉事人员的真实姓名，以防影响其个人生活。

（7）发布与报道和新闻事件没有直接关系的人员地址，属于侵犯其隐私权的行为。

（8）值班时间过后，发布在营房里休息的警员的照片，以证明他渎职，不仅侵犯他人隐私，也违反新闻伦理规范。

43. 媒介审判与"突击圈套"的报道指南

1）媒介审判

媒体和司法是民主体制的两个主要支柱和天然盟友，它们相互扶助并共同迈向实现民主这一目标。正当的法律程序所必要的相关措施应优先于言论自由。当公正审判和言论自由之间发生冲突时，应优先考虑公正审判，因为妨碍被告接受公平审判的任何妥协性行为都会造成巨大危害并损害司法系统。因此，媒体人应当接受必要的培训，知晓法院运作和诉讼程序相关的基本知识。

(1) 在法院判定被告者有罪之前,被告人享有被推定为无罪的基本权利。

(2) 报道不得诱使公众相信某个被报道的对象是案件共犯,因为这种行为会给警方的正当调查过程带来压力。

(3) 基于小道消息报道官方机构对犯罪行为展开的调查将可能使得真凶安全转移甚至逍遥法外。

(4) 未核实假定犯罪证据的真实性而大力报道犯罪事件或对其进行评论并非明智之举。

(5) 虽然媒体对处于调查阶段的刑事案件进行报道可能有助于调查迅速、公正地进行,但如果相关保密信息遭到披露,可能妨碍或损害调查,因此,不能对调查过程中的所有细节进行不受限制的披露。

(6) 不应对受害者、目击证人、犯罪嫌疑人和被告人进行过度报道,因为此举会导致对其隐私权的侵犯。

(7) 报纸和其他媒体不应暴露目击证人的身份,因为这样的暴露会将目击证人置于被告人及其同伙以及调查机构的压力之下,并可能导致他们因屈从于压力而给出不公正的证词。

(8) 犯罪嫌疑人的照片不应被公开,因为此举可能会对依据刑事诉讼条例而进行的"列队认人"(identification parades)环节造成影响。

(9) 媒体不得自行审判或预言判决结果,因为此举会给法官、陪审团或目击证人施加不当的压力,也可能给诉讼的一方造成损害。

(10) 对审判后或听证会的活动进行报道往往包含审判决定等内容。当诉讼结论和审判决定之间存在时间差时,必须避免意在影响即将公布的判决结果的评论行为,包括对诉讼结论的评论以及对相关证据或争辩意见的讨论。

(11) 媒体如果已对初审进行了报道,那么最好进行跟踪报道,直到公布法院的最终判决结果。

2)"突击圈套"的报道指南

(1) 如果报纸打算对"突击圈套"(Sting Operations,即警方卧底)进行报道,那么它需要从相关行动者那里获取行动真实性的凭证。

(2) 对于"突击圈套"各个行动阶段的情况必须进行实时记录。

(3) 对于"突击圈套"的具体情况是否进行报道,由编辑衡量其是否满足公共利益的需要和是否符合所有法律的要求后进行决定。

（4）纸质媒体在报道"突击圈套"的相关行动信息时，应充分考虑其潜在的读者，避免惊吓或冒犯到他们。

44. 未授权的新闻抄袭

（1）从其他报纸上抄录新闻信息并以原创方式发表在自己的报纸上的行为，严重违背了新闻工作者的职业伦理标准。为了消除新闻抄袭的嫌疑，报纸在发表抄录性新闻时必须要交代消息来源。

（2）新闻特写和消息报道的地位是不一样的：在未经许可或未得到适当确认的情况下，不得抄录新闻特写的内容。

45. 不美化暴力

（1）当摄影报道内容有关恐怖袭击或社会动乱时，新闻媒体要避免发表或播出血腥的场景或任何可能造成社会恐慌或激起公众狂热的图像。

（2）媒体机构及其工作者应该避免以美化作恶者的死亡、行为和主张的方式来呈现暴力事件、武装抢劫和恐怖袭击活动。新闻媒体要避免发表美化罪犯及其犯罪行为的反社会性质的报道。

南非纸媒和网络媒体的道德与行为准则[1]

南非新闻评议会和南非互动广告局采用了以下纸媒和网络媒体（统称为"媒体"）准则。

一、前言

媒体的存在是为了服务社会。媒体自由提供了对塑造社会的力量的独立审视，并且对实现民主的承诺至关重要。它使公民能够对当今的问题做出明智的判断，南非宪法认可了这一作用的核心地位。

南非宪法中的"权利法案"第16条规定如下。

---

[1] Press Council South Africa. Press Code[EB/OL]. [2021-08-07]. https://presscouncil.org.za/Reports/View/press-code-2020-15.

人人享有言论自由的权利,包括以下四点:新闻和其他媒体的自由;接受和传递信息或想法的自由;艺术创作自由;学术自由和科学研究自由。

条款1的权利不包括以下三点:宣传战争;煽动即将发生的暴力;宣传基于种族、民族、性别或宗教的仇恨,构成煽动伤害的行为。

媒体努力维护公民这些权利;媒体与个人享有相同的权利和义务。每个人都有责任捍卫和维护这些权利,认可创造这些权利的斗争:媒体、公众和政府,都是民主国家的一部分。

媒体的工作始终以公共利益为向导,公共利益被理解为与公民具有合法利益相关或具有重要性的信息。

作为记者,我们致力于遵守最高标准,以保持信誉并获得公众的信任。这意味着要始终追求真理,避免不必要的伤害,在报道中反映多种声音,特别关注儿童和其他弱势群体,保持对读者和报道对象的文化习俗的敏感性,并独立行事。

二、《纸媒和网络媒体的道德与行为准则》的适用情况

(1)《纸媒和网络媒体的道德与行为准则》(以下简称《准则》)适用于成员发布的以下内容。

①印刷版本中发布的所有内容;

②在成员经营的网站上发布的所有内容;

③在成员经营的社交媒体账户上发布的所有内容;

④由成员创建并在万维网(即在线)上的任何平台或以数字格式发布的所有内容。

(2)任何成员通过第1条所述的一个或多个平台发表的所有内容都必须符合《准则》的规定,不论其内容是书面、视频、音频、图片还是任何其他形式。

(3)成员必须确保当他们通过其社交媒体账户(例如通过转发)分享第三方创造的内容时,以符合本《准则》的方式进行。

(4)成员必须在本《准则》的指导下制定自己的社交媒体政策。

三、媒体生成的内容和活动

（一）新闻的收集和报道

在进行新闻收集和报道时，媒体应当注意以下几点。

(1) 真实、准确、公正地报道新闻。

(2) 以平衡的形式报道新闻，而不能因为歪曲、夸大、遗漏、概括不当造成任何与真相背离的情况。

(3) 仅提供可能合理的事实；意见、指控、谣言或假设应如实陈述。

(4) 合法、诚实和公平地获取新闻，除非公共利益另有要求。

(5) 仅以新闻为目的使用个人信息。

(6) 表明自己的身份，除非公共利益或其安全性另有要求。

(7) 在可行的情况下，核实可疑信息的准确性；如果没有核实，应予以说明。

(8) 在可行的情况下，在发布之前寻求批评性报道对象的意见，除非他们可能被阻止报道，或证据被破坏、消息源遭到恐吓。应该给予此类主体合理的回应时间；如果无法获得意见，应予以说明。

(9) 如果报道是提供了有限信息，应在获得新信息后对其进行补充。

(10) 如果提供不准确的信息或评论，应及时在成员网站、社交媒体账户或其他发布原始内容的每个在线平台上的适当显著位置撤回、更正、解释或道歉；并确保其雇佣的每一位在其个人社交媒体账户上分享了该内容的记者或自由职业者也在其个人社交媒体账户上撤回内容、更正、解释或道歉。

(11) 显著标明网上发布的内容是何时被修改或道歉或撤回的。当原文章仍然存在时，须在每一版本的在线内容中附上修正案、撤回或道歉的链接。

(12) 没有义务删除任何不属于非法诽谤的文章。

(13) 不能剽窃。

（二）独立性和利益冲突

(1) 不允许商业、政治、个人或其他非专业因素影响报道，避免利益冲突以及可能导致读者怀疑媒体独立性和专业性的做法。

（2）不接受任何可能影响报道的利益支持。

（3）当外部组织捐助新闻经费后，要明确说明这一情况。

（4）保证新闻编辑内容与广告、赞助活动分离。

（三）隐私、尊严和声誉

（1）在涉及个人私生活的事项上要谨慎考虑；隐私权可能要让位于公共利益。

（2）应特别重视南非文化习俗，保护丧亲者的隐私和尊严，尊重逝者、儿童、老人和身心残疾的人。

（3）在涉及尊严和声誉的事项上要谨慎对待，除非是符合以下公共利益之一。

①报道的事实是真实的或基本属实。

②基于事实的受保护的评论，这些事实已被充分引用，并且是真实的。

③新闻的内容是对法庭程序、议会程序或任何准司法法庭或法庭程序的公正准确的报道。

④传播符合新闻行为原则的信息是合理的。

⑤报道的内容是（或构成了）对申诉人作为当事方的争议进行准确公正的描述。

（4）不公布强奸幸存者、性暴力（包括性恐吓和性骚扰）幸存者[1]的身份，或在未经他们同意的情况下披露他们的艾滋病毒/艾滋病状况，如果是儿童，则不公布他们的法定监护人或同样负责任的成年人以及孩子（考虑到儿童不断发展的能力），这既符合公共利益也符合儿童的最大利益。

（四）个人信息保护

在保护个人信息方面媒体应注意以下几点。

（1）采取合理措施确保其掌握的个人信息免遭滥用、丢失和未经授权的访问。

（2）确保他们收集的个人信息是准确的、合理的、完整的和最新的。

---

[1] 世界卫生组织将性暴力定义如下："性暴力包括从口头骚扰到强迫进入的各种行为，以及一系列胁迫，从社会压力和恐吓到武力……"

(3) 采取措施核实其信息的准确性,必要时,如在有人要求更正其个人信息时可对其进行修改。

(4) 仅披露足以识别被报道者身份的个人信息,因为某些信息(如地址)可能使其隐私和安全被他人侵犯。

(5) 在有理由怀疑未经授权的人可能已获得媒体所持有的个人信息时,媒体应通知受影响的人士并采取合理措施以减轻任何不利影响。

2013 年第 4 号《个人信息保护法》第 1 节中对"个人信息"定义如下:"个人信息"指可识别自然人的有关的信息,并且在适用的情况下,可识别现有的法人,包括但不限于以下内容。

① 与种族、性别、怀孕、婚姻状况、国籍、民族或社会出身、肤色、性取向、年龄、身心健康情况、残疾、宗教、良心、信仰、文化、语言和人的生日等相关的信息;

② 与该人的教育、医疗、财务、刑事或工作经历有关的资料;

③ 任何识别的号码、符号、电子邮件地址、实际地址、电话号码、位置信息、在线身份或对该人的其他特定标识;

④ 该人的生物识别信息;

⑤ 该人的个人意见、观点或偏好;

⑥ 该人发出的隐含或明确属于私人或机密性质的信件或能揭示原始信件内容的更多信件;

⑦ 另一人对该人的意见或看法;

⑧ 如果该人的姓名与该人的其他个人资料一同出现,或者该名称的披露本身,会泄露有关该人的信息。

(五) 歧视和仇恨言论

如果新闻报道中涉及歧视和仇恨言论,媒体应注意以下问题。

(1) 避免歧视或歧视性地提及人们的种族、性别、怀孕、婚姻状况、民族或社会出身、肤色、性取向、年龄、残疾、宗教、良心、信仰、文化、语言和出生或其他身份,不得在有偏见或贬义的情况下提及以上身份,除非这些信息与所报道事项相关及符合公众利益。

(2) 报道和评论所有符合公共利益的事项时,平衡他们的权利和义务,不发布宣传战争、煽动即将发生的暴力或仇恨言论的材料,不得倡导基于种族、性别或宗教的仇恨,以免构成煽动造成伤害。

(六) 宣传

媒体可以大力报道自己对有争议的话题的看法,但必须明确区分事实和观点,不得歪曲、压制有关事实。

(七) 受保护的评论

(1) 媒体有权评论或批评任何与公共利益相关的行为或事件。

(2) 评论或批评即使是极端的、不公正的、不平衡的、夸大的和有偏见的,只要是没有恶意的、符合公众利益、公平地考虑到所有真实或合理的实质性事实,并且明显以一种评论的方式呈现,也是受到保护的。

(八) 儿童

根据南非"权利法案"第28条的精神[1],在报道儿童时媒体应注意以下几点。

(1) 报道儿童时要特别小心并多加考虑[2]。如果报道可能对儿童造成任何形式的伤害,则未经法定监护人对该儿童负责人的成人和儿童(考虑到儿童不断发展的能力)的同意,不得对其进行面谈、拍照或鉴定。这显然是出于对公共利益的考虑。

(2) 不发布儿童色情内容[3]。

(3) 未经其法定监护人或负有类似责任的成年人和儿童(考虑到儿童不断发展的能力)的同意,不得公布遭受虐待或剥削的儿童,或被指控犯罪或被定罪的儿童,这显然是出于对公共利益的考虑,也符合儿童的最佳利益。

---

[1] 《南非共和国宪法》中的"权利法案"第28条第2点规定:"儿童的最大利益在涉及儿童的每件事情中都至关重要。"

[2] "儿童"是指未满18岁的人。

[3] 儿童色情制品在"电影和出版物法"中被定义为:"任何视觉形象或任何人的描述,无论是真实的还是模拟的,无论如何创造,无论谁被描述为未满18岁,并明确被描述为从事或参与性行为的人;露骨地展示生殖器官的;参与或协助他人参与性行为,从上下文中判断,其主要目的是刺激目标受众的性唤起,或以某种方式展示或描述身体或身体的某些部位,或在环境中构成性剥削的情况。"

附录 新闻自律组织的伦理规范

(九) 暴力、图片内容

新闻报道中如含有暴力、图片内容,媒体应注意以下几点。

(1) 在呈现残暴、暴力和痛苦内容时,应表现出应有的谨慎和责任感。

(2) 不允许提倡或美化暴力等非法行为。

(3) 避免描述暴力犯罪或其他暴力或露骨性行为的内容,除非公共利益另有规定——在这种情况下,应该在突出位置警告,此类内容是逼真的,不适合儿童等受众。

(十) 标题、图片说明、海报、图片和视频/音频内容

(1) 标题、图片和海报的标题不得误导公众,应合理反映报道或图片的内容。

(2) 图片和视频/音频内容不得被歪曲或误导,也不得被操纵。

(十一) 机密和匿名消息来源

(1) 保护机密信息来源。保护消息来源是民主自由社会的基本原则。

(2) 除非没有其他方式处理报道,否则应避免使用匿名来源,并注意证实此类信息的真实性。

(3) 除非公共利益另有规定,否则不得发布构成泄密的信息。

(十二) 信息付费

媒体应避免向告密者支付报酬,诱使他们提供信息,特别是当他们是犯罪分子时——除非有关材料必须出于公共利益而发表,并且必须为此支付报酬。

四、用户生产的内容和活动

(一) 原则

关于用户生产的内容和活动,媒体需要注意的有以下几点。

(1) 没有义务提前审核所有用户生产的内容(UGC)。

(2) 应制定符合《南非共和国宪法》的用户生产内容政策,管理审核或

删除用户生产的内容或发布的用户资料。

(3) 符合政策规定时可删除任何 UGC 或用户资料。

(4) 必须公开其政策并明确规定以下内容。

①在注册过程中,准用户必须遵守授权程序(如有),以及任何条款、条件和赔偿条款;

②被禁止的内容;

③公众以何种方式被告知被禁止的内容。

(5) 在切实可行的情况下,应在平台上发布通知,以阻止用户发布违禁内容。

(6) 应告知公众用户生产内容是由用户直接发布的,并不一定反映媒体的意见。

(7) 应鼓励用户举报可能违反其政策规定的内容。

(8) 应特别仔细地监控针对儿童的在线论坛。

(二) 被禁止的内容

违反媒体平台 UGC 政策的内容,或违反"歧视和仇恨言论"准则第 2 条的内容,是属于被禁止的内容。

(三) 辩护

(1) 媒体可以证明自己没有创作或编辑被投诉的内容,这是一种辩护。

(2) 如果投诉人已向特定媒体发出书面通知,指明有关内容、发布的地点,并说明为何属于被禁的内容(见"被禁止的内容"),这时媒体必须采取以下措施。

①尽快删除相关的用户生产内容并通知相应投诉人。

②如果媒体决定不移除用户生产内容并通知相应投诉人,投诉人可向新闻监察委员会(Ombud)投诉,新闻监察委员会将用户生产内容视为是该媒体成员自己发布。

以上内容适用于针对用户在所有平台上发布的评论和内容以及其分发内容的投诉。

附录 新闻自律组织的伦理规范

爱尔兰报纸杂志业务准则[1]

一、前言

出版自由对于人民知情权是至关重要的。这种自由包括纸质媒体和网络媒体可以没有畏惧、不带偏袒地发布新闻信息的权利,以及对它进行评论的权利。

新闻出版自由承载着责任。新闻界的各位有责任维持最高的专业和道德标准。

本准则规定了这些标准的基准。爱尔兰新闻监察员和新闻评议会有责任从精神和文本上确保这些准则受到尊重,新闻委员会媒体成员也有责任协助其完成这项工作。

在处理投诉的过程中,新闻监察员和新闻评议会将会考虑它们认为符合公共利益的事件。在每个具体案例中,新闻监察员和新闻评议会都可以界定公共利益,但总的原则是,公共利益应与那些可以影响人们的大事有关,这样人们就可以出于正当的兴趣关注这些事件,纸质媒体和网络媒体也有正当的理由提供相关信息。

二、原则

(一)真实与准确

(1)报道新闻和信息时,纸质媒体和网络媒体应始终力求真实和准确。

(2)发布了明显的不准确信息、误导性的陈述或者歪曲的报道或图片时,新闻媒体应及时在报刊的显著位置更正。

---

[1] Press Council South Africa. Code of Practice for Newspapers and Magazines[EB/OL]. http://presscouncil.ie/_fileupload/Handbook%20on%20Code%20of%20Practice.pdf.

（3）在适当的情况下，新闻媒体的撤销、道歉、澄清、解释或回应应当及时地在报刊的显著位置发布。

（二）区分事实与评论

（1）报刊有权利就各种话题表达自己的看法。

（2）评论、猜测、谣言和未经证实的信息不得被当作事实来报道。

（3）读者有权利要求媒体的内容反映的是编辑和记者最好的判断，并且没有受到未公开利益的不适当影响。只要是与报道相关的，媒体（卷入的）任何重大的经济利益，都应当予以公布。记者应当向编辑披露（他们工作中）潜在的利益冲突。

（三）程序公正和诚信

（1）无论何时，新闻媒体获取新闻信息和发布新闻都应当保证程序公正和态度诚实。

（2）新闻媒体不得通过虚假陈述或者欺骗等方式获取信息、照片或其他材料，除非是为了公共利益。

（3）新闻工作者和摄影师不得通过骚扰等方式获取或试图获取信息和照片，除非他们的行为是为了公共利益。

（四）尊重人权

每个人的名誉都受到宪法保护。新闻媒体不能故意发布那些歪曲或者毫无根据的指控信息，发表前必须合理注意核实信息。

（五）隐私权

（1）隐私权作为一项人权，受到《爱尔兰宪法》（*Irish Constitution*）和《欧洲人权公约》（*European Convention on Human Rights*）的保护，并被纳入爱尔兰法律。每个人的私人事务和家庭生活、住宅和通信必须得到尊重。

（2）读者有权利要求在尊重个人隐私和情感的情况下获知新闻和评论，但是，对隐私权的保护不应该阻碍那些属于公共记录或符合公共利益的事件的发布。

(3)从处于悲伤或震惊情况下的个人那里获得信息时,新闻工作者必须保持同情与谨慎。在发布这些信息时,应考虑到悲伤家庭的感受。这不应该被视为限制司法程序报道权的理由。

(4)公众人物享有隐私权。然而,当人们担任公职、处理公共事务、从事公益事业,或者他们寻求或获得公众对其活动的关注时,公开他们的私人生活和环境的相关细节是合理的,因为这些被披露的信息与他们的个人行为的正确性、公开声明的可信度、公开意见的价值以及其他符合公共利益的事宜相关。

(5)未经个人许可而在私人场合拍下的照片是不能被接受的,除非是基于公共利益这个理由。

(六)保护信息来源

新闻工作者应该保护秘密消息来源。

(七)法院报道

新闻媒体应努力确保法院报道(包括图像的使用)是公正和准确、不损害公平审判权,并尊重无罪推定。

(八)偏见

新闻媒体不得针对个人或群体的种族、宗教、国籍、肤色、族裔、社区成员、性别、性取向、婚姻状况、残疾、疾病或年龄等发布那些意图或可能引起严重冒犯或是煽动仇视的信息。

(九)儿童

(1)在搜集和发布有关16岁以下儿童的信息或评论时,新闻媒体应当特别小心。

(2)新闻工作者应该考虑到儿童的脆弱性;在处理与儿童相关的新闻时,无论是否得到了其父母或其他监护人的同意,都应该考虑儿童的年龄、话题的敏感性以及这个故事为公众获知的后果等。青少年应该免受不必要的干扰,自由地完成学业。父母或监护人的名声、恶名或地位不能作为公开儿童私生活的唯一理由。

（十）关于自杀的报道

在关于自杀的报道中，应该避免过多公布自杀的手段和细节。

（十一）新闻监察员/新闻评议会的决定公告

（1）当新闻监察员/新闻评议会要求媒体在显著位置刊登相关的投诉决议时，新闻媒体应当执行。

（2）本守则的内容将定期审查。

英国《编辑业务准则》[1]

本准则包括引言部分以及涉及的与公共利益相关的免责条款，为认同独立新闻标准的组织成员单位设定了予以遵守和维持的最高专业标准。本准则是自主监管体系的基石，成员对这一体系已做出了具有约束力的承诺。本准则也平衡了个人权利和公众的知情权。

为了实现这个平衡，最关键的一点是本准则不仅要得到书面上的认可，还需要从业者从精神上予以完全的认同。对于本准则的理解，既不应过于狭隘地将其局限于对个人权利的尊重，也不应过于宽泛地认为它侵犯了言论自由的基本权利（如信息告知、党派性、质询权、讽刺批评以及娱乐休闲等，或为了公共利益禁止出版有关内容）。

编辑和出版商有责任将本准则应用于所有印刷类和网络版的编辑材料中，并且应注意确保所有的编辑人员和外部撰稿人均能遵守本准则，其中包括非记者人员。

编辑必须设计和维持能迅速解决投诉的内部程序，并在必要时与IPSO（英国独立新闻标准组织）合作。如果某个媒体受到裁决，必须按照IPSO的要求对裁决内容进行全文公布，并在版面上予以适当突显。

---

[1] Editors' Code of Practice [EB/OL]. https://www.ipso.co.uk/editors-code-of-practice/editors-code-resources/.

一、准确性

(1) 新闻媒体必须注意不出版不准确的、有误导性的或者歪曲的信息或图像,也不得刊登与正文内容不相符的标题。

(2) 须及时纠正所传播的不准确的、有误导性的陈述或者歪曲的信息,并需要在合适的位置发表致歉声明。在涉及 IPSO 裁决的情况下,道歉应按监管方的具体要求进行。

① 当新闻媒体提出合理要求时,应给予其公平的机会对重大错误做出辩解。

② 新闻媒体虽然可以自由发表社论和进行宣传,但必须清晰地区分评论、猜想和事实。

③ 新闻媒体必须公正、准确地报道其作为争议一方的诽谤诉讼的结果,除非商定的和解协议另有规定,或发表了商定的声明。

二、隐私

(1) 每个人有权被尊重其个人和家庭生活、身心健康和通信安全,包括数字通信。

(2) 编辑们将被要求为未经同意的情况下侵犯任何个人的私生活进行解释。在衡量个人对隐私的合理期望时,IPSO 将考虑投诉人自己对信息的公开披露情况,以及投诉材料已经公开或将公开的程度。

(3) 未经个人同意,在对隐私有合理期望的公共或私人场所拍摄个人照片是不被允许的。

三、骚扰

(1) 新闻工作者不得恐吓、骚扰他人或进行连续的跟踪调查。

(2) 当采访对象要求终止采访时,记者不得继续询问、电话联系、进行追逐或者拍摄;当采访对象要求新闻工作者离开时,后者也不得继续在场或跟随。如果受访对象有要求,则新闻工作者必须如实表明自身身份以及所属媒体。

（3）编辑必须确保和他一起工作的人遵守这些原则,并注意不要使用从其他来源那里得到的不符合要求的材料。

四、对个人不幸与令人震惊事件的报道

在涉及个人不幸或者令人震惊的事件中,媒体必须用同情、慎重的态度调查和对待,且在公开报道时要谨慎。但这并不意味着限制媒体正常报道法律程序的权利。

五、报道自杀

在报道自杀事件时,为了防止效仿行为,在考虑媒体报道法律诉讼权利的同时应该注意避免对自杀方法进行过多的细节描述。

六、儿童

（1）所有学生都应该在没有不必要干扰的情况下自由完成学业。
（2）没有得到校方的许可,不允许接近或拍摄学生。
（3）16岁以下的儿童不能就涉及其自身或与其他孩子的健康、安全等相关的话题接受采访或拍照,除非得到监护人或负有相同责任的成年人的同意。
（4）不得向16岁以下儿童支付涉及其福利的材料费用,也不得向其父母或监护人支付有关其子女信息的费用,除非这明显符合儿童的利益。
（5）编辑不能用父母或监护人的姓名、名气或地位作为曝光儿童私生活细节的理由。

七、性侵案件中的儿童

即使在法律允许的情况下,媒体也不得指认16岁以下儿童是性侵犯案件的受害者或目击者。

在任何涉及儿童性侵犯的报道中,应注意以下几点。

(1) 不能透露儿童的身份。

(2) 可以透露成年人的身份。

(3) "乱伦"一词不得用于可能识别儿童受害者的地方。

(4) 必须注意不能在报道中暗示被告与儿童之间的关系。

八、医院

(1) 新闻工作者在进入医院或类似机构的非公共区域进行调查之前,必须证明自己的身份并获得主管人员的许可。

(2) 在医院或类似的机构进行采访,不得在询问个人情况时侵犯他人隐私。

九、犯罪报道

(1) 未经罪犯或犯罪嫌疑人的亲戚、朋友的同意,不能透露这些亲戚、朋友的身份,除非他们真的与案件有关。

(2) 对于处于潜在弱势的18岁以下的儿童应特别关照,他们可能是目击者或受害人。但这并不是限制新闻工作者报道法律诉讼程序的权利。

(3) 编辑一般应避免在18岁以下的儿童因刑事犯罪被捕后且出现在青少年法庭之前就公布出他的名字,除非他们能证明该个人的姓名已经公布在公共领域或该个人(或者,如果他们未满16岁,监护父母或同样负责任的成年人)已经同意公布。这并没有限制新闻媒体在刑事法庭上公开未成年人姓名的权利,也没有限制未成年人的匿名性。

十、隐蔽的设备和采访手段

(1) 媒体不能使用以下方式获得信息:使用隐藏的摄像机或者秘密监听设备;拦截私人移动电话、短信、电子邮件;使用未授权的已删除的文件、照片;未经许可访问他人的数字私人信息。

(2) 通常只有在为了公共利益并且无法通过其他手段获得信息时,媒体报道才可以进行隐性采访,包括通过代理人或中间人进行的隐性采访。

十一、性侵犯中的受害者

除非有足够的理由以及法律允许,否则媒体不能透露性侵犯案中的受害者的信息,或者透露可以使受害者被辨识出的材料。记者有权进行调查,但必须小心谨慎,避免不公正地披露性侵犯受害者的身份。

十二、非歧视

(1) 媒体的报道涉及个人的种族、肤色、宗教、性别、性别认同、性取向或者任何身心疾病或残疾时,必须避免偏见或歧视。

(2) 应该避免使用个人有关种族、肤色、宗教、性别认同、性取向或者任何身心的疾病或者残疾的细节,除非它们真正与报道相关。

十三、财经记者

(1) 即使法律没有禁止,新闻工作者也不能用出版之前的财经信息为自己牟利,也不能将这样的信息传递给他人。

(2) 新闻工作者不得在未向编辑或财务编辑披露利益的情况下,就撰写与自己或其近亲有重大财务利益的股票或证券的情况。

(3) 无论是以直接的方式还是通过提名代理的方式,新闻工作者都不能够购买、出售他们已报道的或者准备报道的股票或者证券。

十四、秘密消息来源

记者在道德上有义务保护秘密消息来源。

十五、向刑事案件中的目击者支付酬金

(1) 依据1981年《藐视法院法》,一旦诉讼程序启动,任何情况下都不

应向证人(或合理预期将被传唤为证人的任何人)付款或提供付款。这一禁令持续到犯罪嫌疑人被无条件释放、保释,或诉讼中止,或者已经向法庭认罪,或者在不认罪的情况下法院宣布判决结果时。

(2)当法律诉讼程序还没有启动但将来很可能会启动时,编辑不能支付报酬给任何可能会成为证人的人,除非这一相关信息是基于公共利益而需要被公开,且有必要支付或承诺支付相关费用,并已采取一切合理措施,保证从证人那里所得到的信息是没有受经济利益影响的。在任何情况下,这种付款都不应以审判结果为条件。

(3)向后来在诉讼中提供证据的人支付报酬,必须向控方和辩方披露。这一点必须告诉证人。

十六、向犯罪者付款

(1)不能为获得罪犯的故事、图片或信息美化犯罪而向罪犯支付报酬。不能直接或通过代理人的方式向犯罪嫌疑人或他们的联系人(可能包括家人、朋友和同事)支付报酬。

(2)编辑使用公共利益来证明支付酬金的合理性时,需要呈现有说服力的理由来解释这样做是为了公共利益。如果不是为了公共利益,即使已经支付酬金,这些报道也不能出版。

十七、附录:公共利益

以上条款可能有例外,这些例外与公共利益有关。
(1)本准则所指公共利益包括但不限于以下几点。
①发现或者揭露犯罪、犯罪威胁或严重不当行为的。
②保护公众健康和安全。
③保护公众免于被个人或组织的行为或陈述误导。
④披露个人或组织未能或可能未能遵守其所承担的任何义务。
⑤揭露司法不公。
⑥促成或参与一些对于重要问题的公共辩论,如涉及公众的严重不正当行为、不道德行为或不作为的事件。

⑦揭露以上任何一种已经存在或可能存在的隐瞒行为。

（2）言论自由本身符合公众利益。

（3）监管者应该考虑和权衡相关信息已经在公共领域传播到了何种程度，或可能达到何种程度。

（4）编辑援引公共利益条款时，需要提出理由证明某个出版行为或新闻活动确为公众利益服务，且利大于弊，同时还需要解释他们当时是如何达成这一决定的。

（5）通常情况下，16岁以下儿童的权益具有至高无上的优先价值。如果出于某个特殊的公共利益而需要忽略这项权益，则需要提出明确的证据。

新西兰媒体评议会伦理原则声明[1][2]

一、前言

作为一个成立于1972年的行业自律机构，新西兰媒体评议会致力于为公众提供一个解决有关报纸、杂志、网站出版物和其他数字媒体的投诉的独立论坛。媒体评议会也同样关心媒体自由的促进和媒体最高专业标准的维护。

在一个民主国家，独立媒体起着至关重要的作用。这种角色功能的充分实现，有赖于媒体维持高水准的准确性、公正性、平衡性以及公信力。

在一个民主国家，没有什么比言论自由原则更重要。言论自由和媒体自由是密不可分的。纸质媒体应谨慎小心地保护言论自由，（这么做的）不仅是为了出版商的利益，更是为了公共利益。在处理投诉时，媒体评议会会更多地从言论自由和公共利益的角度来考量。

---

[1] New Zealand Media Council. Statement of Principles[EB/OL]. http://www.mediacouncil.org.nz/principles/.

[2] 本原则声明由新西兰新闻评议会发布。新西兰新闻评议会的约束范围涵盖到报纸、杂志以及网页的出版内容，包括视频和音频的传播内容，以及含有新闻内容的数字网站和博客。

公共利益是指一些可能会在很大程度上影响公众（生活）的问题。因此，公众会对此类事物感兴趣，并关心事态如何，以及对自己和他人有何影响。

一方面，猜测、意见和评论必须与事实区分开来；另一方面，媒体进行猜测、发表意见和展开评论的权利必须得到维护。此原则并不妨碍媒体对新闻事实进行严谨的分析，也不妨碍媒体采取坦率立场或提出任何主张的权利。此外，媒体评议会也承认，博客、讽刺文学、漫画以及八卦类的出版物或文章在遭受投诉时应给予特殊的考虑。

媒体评议会认可《怀唐伊条约》和《人权法案》的相关原则和精神，并将其应用于涉及公共利益的新闻报道中。

编辑需要对自己发表在出版物上的内容负责，同时肩负着维护媒体评议会认可的新闻道德标准的职责。在处理相关申诉时，媒体评议会将寻求相关编辑与出版商的合作。新闻博客和数字媒体也需要担负相应的职责。

当申诉人向媒体评议会提起申诉时，可能会援用以下基本原则，但是也不限于以下基本原则。

二、基本原则

1. 准确、公平与平衡

任何时候，新闻媒体都应保证准确、公正与平衡，不得以故意捏造或遗漏的方式来误导读者。在具有争议性或分歧性的文章里，为保证观点的公正，必须呈现另一方的声音。

凡事都有例外。一些长期性的议题可能无法做到在每一期报道里都使各方的观点得到合理的呈现，此时若要对相关报道是否具有公正性和平衡性进行判断，依据的应该是前后一系列报道而非某个单一的报道。

2. 隐私权

通常情况下，每个人都享有个人隐私权、空间隐私权及私人信息隐私权，这些权利应该得到媒体和出版商的尊重。然而，隐私权不应成为对涉及明显的公共利益的重大事件进行报道的障碍。

在披露嫌犯亲属的身份信息之前，媒体应特别谨慎，因为嫌犯亲属可能并不与所报道事件有关联。

采访报道那些遭受创伤与悲痛的人士时,需加以特殊的关心和爱护。

3. 儿童与青少年

如果要对儿童和青少年进行报道,编辑必须证明对其进行报道比不报道更符合公共利益。

4. 评论和事实

应明确区分事实性信息和观点与评论。如果一篇文章在本质上属于评论或观点,则应该清晰地加以标示。观点和评论所依赖的事实材料必须是准确的。

5. 专栏、博客、评论及来信

无论是在报纸版面上还是在网络博客里,评论性的内容都必须得到明确的界定和区分,除非该观点可以明确地被理解为作者的个人观点。尽管平衡是对事实陈述的基本要求,但评论性的内容不受此限制。漫画一般被视为评论性的内容。

对于受公正均衡、公共利益等原则指导的编辑来说,处理读者来信是一种特权。编辑可以对读者来信进行缩减,但不得扭曲其本意。

6. 标题和说明

文章的标题、副标题和说明性文字应准确、公正地传达文章的主旨或某核心要素。

7. 歧视和多样性

当性别、宗教、少数群体、性取向、年龄、种族、外貌、身体或精神残疾等事项与公共利益发生关联时,对其进行讨论是合法的,媒体也可以对其进行报道和评论。但是,媒体在进行报道时,不应无端地强调以上事项。

8. 机密性

对于秘密消息提供者,媒体有防止其身份泄露的重要义务,也有义务采取合理的措施来确保该消息提供者所持有的信息是可靠的。消息提供者和媒体都应谨慎小心,确认双方都认可"不公开"背后蕴含的风险。

9. 欺骗、隐瞒

通过欺骗、歪曲或不诚实的手段获取新闻或信息是不被允许的,除非该新闻或信息涉及重大公共利益而又无法通过其他手段获取。

10. 利益冲突

为了履行其社会监督职责,媒体必须保持独立,不对其新闻来源承担任何义务。媒体应避免任何可能使其独立性受损的情形。当一则报道受到了外界赞助，或接受了礼物和经济回报时，应对此进行明确声明。

当报道的作者同报道主题之间关系的正当性需要被解释时，应声明这种关系。

11. 图片和图形

在挑选和处理图片和图形时，编辑应谨慎。任何可能误导读者的技术性操作都应被标示出来并加以解释。

在处理一些展现悲痛或可怕情形的图片时，应特别考虑其可能造成的影响。

12. 更正

通常情况下，若媒体乐于更正自身错误，则有利于提高其可信度并平息投诉。如出现重大错误，则应秉持严格的公正原则及时地予以纠正。必要时，还应向受影响的人士道歉，并向其提供答辩的机会。

澳大利亚新闻《一般准则声明》及其他声明[1][2]

一、《一般准则声明》

1. 准确性和清晰度

（1）保证新闻报道中的事实性材料和其他材料准确、不带歧义。新闻报道应当与其他类型的材料（如评论）区分开。

（2）如果发表的内容有严重的错误或可能引起歧义，媒体应该进行更正或提供其他有效的补救办法。

2. 公平与平衡

（1）保证事实材料的报道是公平、全面的，并且作者的观点并非基于明

---

[1] Australian Press Council. Specific Standards on Contacting Patients[EB/OL]. (2015-12-15)[2021-08-05]. https://presscouncil.org.au/wp-content/uploads/2021/11/Contacting_Patients_-_23_July_2014.pdf.

[2]《一般准则声明》《隐私信条声明》《自杀报道的具体规范》《采访病人的具体规范》这四个新闻自律信条，均来自澳大利亚新闻评议会网站。

显不准确的事实材料或遗漏关键事实的材料。

（2）如果新闻报道对某人不利,要确保在后续报道中为该人提供一个公平的机会进行辩解,以解决可能违反《一般准则声明》"公平与平衡"准则第1条的问题。

3. 隐私和避免伤害

（1）应避免侵犯个人合理的隐私诉求,除非这样做是完全为了公共利益。

（2）应避免引起他人或极大地造成他人遭受实质性侵害、痛苦、偏见,或者给他人带来健康方面和安全方面的风险,除非完全是为了公共利益。

4. 诚信与透明

（1）应避免发布那些用欺骗性或不正当手段获取的信息,除非完全是为了公共利益。

（2）应当避免利益冲突或者充分揭露利益冲突,并需要确保发表内容不受此影响。[1]

二、《隐私信条声明》

澳大利亚新闻评议会颁布了《隐私信条声明》,在就个别投诉提供意见或做出裁决时,除《一般准则声明》和具体标准外,亦会参考《隐私信条声明》。

1. 隐私信条一:个人信息的采集

（1）记者在获取个人信息时,不应过分侵犯个人隐私,应在采访过程中尊重涉及人的尊严和个人敏感的信息。

（2）根据新闻评议会《一般准则声明》"诚信与透明"准则第1条,应避免发布那些用欺骗性或不正当手段获取的信息,除非完全是为了公共利益。一般来说,记者应该这样规范自己,但有时记者和摄影师可能需要秘密行动来揭露犯罪、严重反社会的行为或其他涉及公共利益的事情。

（3）公众人物必然会牺牲他们的部分隐私权,因为公众监督符合公众利益。然而,公众人物并不是完全丧失自己的隐私权。对其隐私权的侵扰

---

[1] Australian Press Council. Statement of General Principles[EB/OL]. https://presscouncil.org.au/wp-content/uploads/2021/11/GENERAL_PRINCIPLES_-_July_14-1.pdf.

必须与他们的公共职责和公关活动相关。

2. 隐私信条二：个人信息的使用与泄露

（1）记者和摄影师收集的个人信息应该只用于收集时所预期的目的。提供个人信息的人应该有合理的隐私诉求，也就是其提供的资料会被用于实现收集资料的目的。

（2）一些个人信息，比如地址或其他易被识别的信息，也许会使其他人侵犯新闻报道对象及其家人的隐私和安全。在合法和可行的范围内，媒体机构应该仅仅披露新闻中所必需的信息，以识别新闻中报道的人，从而规避侵犯他人隐私的风险。

3. 隐私信条三：个人信息的质量

媒体机构应采取合理的措施来确保收集的个人信息是准确的、完整的、最新的。

4. 隐私准则四：个人信息的安全

媒体机构应采取合理的措施来确保其持有的个人信息受到保护，从而免于滥用、遗失或未经授权的访问。

5. 隐私信条五：匿名信息来源

所有向媒体机构提供信息的人都有权要求匿名。媒体不能透露匿名消息提供者的身份，同时，在合法和可行的情况下，媒体组织应确保其持有的来自此消息源的任何个人信息不会指明消息来源。

6. 隐私信条六：更正、公平和平衡

（1）根据新闻评议会《一般准则声明》"公平与平衡"准则第1条，媒体机构应采取合理的措施确保和《私隐信条声明》一起提交的事实材料是公平的和平衡的，而且作者表达观点不是基于非常不准确的事实材料或遗漏关键事实的材料。

（2）根据新闻评议会《一般准则声明》"公平与平衡"准则第2条，媒体组织应采取合理措施，确保在材料对某人不利的情况下，如果解决可能违反《一般准则声明》"公平与平衡"准则第1条的问题有合理的必要，则需要给予某人随后发布答复的公平机会。

（3）根据新闻评议会《一般准则声明》"准确性和清晰度"准则第2条，媒体机构应采取合理措施为自己发布的不准确的、误导性的个人信息进行补救。媒体机构也应采取措施纠正其包含该个人信息的任何记录,以避免重复出现有害的不准确信息。

7. 隐私信条七:敏感性个人信息的处理

(1)根据新闻评议会《一般准则声明》"隐私和避免伤害"准则第2条规定,媒体机构应采取合理措施避免引起他人或造成他人遭受极大的实质性侵害、痛苦、偏见,或者给他人带来健康方面和安全方面的风险,除非完全是为了公共利益。

(2)受害人或失去亲人的人有权在任何时候拒绝或中止采访或拍摄,新闻工作者不能利用这些被卷入有新闻价值事件中的人。

(3)除非法律或法院命令另有限制,法庭公开听证会的内容属于公共记录,媒体可以对其进行报道。此类报道必须公平和平衡,不能指认被指控或被判有罪的人的亲属或朋友,除非提到这些人是为了保证后续法律诉讼程序报道的完整、公正、准确。[1]

三、《自杀报道的具体规范》

(一) 引言

《自杀报道的具体规范》中的标准是用来规范纸质媒体和网络媒体上关于自杀及其相关议题的报道,包括报道个人自杀或企图自杀的事件,也包括与自杀相关问题的评论和其他材料,如自杀的发生率、原因和影响。新闻评议会的所有媒体成员已经对这些标准以及新闻评议会的其他行业规范做出了具有法律约束力的承诺。

《自杀报道的具体规范》是建立在新闻评议会《一般准则声明》和《隐私信条声明》基础之上的,即要求出版物采取以下合理措施避免侵犯个人对隐私的合理期待,除非这样做完全是为了公共利益(《一般准则声明》"隐私和避免伤害"准则第1条);避免引起他人或造成他人遭受极大的实质性侵害、痛苦、偏见,或者给他人带来健康方面和安全方面的风险,除非这么做完全是为了公共利益(《一般准则声明》"隐私和避免伤害"准则第2条);只

---

[1] Australian Press Council. Statement of Privacy Principles[EB/OL]. (2015-12-15)[2021-08-05]. https://presscouncil.org.au/wp-content/uploads/2021/11/Statement_of_Privacy_Principles_Dec_2015.pdf.

能为了公共利益搜集个人信息,不得过分地侵犯个人隐私,在采集新闻的过程中,尊重其个人的尊严与敏感信息(《隐私信条声明》第1条);受害人或失去亲人的人有权在任何时候拒绝或中止采访或拍摄,新闻工作者不能利用这些被陷入有新闻价值事件中的人(《隐私信条声明》第7条)。

(二) 规范正文

1. 总报告和讨论

(1) 关于自杀的总报告和评论将会对社会有重大益处。比如,它可能有助于提高公众对自杀原因和警告信号的认识,对有意自杀的人有阻止作用,给受影响的亲友带来安慰,或能进一步促进社会或个人采取措施,以防止自杀发生。

(2) 在认真遵守下列标准的前提下,新闻评议会不希望阻止对此类自杀事件的报道。当报道可能被特别脆弱(例如,由于他们的年龄或者心理健康)的受众阅读或看到时,而且报道的自杀者是他们的同龄人或名人时,新闻工作者需要特别注意。

2. 报道个别案例

(1) 在决定是否要报道个别自杀事件时,应当要考虑该事件是否满足下列标准中的至少一项。

①这位自杀者的亲戚或好友对采访报道给出了明确的知情同意;

②报道自杀显然符合公共利益。

(2) 在决定是否要报道自杀身亡者的身份时,应该要考虑其是否满足下列标准中的至少一项。

①这位自杀者的亲戚或好友对采访报道给出了明确的知情同意。

②报道中公开其身份是为了公共利益。

3. 报道自杀的方法和地点

不应该详细描写自杀的方法和地点(例如,特定的药物或悬崖),除非这么做产生的公共利益明显超过了造成进一步自杀的风险。这条规范对于那些考虑自杀却不知道方法和地点的人们有保护作用。

4. 责任和平衡

新闻工作者不应该以耸人听闻的手法报道自杀,不应该美化或丑化自杀。新闻工作者不应该不当地指责自杀或与自杀有关联的人。但这一要求并不妨碍其负责任地描述或讨论自杀的影响,即使它对人们、组织或社会是十分不利的。在适当情况下,应该指出其潜在的原因,如精神疾病。

5. 敏感性和适度原则

报道自杀不应该过分突出,特别是用不必要的标题或图片来突出。特别要注意,不能给自杀未遂者或受自杀或自杀未遂影响的亲属和其他人造成不必要的伤害。这要求新闻工作者在采访和报道新闻中具有特别的敏感性,并遵循适度原则。

6. 获取援助的来源

与自杀相关的新闻报道材料应该与 24 小时应急服务中心的信息或其他部门的信息相符。报道中的特殊信息也许会因报道的性质和周围的环境的不同而有所不同。

四、《采访病人的具体规范》

(一)引言

制定此规范是为了方便媒体与医院及护理机构的病人接触,同时也可以确保尊重这些病人及其家属的健康、尊严和隐私。具体来说,该规范旨在防止不合理地将记者排除在医院之外,促进记者和医院之间的合作,防止记者与处于弱势地位的患者进行不当接触,防止记者对其他患者和医院工作人员造成不合适的侵扰。该规范适用于记者采访医院和其他护理机构的人员,但不适用于对其他人员的采访。新闻评议会的所有媒体成员都对恪守这些规范以及新闻评议会的其他实践标准做出了具有法律效力的承诺。

该规范是以新闻评议会的《一般准则声明》和《隐私信条声明》为基础的,即要求出版刊物按照合理的步骤达到以下标准。

避免侵犯个人对隐私的合理期待,除非这么做完全是为了公共利益(《一般准则声明》"隐私和避免伤害"准则第 1 条);避免引起他人或造成他人遭受实质性侵害、痛苦、偏见,或者给他人带来健康方面和安全方面的风险,除非这么做完全是为了公共利益(《一般准则声明》"隐私和避免伤害"准则第 2 条);避免发布那些用欺骗或不正当手段获取的信息,除非这么做完全是为了公共利益(《一般准则声明》"诚信与透明"准则第 1 条);在采集新闻的过程中尊重人的尊严和敏感信息(《隐私信条声明》第1条);受害人或失去亲人的人有权在任何时候拒绝或中止采访或拍摄,不得利用被卷入有新闻价值事件的人(《隐私信条声明》第7条)。

(二) 规范的内容

1. 病人知情同意

(1) 在医院与病人进行任何接触之前,新闻工作者应获取病人的知情同意,除非有以下情况之一,则不需要病人的知情同意。

①该采访活动是在医院外面、为了让病人同意采访而进行的最初的交流。

②负责人确认记者已经得到了病人的知情同意。

③负责人已批准此类采访,但条件是在任何已发表的材料中不能透露病人的身份。

(2) 新闻工作者有责任证实自己已获取病人的知情同意,这可能是很难达到的,除非已经就该问题征求了医学或其他专家的意见并记录在案。

2. 访问病人的权限

(1) 在对医院的病患护理区的病人进行采访之前,记者必须向有关负责人出示身份证明和所在媒体机构的证明来得到采访许可。然而,如果采访活动关系到重大的公共利益,并且媒体的高级编辑层面都同意该采访,那么没有获得授权许可的采访也是允许的。

(2) 新闻工作者有责任证实其所声称的以下情况。

①他们从有资格授权的人那里获得进入医院采访的授权许可。

②他们已经将自己的身份以及进入医院采访的目的全部告诉医院发放授权许可的负责人。

(3) 在医院允许探视病人的情况下,新闻工作者有理由认为病人所处的健康状态使其能够做出知情同意。然而在采访病人时,新闻工作者仍有必要解释希望从病人那里获得哪些信息,并获得病人的知情同意。

3. 中断对病人采访的情况

在以下任意一种情况下,记者都应该立即停止采访。

(1) 病人要求停止采访,或者授权负责人基于合理理由要求新闻工作者停止采访。

(2) 病人没有充分意识到采访所涉及的内容以及可能产生的后果。

参考文献

[1] Blanding M. Can "Extreme Transparency" Fight Fake News and Create More Trust With Readers? [J]. Nieman Reports,2018,72(2):34-41.

[2] Chadha K,Koliska M. Newsrooms and transparency in the digital age [J]. Journalism Practice,2015,9(2):215-229.

[3] FerrucciP. The end of ombudsmen? 21st-century journalism and reader representatives[J]. Journalism & Mass Communication Quarterly,2019, 96(1):288-307.

[4] Kenney R,Ozkan K. The ethics examiner and media councils:improving ombudsmanship and news councils for true citizen journalism[J]. Journal of Mass Media Ethics,2011,26(1):38-55.

[5] Koliska M,Chadha K. Digitally outsourced:The limitations of computer-mediated transparency[J]. Journal of Media Ethics,2016,31(1):51-62.

[6] Meyers C. Creating an effective newspaper ombudsman position[J]. Journal of Mass Media Ethics,2000,15(4):248-256.

[7] VanDer Wurff R,Schönbach K. Between profession and audience: codes of conduct and transparency as quality instruments for off-and online journalism[J]. Journalism studies,2011,12(4):407-422.

[8] [美]芭比·泽利泽.想象未来的新闻业[M].赵如涵,译.北京:中国人民大学出版社,2022.

[9] [美]比尔·科瓦齐,汤姆·罗森斯蒂尔.新闻的十大基本原则:新闻从业者须知和公众的期待[M].刘海龙,译.北京:北京大学出版社,2011.

[10] [美]芭比·泽利泽.严肃对待新闻[M].李青藜,译.北京:中国人民大学出版社,2022.

[11] [美]利昂·纳尔逊·弗林特.报纸的良知 新闻事业的原则和问题案例讲义[M].萧严,译.北京:中国人民大学出版社,2005.

[12] [美]凯伦·沃尔·乔根森.数字新闻学的情感转向:迈向新的研究

议程[J].田浩,译.新闻界,2021(7):25-32.

[13] [英]基兰.媒体伦理[M].张培伦,郑佳瑜,译.南京:南京大学出版社,2009.

[14] 白红义,王嘉怡.数字时代新闻真实的消解与观念重构[J].新闻与写作,2022(7):14-25.

[15] 陈昌凤,雅畅帕.颠覆与重构:数字时代的新闻伦理[J].新闻记者,2021(08):39-47.

[16] 陈昌凤,王丹薇.社会性媒体时代传媒如何自律——以英国新闻投诉委员会为例[J].新闻界,2012(12):3-5.

[17] 陈力丹.自由与责任:国际社会新闻自律研究[M].开封:河南大学出版社,2006.

[18] 陈力丹.新闻理论十讲[M].上海:复旦大学出版社,2008.

[19] 陈映.欧美国家媒体自律制度的发展和革新[J].新闻界,2016(14):59-64.

[20] 陈绚.大众传播伦理案例教程[M].北京:中国人民大学出版社,2010.

[21] 陈维璐.从新西兰新闻理事会看传媒自律的发展趋势[J].青年记者,2019(21):74-75.

[22] 常江.身份重塑:数字时代的新闻从业者职业认同[J].编辑之友,2019(4):91-97.

[23] 常江.数字时代的新闻业:文化视角与欧美经验[M].开封:河南大学出版社,2021.

[24] 邓志远.瑞典新闻出版业发展经验探究[D].武汉:华中师范大学,2019.

[25] 郭哲.汇聚各方力量 推动新闻道德建设[N].光明日报,2015-12-31(14).

[26] 黄瑚,杨桃莲.新闻传播法规与职业道德教程.[M]复旦大学出版社,2017.

[27] 胡宏超,谢新洲.人工智能背景下虚假新闻的发展趋势与治理问题[J].新闻爱好者,2023(10):9-15.

[28] 韩杨.瑞士媒介自律初探[D].北京:中央民族大学,2008.

[29] 季为民.新闻道德、新闻伦理相关概念的溯源与解析[J].新闻与传播研究,2017(12):108-120.

[30] 刘学义.大众媒介的自我检视——美、加等国新闻公评人制度探微[J].西南民族大学学报:人文社会科学版,2010(3):112-115.

[31] 刘艺娉.瑞典新闻督察员制度研究[D].北京:中央民族大学,2008.

[32] 罗坤瑾,陈丽帆.事实核查:社交媒体虚假新闻治理研究[J].中国编辑,2020(8):42-46.

[33] 牛静.全球媒体伦理规范译评[M].北京:社会科学文献出版社,2018.

[34] 单波,陈俊妮.美国新闻公评人制度:新闻道德控制的幻象[J].新闻与传播评论,2004 (1):77-82,233,241.

[35] 商娜红.守护社会良知——英美新闻自律研究[D].上海:复旦大学,2003.

[36] 唐佳梅.全球新闻伦理的跨文化问题与重构[J].暨南学报(哲学社会科学版),2016(5):68-74.

[37] 唐茜.伦理学视角下的挪威新闻业自律[D].北京:中央民族大学,2007.

[38] 王贺新.新闻伦理、职业道德与规范研究的知识地图——对1979年到2011年新闻传播类四大期刊相关文献的计量分析[J].新闻大学,2013(1):138-148.

[39] 王敏,饶茗柯.虚假新闻病理研究——基于我国历年"十大假新闻"的统计分析(2001—2017)[J].中国出版,2018(24):22-28.

[40] 魏永征.英国:媒体和隐私的博弈——以《世界新闻报》窃听事件为视角[J].新闻记者,2011(10):29-34.

[41] 吴长伟.自律与行业管理结合——英国传媒业如何治理虚假新闻[J].中国记者,2011(7):42-43.

[42] 夏倩芳,王艳.从"客观性"到"透明性":新闻专业权威演进的历史与逻辑[J].南京社会科学,2016(7):97-109.

[43] 徐敬宏,侯彤童,胡世明.新媒体传播伦理与法规[M].北京:清华大学出版社,2023.

[44] 赵双阁,岳梦怡.新闻的"量化转型":算法推荐对媒介伦理的挑战与

应对[J].当代传播,2018(4):52-56.
[45] 赵轶.全球化语境下的新闻传播与媒介责任构建研究[M].沈阳:辽宁大学出版社,2019.
[46] 赵欢欢.全媒体时代虚假新闻的法治治理研究[J].出版广角,2019(11):67-69.
[47] 郑晓迪.西方新闻事实核查的研究与应用成果引介[J].编辑之友,2018(1):108-112.
[48] 张曦.新闻的道德性和新闻伦理的基本问题[J].道德与文明,2016(6):137-141.
[49] 张磊.英国新闻业自律机制面临变革[J].青年记者,2014(7):25-26.
[50] 张咏华,扶黄思宇,张贺.新媒体语境下传播伦理的演变:从职业伦理到公民伦理[M].上海:复旦大学出版社,2021.
[51] 周睿鸣.转型:数字传播技术变革中的新闻创新[M].上海:复旦大学出版社,2022.

后记

我对各国新闻自律组织的关注,可以追溯到15年前,那时我在攻读博士学位。2007年的前后几年间,我借助于互联网搜索、查阅港台书籍等方法广泛查询资料,以了解国外媒体自律情况,并惊喜地看到世界各国在新闻自律方面的诸多努力,如新闻评议会的运行、评议会评析的每一个伦理纠纷案件,这些都极大地开阔了我的视野。

那时便想,有机会一定要将自己通过各种途径了解到的信息,传播给更多的人,从而使我们学科的研究更具多样性。正是这样的想法促使我在这十多年,一直关注着全球媒体自律的情况,并在2018年前后,出版了两本专著《全球媒体伦理规范译评》和《全球主要国家媒体伦理规范(双语版)》,对全球79个国家和地区的百余篇媒体伦理规范进行了介绍与评析。在此过程中,我发现媒体伦理规范离不开新闻自律组织,因为很多国家的媒体伦理规范是由新闻自律组织发布的,同时,媒体伦理规范也是新闻自律组织裁决新闻纠纷的重要依据。于是,我希望对一些国家的新闻自律组织进行梳理与评析,这便是这本书的由来。

从产生整理各国的新闻自律组织的运行情况这一想法,到初步的资料收集,再到初稿完成,然后进一步修改、校对,这一过程持续了近5年,中间遇到过资料求而不得的困境,也遇到过无法访问评议会网站的困难,但都一一克服,最终形成了这本书稿。加拿大、印度、南非、爱尔兰、英国、新西兰、澳大利亚7个国家的新闻自律组织研究构成了本书上篇"各国新闻自律组织运行机制"。在完成各国新闻自律组织梳理的基础上,结合媒体伦理的一些热点问题,我有一些理论思考,并在过去几年将这些想法撰写为论文,这几篇文章组合成为本书的下篇"媒体伦理问题的实践反思"。

各国新闻自律组织运行情况的梳理与评析这一工作量是巨大的,如果没有研究团队成员的帮助与参与,单靠个人力量是难以完成的。本书每一章的编写工作,都有团队同学参与其中,这些同学分别是这些章节的合作者:华中科技大学新闻与信息传播学院硕士研究生钟沁悦(第一章、第四章)、张逸凡(第二章)、瞿歌(第三章、第五章、第七章)、余祥蓉(第五章)、候京南(第六章)、耿瑞(第三章)、徐忱忱(第一章),福建省厦门双十中学漳州分校教师苏芳菲

(第四章),浙江大学传媒与国际文化学院硕士研究生吴婕(第二章)和人民网股份有限公司高歌(第七章)。本书下篇中的两篇学术文章《新闻公评人的变革争议与实践价值研究》和《数字时代新闻记者的伦理实践困境研究》,分别是和华中科技大学新闻与信息传播学院博士研究生刘丹、硕士研究生邵恒媛这两位作者合作完成。在此向她们表示衷心的感谢,她们在求学期间一直努力踏实,并保持着对多样世界与学术研究的极大好奇心,她们的提问与讨论时常给我带来启发。

本书部分内容已刊发于《未来传播》《中国新闻评论》《新闻与写作》《法治新闻传播》《青年记者》等学术期刊上,在编辑刊发阶段,浙江传媒学院的赵晓兰老师、中南财经政法大学新闻与文化传播学院王大丽老师、《新闻与写作》李嘉卓编辑、《法治新闻传播》张立编辑等给出了诸多建议,使得现在的章节得以完善,感谢他们的帮助。

本书为中央高校基本科研业务费资助的华中科技大学人文社会科学自主创新重大及交叉培育项目"新闻传播业人工智能的应用与规范研究"(编号:2021WKZDJC011)的研究成果。

本书以"全球新闻自律组织及其运行机制研究"为名申请到了"华中科技大学文科学术著作出版基金资助",得到了学校的出版费支持。

2002年秋,我到华中科技大学新闻与信息传播学院读书,感谢我的导师孙旭培教授将新闻自律与自由观念的种子撒播在我的学术认知土壤中,帮助我理解各类新闻事件背后的深层逻辑。从入校读书到毕业后在学院任教,至今已有20多年,这期间我得到学院领导与各位老师的诸多关心与鼓励,也正是这些支持消解了职业生涯中的一些"孤单感",并促使我将自己的研究构想逐一完成,在此特别地感谢大家!